EMANZIPATION UND DIFFERENZ

Bibliografische Information Der Deutschen Bibliothek

Die Deutsche Bibliothek verzeichnet diese Publikation in der Deutschen Nationalbibliografie; detaillierte bibliografische Daten sind im Internet über http://dnb.ddb.de abrufbar.

Bibliographic Information published by Die Deutsche Bibliothek

Die Deutsche Bibliothek lists this publication in the Deutsche Nationalbibliografie; detailed bibliographic data is available on the internet at http://dnb.ddb.de.

ISBN 978-3-98514-040-4

Unveränderter Nachdruck 2022

Originaltitel: Ernesto Laclau: Emancipation(s)
(Verso Books, 1996)

VERLAG TURIA + KANT
A-1010 Wien, Schottengasse 3A/5/DG1
www.turia.at

Ernesto Laclau

Emanzipation und Differenz

Aus dem Englischen von Oliver Marchart

VERLAG TURIA + KANT
WIEN–BERLIN

Inhalt

Gesellschaft ohne Grund: Laclaus politische Theorie des Post-Fundationalismus

Spätestens seit der Publikation ihres Buches *Hegemony and Socialist Strategy* (1985, dt. als *Hegemonie und radikale Demokratie*, 1991) sind Ernesto Laclau und Chantal Mouffe als Hauptvertreter einer post-strukturalistisch informierten politischen Theorie anerkannt. Das Buch, das in den ersten beiden Kapiteln durchaus als Dekonstruktion des marxistischen Ökonomismus und Klassendeterminismus angelegt war, wurde allerdings direkt nach seinem Erscheinen von vielen westlichen Marxisten als bloße Abrechnung, als revisionistischer Generalangriff, wenn nicht als »Verrat« rezipiert. Das entsprang nicht nur einer eklatanten Fehllektüre (Laclau und Mouffe hatten schon auf den ersten Seiten deutlich gemacht, daß ihr Projekt eines Post-Marxismus gerade kein Ex-Marxismus sein wollte, sondern zumindest genauso post-*marxistisch* wie *post*-marxistisch war), es blendete auch zugunsten von ideologischen Grabenkämpfen, die ohnehin bald von der Geschichte eingeholt werden sollten, den »positiven« oder projektiven Beitrag des Buches aus[1]: *Hegemonie und radikale Demokratie* beschränkte sich nämlich keineswegs auf eine Kritik des marxistischen Ökonomismus, sondern entwickelte zum einen über eine Stärkung und Neukonzeption von Gramscis Hegemoniebegriff ein allgemeines Modell politischer Artikulation, d. h. der politischen Diskurslogik, und zum anderen die Umrisse eines politischen Projekts *radikaler und pluraler Demokratie*, das an die Stelle eines rein klassenbasierten linken Projekts treten und eine Vielzahl weiterer Differenzen (um Geschlecht, »Rasse«, sexuelle Orientierung, etc.) miteinschließen sollte, die allgemein unter das Stichwort *Neue Soziale Bewegungen* fielen.

Inzwischen hat sich das Bild gewandelt.[2] Nun sind es genau diese letzten beiden Aspekte – eine Theorie der Politik als Hegemonietheorie und ein politisches Projekt radikaler Demokratie –, die ihre Relevanz bewiesen haben und in der Diskussion hervortreten. Chantal Mouffe forcierte in ihren letzten Büchern (1992, 1993, 2000) eine Kritik des Liberalismus wie auch des Kommunitarismus, denen sie das Modell radikaler Demokratie entgegenstellte, und arbeitete an einer Abgleichung des gemeinsam mit Laclau entwickelten Theorieansatzes mit anderen Theorietraditionen wie dem amerikanischen Pragmatismus und Denkern wie Carl Schmitt (Mouffe 1999a, 1999b). Für Laclau ging es in den Jahren nach *Hegemonie und radikale Demokratie* um ein weiteres Durchdenken der politischen Diskurslogik – der Erzeugungsweise politischer Identitäten (Laclau 1994). In seinen *New Reflections on the Revolution of Our Time* (1990) präsentierte er einen *systematischen* Abriß jener Hegemonietheorie, die im gemeinsam mit Mouffe verfaßten Werk *genealogisch* dargestellt worden war, d. h. im Durchgang durch die marxistische Begriffsgeschichte von Hegemonie von der russischen Sozialdemokratie bis Gramsci und darüber hinaus.[3]

Die hier auf Deutsch vorliegende Essaysammlung – die gegenüber der englischen Ausgabe (1996) mit Kapitel 8 und 9 um zwei wichtige neue Texte Laclaus erweitert wurde[4] – trägt schließlich der Tatsache Rechnung, daß sich die politisch-theoretischen Diskussionen auf der Linken seit Mitte der 80er-Jahre wesentlich verschoben haben. Laclau selbst führt diese Verschiebung auf historisch-politisch Umwälzungen zurück, die ein Überdenken nicht nur politischer, sondern auch theoretischer Gewißheiten erforderlich gemacht hatten. Zum einen hätte vor allem das Ende des Kalten Krieges als dem letzten modernen Großprojekt – der letzten effektiv totalisierenden Ideologie – zu einer Proliferation von neuen Partikularismen ethnischer oder nationalistischer Provenienz geführt. Doch im Vorwort zur französischen Ausgabe (2000) macht Laclau deutlich, daß es nach dem Ende des Kalten Kriegs und dem Zusammenbruch der realsozialistischen Regime vor allem der schleichende Verlust der sozialdemokratischen Hegemonie ist, der die heutige Situation des Westens kennzeichnet. Die Behauptung des Verlusts der sozialdemokratischen Hegemonie mag konterintuitiv sein in einer Zeit, in der die meisten

Staaten der Europäischen Union von sozialdemokratischen Parteien regiert oder mitregiert werden. Es mag ein Paradox sein, daß die sozialdemokratischen Parteien genau in jenem Moment Europas Regierungen stellen, in dem die sozialdemokratische *Hegemonie* – das Modell Keynesianismus plus nationaler Wohlfahrtsstaat – am stärksten in die Krise geraten, ja nahezu verschwunden ist. Doch diese Situation ist, so ließe sich Laclaus These interpretieren, nur scheinbar paradox. Denn da sie keine Gegenstrategie zur Rechten – zum Modell Neoliberalismus plus staatlicher Autoritarismus – entwickeln konnten oder wollten, bestand der Preis, den die Sozialdemokraten für die Regierungsmacht zahlten und zu zahlen bereit waren, genau in der Aufgabe ihres eigenen hegemonialen Projekts und der kampflosen Übernahme des neoliberalen Diskurses, der heute, wie Laclau bemerkt, zur »unherausgeforderten Doktrin des Abendlandes« (2000: 7) geworden ist.
Dieser Verlust der Hegemonie der Sozialdemokratie und deren Unterwerfung unter, bzw. Eingliederung in das hegemoniale Projekt des Neoliberalismus läßt die Identität der gesellschaftlichen Akteure nicht unberührt. Unter anderem verlieren die Gewerkschaften ihre vormalige Funktion als Kanäle, durch die sich soziale Forderungen artikulieren könnten. Die Akteure fragmentieren und die Forderungen zerstreuen sich über das soziale Feld, was zur in sich widersprüchlichen Folge hat, daß sie einerseits leichter ins System integriert werden können, sich andererseits aber die potentiellen Bruchstellen und Inkompatibilitäten mit dem System multiplizieren. Zusammen mit dem Ende der Großerzählungen globaler Emanzipation, die sich zuletzt in den Diskursen der beiden Parteien des Kalten Kriegs gespiegelt hatten, erzeugt dies eine ambivalente Situation, die durch die Vervielfachung neuer politischer und sozialer Identitäten gekennzeichnet ist. Und nachdem die alte Identität »Klasse« erodierte, wurden Identitäten nun vor allem kulturell definiert.
Der Niedergang der klassischen totalisierenden Emanzipationsdiskurse und die Multiplikation kultureller Identitäten spiegelt sich nun unter anderem in den Diskussionen um eine politische Theorie, die der neuen Situation angemessen wäre.

Unter diesen Vorzeichen stehen die Diskussionen der letzten Jahre um Fragen von Identitätspolitik und Multikulturalismus, in die Laclau mit den hier gesammelten Texten interveniert. Mit Konzepten (die bald zu Schlagworten wurden) wie etwa »Hybridisierung« (Bhabha) oder »strategischer Essentialismus« (Spivak) wurde auf eine Frage reagiert, die sich wohl in der simpelsten Form wie folgt stellt: Wie lassen sich neue (und alte) Identitäten oder kulturelle Differenzen auf emanzipatorische Weise politisch ermächtigen? Das Spektrum möglicher Antworten ist breit gefächert. Es reicht von einem strikten identitätspolitischen Segregationismus über prozedurale Methoden der »reverse discrimination« bis hin zur zelebratorischen Affirmation multipler, fließender, schizoider, liminaler, nomadischer oder sonstwie hybrider Identitäten.
Für Laclau liegt all diesen Antworten eine gemeinsame Differenz zugrunde, auf die sie reagieren: Es ist die Differenz zwischen Universalismus und Partikularismus. Der entscheidende Beitrag des vorliegenden Buches zur gegenwärtigen politisch-theoretischen Debatte muß – neben seiner hochoriginellen Neukonzeption klassischer politischer Kategorien wie Macht, Subjekt, Gemeinschaft, Ideologie, ja sogar »Gott« – in einer radikalen Neuformulierung genau dieser Differenz gesehen werden. Ziel der Kritik Laclaus sind hierbei jene Tendenzen, welche die Spannung zwischen Universalismus und Partikularismus zur einen oder zur anderen Seite hin auflösen. So warnt er, daß rein partikularistische Strategien, die sich in ihre eigene kulturelle Identität einschließen und unfähig zu breiteren Koalitionen sind, in ständiger Gefahr seien, in Segregationismus und Selbst-Apartheid zu münden. Umgekehrt würden die Erben des Aufklärungsrationalismus, der für Laclau heute hauptsächlich mit dem Namen Habermas verbunden ist, die Spannung zugunsten eines Universalismus auflösen, der qua Konsens alle Partikularismen transzendiert. Diesen beiden Zugängen, die die Differenz zwischen Universalität und Partikularität letztlich zugunsten des einen oder des anderen Pols abschaffen, hält Laclau ein Modell entgegen, das die Notwendigkeit von Universalismus eingesteht und puren Partikularismus zurückweist, dabei den Begriff der Universalität aber auf

offener See radikal umbaut. Universalität verschwindet nicht, sondern ihr Status wird gleichsam invertiert, sie wird zu einem der Namen einer negativen, d. h. unmöglichen Gründung.

Um diesen Punkt einer »negativen« oder »leeren« Universalität zu verstehen, empfiehlt es sich, auf das der Partikularismus/Universalismus-Differenz im Laclauschen Sinne zugrundeliegende Theoriemodell zurückzukommen. Denn obwohl diese Differenz keine rein theoretische Angelegenheit ist, da sie der politischen Erfahrung selbst eingelagert ist, so kann sie doch nur vor einem bestimmten Denkhorizont angemessen theorisiert werden. Dieses Paradigma, in dem wir den Laclauschen Ansatz verorten können, läßt sich, in Ermangelung einer besseren Terminologie, als Anti-, Non- oder Post-Fundationalismus (*post-foundationalism*) bezeichnen. Darunter werden üblicherweise neuere Theorieansätze verstanden, die die Annahme zurückweisen, Wissen und Erkenntnis seien in einem universalen, objektiven Fundament – von Gott bis zur Vernunft – verankerbar. Dieser Begriff wurde, obwohl anfänglich im Bereich der Epistemologie und Wissenschaftstheorie angesiedelt, alsbald in die Gesellschaftstheorie überführt (bestes Beispiel dafür ist die Akzentverschiebung von einem stärker epistemologischen Anti-Fundationalismus in Rortys *Philosophy and the Mirror of Nature,* 1979, hin zu einem stärker politischen u. a. in *Contingency, Irony, and Solidarity,* 1989, mit dem sich Laclau in Kapitel 7 auseinandersetzt). Was für das Wissen gilt, wird hier auf die Gesellschaft als ganze übertragen. Die Möglichkeit eines Grundes von Gesellschaft – der etwa noch im marxistischen Determinismus als ökonomische Basis gedacht worden war – wird zurückgewiesen. Von keiner Position innerhalb der Gesellschaft ließe sich Gesellschaft als ganze gründen (d. h., zu einer Totalität schließen) – und der Glaube an eine transzendente Gründung von außerhalb ist unwiderruflich verlorengegangen.[5]

Die »vulgär-postmoderne« Folgerung könnte nun darin bestehen, die Möglichkeit jeglicher Gründung, auch *partieller* Gründungen, abzuweisen. In diesem Fall würde *jede* Dimension von Universalität verschwinden: Gesellschaft wird zu einem amorphen Patchwork, in dem *keinerlei* totalisierende Effekte mehr wirken (ein Ansatz, der oft mit Lyotard assoziiert wird). Wie Judith Butler, Slavoj Žižek und andere Post-Fundationalisten sieht Laclau darin jedoch, wenn auch aus unterschiedlicher Perspektive[6], keine wirkliche Alternative: Die Grundthese des Fundationalismus würde mit dem Verzicht auf jegliche Form sozialer Fundierung nicht überschritten oder subvertiert, sondern bloß auf den Kopf gestellt werden (so gesehen handelte es sich tatsächlich um einen bloßen *Anti*-Fundationalismus). Selbst bei Zurückweisung der Möglichkeit *eines* Grundes kann es nicht darum gehen, die *Dimension* der Gründung völlig aus den Augen zu verlieren. Weder sollte man davon ausgehen, daß die Totalität von Gesellschaft vollständig herzustellen sei, daß ein ultimativer Grund des Sozialen gefunden werden könne, noch sollte man davon ausgehen, daß im Sozialen keinerlei begrenzte Totalisierungseffekte herrschen würden. Weder geht es um *den* Grund, noch um Gesellschaft ohne irgendeine Fundierung, sondern es geht, mit einem Wort von Judith Butler, um »contingent foundations«. Oder mit Laclau: Es geht um politische Gründungsversuche im Plural, die zwar in letzter Instanz scheitern, aber dennoch zu partiellen Totalisierungseffekten führen werden.

Die Abwesenheit eines Grundes, eines letzten Fundaments von Gesellschaft, bedeutet also nicht nur, daß Gesellschaft sich nie zu einer homogenen Totalität schließen kann (weshalb sie, wie Laclau in Anlehnung an Lacan sagt, zu einem unmöglichen Objekt wird), sondern sie impliziert gleichermaßen, daß partielle, kontingente Gründungen möglich werden. Doch wie muß dann diese Abwesenheit konkret theorisiert werden, wenn man nicht in die zum Fundationalismus spiegelverkehrte Falle eines Postmodernismus der Beliebigkeit tappen will? In einer Bewegung, die letztlich an Heidegger gemahnt, insistiert Laclau, daß der Grund gerade in seiner Abwesenheit *anwesend* bleibt. Der Grund wird nicht einfach ersatzlos gestrichen, sondern er wird »entleert«, während er als unhintergehbare Dimension des Sozialen erhalten bleibt. Diese Dimension seiner Abwesenheit läßt sich nicht positiv zeigen, sondern sie zeigt sich »negativ« durch ihre Effekte, die das Feld der Präsenz und Objektivität gleichsam von innen dislozieren. Im Moment der Dislokation, der Krise, der Anomie, des Chaos, zeigt sich der Grund – die Fülle von Gemeinschaft (die Totalität der Gesellschaft) – *als abwesend.*

Das hat eine Reihe von Auswirkungen, von denen drei hier zuletzt angesprochen sein sollen: Die erste betrifft Universalität und Universalismus, die zweite Hegemonie als Logik von Politik, die dritte die Rolle von Emanzipation *jenseits von Emanzipation.*

Wenn wir nach diesem Durchgang durch Laclaus Post-Fundationalismus auf die Frage nach dem Verhältnis von Partikularismus und Universalismus zurückkommen, werden wir feststellen, daß sich das Terrain, auf dem diese Differenz üblicherweise verhandelt wird, entscheidend verschoben hat. Offensichtlich wird, wenn es keinen Grund der Gesellschaft gibt, kein Universalismus je einen festen Ankerpunkt finden. Das heißt aber nicht, daß Universalität als *Dimension* oder *Horizont* einfach verschwindet. Das radikal-partikularistische Ergebnis dieses Verschwindens wäre eine Welt auseinanderstrebender Monaden oder ein Krieg aller gegen alle. Universalität muß folglich als Dimension erhalten bleiben, ohne daß sie je von einem Partikularismus ein für allemal ausgefüllt werden kann. Universalität, als paradoxer Name für die Unmöglichkeit von Gesellschaft als Totalität, verschwindet nicht, sondern wird zur Leerstelle.

Zugleich ist diese Leerstelle notwendig, wenn es überhaupt so etwas wie Politik geben soll. Eine Gesellschaft, in der alles schon geregelt ist (sich arithmetisch aus einem festen Grund ableiten läßt) oder nichts sich regeln läßt (aufgrund der Abwesenheit jeglicher Fundierung), ist eine Gesellschaft ohne Politik. Die Dimension von Universalität als Leerstelle wird somit zur Möglichkeitsbedingung von Politik überhaupt. Das hat Konsequenzen für die Logik von Politik, wie sie Laclau entwirft, nämlich als *Hegemonie.* Die Differenz zwischen Partikularismus und Universalismus muß sich, wenn sie politisch formuliert werden soll, in ein hegemoniales Verhältnis wandeln: In einem solchen übernimmt ein Partikularismus die Aufgabe, die abwesende, leere Universalität der Gemeinschaft zu inkarnieren. Diese Rolle ist natürlich immer eine Anmaßung, da dies keinem Partikularismus je gelingen kann. Dennoch sieht man, daß der Bezug auf eine leere Universalität notwendig ist: Ein *reiner* Partikularismus könnte diese hegemoniale Aufgabe nicht übernehmen, da es nichts zu inkarnieren gäbe, was ihn selbst überstiege. Er bleibt daher politisch ineffektiv.

Ein radikal-demokratisches emanzipatorisches Projekt würde daher nicht in der Abschaffung von Universalität an sich bestehen; genausowenig würde es die bloße Multiplikation unverbundener Partikularismen einfordern. Was es allerdings zurückweisen würde, wäre die Idee eines positiven Grundes von Gesellschaft – bei gleichzeitiger Beibehaltung der *Dimension* des Grundes in Form seiner Abwesenheit, die überhaupt erst partielle, wenn auch in letzter Instanz zum Scheitern verurteilte Gründungsversuche ermöglicht. Das Projekt der Emanzipation verschwindet also keineswegs. Doch die Abwesenheit der einen großen Emanzipationserzählung, so Laclaus zentrale Botschaft in diesem Buch, wird zur *Bedingung der Möglichkeit* von Emanzipationen im Plural. Während die universalistische Logik der klassischen Emanzipation ad acta gelegt wird, werden deren Inhalte freigesetzt und können nun auf neue Weise reartikuliert werden. Ein radikal-demokratisches Projekt wäre dann eines, welches das Bewußtsein der Unauflösbarkeit der Spannung zwischen Partikularismus und Universalismus bewahrt, d. h. Politik macht, ohne der Dimension der Universalität einen positiven Grund zu geben.

Dies erklärt nun auch den Titel dieses Bandes: »Emanzipation und Differenz«. Bei der Wahl dieses Titels ging es nicht etwa darum, den deutschen Buchmarkt um ein weiteres Produkt mit »Differenz« im Titel zu bereichern. Der Begriff sollte keinesfalls als Einladung zu einer Feier von Differenz *eo ipso* mißverstanden werden; an keiner Stelle spricht sich Laclau für den Multikulti-Karneval einer Benetton-Gesellschaft aus. (Im Gegenteil, er tritt gerade gegen den Irrtum auf, daß Differenzen *an sich schon*, d. h. aufgrund des bloßen Different-Seins, moralisch oder politisch anzuerkennen oder sogar zu begrüßen seien – was hieße, man müsse auch die Differenz von Neonazis begrüßen, die sich eine »arische« Kultur imaginieren). Der Begriff im Titel des Buches gibt vielmehr einen Hinweis auf die *doppelte* Erfordernis aller möglichen Emanzipation *nach dem Zeitalter der Emanzipation*: »Differenz« sollte genau im Sinne dieser doppelten Erfordernis verstanden werden: Zum einen als Indikator einer notwendigen Pluralisierung von Emanzipation zu *Emanzipationen* – zu, so der englische Titel, *Emancipation(s)* –, doch zum anderen als Indikator des notwendigen Bezugs jeder einzelnen der pluralen Identitäten auf einen abwesenden Grund, jedes einzelnen Partikularismus auf eine abwesende Universalität, von der dieser zwar – aufgrund ihres paradoxen Charakters – immer differieren wird, ohne die es aber keine Emanzipationen im Plural geben könnte. »Differenz« bezieht sich daher nicht nur auf jene Differenz zwischen Partikularismen (man könnte sagen: auf »ontische« Differenzen), sondern immer zugleich auch auf jene zwischen Partikularismen und Universalismus (auf die »ontologische« Differenz). So wird Universalismus für heutige emanzipatorische Diskurse, wie Laclau schreibt, von einem positiven *Grund* – qua »Entleerung« – zu einem *Horizont*:

> »Es ist der Unterschied zwischen Grund und Horizont, der, wie ich denke, uns in die Lage versetzt, die Veränderungen im ontologischen Status emanzipatorischer Diskurse und allgemein Metanarrative im Übergang von der Moderne zur Postmoderne zu verstehen. Eine Formation, die im Verhältnis zu einem Horizont unifiziert und totalisiert wird, ist eine Formation ohne Grund: Sie konstituiert sich nur insofern zu einer Einheit, als sie sich von dem abgrenzt, was sie negiert. Der Diskurs der Gleichheit und der Rechte sitzt zum Beispiel auf keinem notwendigen Fundament einer gemeinschaftlichen menschlichen Essenz auf; es reicht aus, eine egalitäre Logik anzunehmen, deren Operationsgrenzen durch die in der Gesellschaft existierenden konkreten argumentativen Praktiken gegeben werden. Ein Horizont ist dann ein leerer Ort, ein Punkt, an dem Gesellschaft ihre eigentliche Grundlosigkeit symbolisiert, in dem konkrete argumentative Praktiken vor einem Hintergrund radikaler Freiheit, radikaler Kontingenz operieren. Die Auflösung des Mythos des Grundes läßt das Phantom seiner Abwesenheit nicht verschwinden.« (Laclau 1988: 81)

Oliver Marchart

[1] Wo dieser Beitrag gesehen wurde, dort erntete er erwartungsgemäß von marxistischer Seite den üblichen Revisionismusvorwurf. Terry Eagleton etwa sprach in der ihm eigenen polemischen Art vom »langen Marsch von Saussure zur Sozialdemokratie« (1991: 203).

[2] Fragen der korrekten Marxexegese sind endgültig in akademische Enklaven verbannt – das neu festzustellende Interesse an Marx ist dagegen auf erfrischende Weise dogmatisch unbelastet.

[3] Eine vollständige Bibliographie Laclaus bis 1996 findet sich in Marchart (1998). Für deutschsprachige Einführungen zu Laclau und Mouffe vergl. u.a. die Aufsätze von Hintz/Vorwallner (1988), Marchart (1994), Dyrberg (1998) und vor allem Stäheli (1999); im Englischen sind zwei Einführungsbände zu Laclau und Mouffe erschienen (Smith 1998, Torfing 1999), und ein *Critical Laclau Reader* ist in Vorbereitung (Critchley/Marchart 2001).

[4] Kapitel 8 erschien als »Death and Resurrection of the Theory of Ideology« im *Journal of Political Ideologies* 1(3) 1996; Kapitel 9 wurde aus dem vergriffenen Band *Das Undarstellbare der Politik* (Marchart 1998) ausgegliedert und hier wieder zugänglich gemacht

[5] Ein zu erwartender Einwand würde an dieser Stelle vor der Gefahr eines Selbstwiderspruches warnen: Woher »weiß« man, daß Gesellschaft keinen Grund besitzt? Muß zu dieser Behauptung nicht erst recht eine Position jenseits der Gesellschaft eingenommen werden, die Gesellschaft in ihrer Totalität – nun als grundlose – überblickt (eine Position die von Anti-Fundationalisten bereits ausgeschlossen wurde)? Eine der möglichen Antworten auf diesen Vorwurf – etwa im Fahrwasser Wittgensteins, Heideggers und nicht zuletzt Laclaus – wäre, daß man es nicht »weiß« im selben Sinne, d. h. mit derselben Sicherheit, die ein fundationalistischer Grund gewähren würde, daß man es aber gleichsam von innen in Form von unauslöschbarer Dislokation »erfährt«. In diesem Sinn kann die Abwesenheit des Grundes nicht im strengen Sinne bewiesen, sondern nur »gezeigt« werden. Oder noch anders: die Entscheidung für das post-fundationalistische Paradigma ist keine, die aus rationalen Beweisgründen heraus getroffen wird, welche transhistorische Gültigkeit besitzen würden, sondern ist nur vor einem kulturell-gesellschaftlichen Horizont möglich, der auf breiter Ebene Kontingenzerfahrungen – die Erfahrung der Abwesenheit letzter Fundamente – erlaubt. In diesem Sinn ist Kontingenz nicht nur ein Reflexions-, sondern zugleich ein Erfahrungsprodukt.

[6] Diese anti-fundationalistischen Zugänge sind natürlich jeweils durch eine unterschiedliche Dominante charakterisiert: Diese Dominante

spielt, trotz aller Überschneidungen, Foucault für Butler, Lacan für Žižek und Dekonstruktion für Laclau (vergl. Butler/Žižek/Laclau 2000, Butler/Laclau 1988 und für einen ausführlichen Vergleich der drei Ansätze Marchart 1999).

LITERATUR

Butler, Judith und Ernesto Laclau (1998) »Verwendungen der Gleichheit«, in Oliver Marchart (Hrsg.) *Das Undarstellbare der Politik. Zur politischen Diskursanalyse Ernesto Laclaus,* Wien: Turia + Kant, S.238-253.

Butler Judith, Ernesto Laclau und Slavoj Žižek (2000) *Contingency, Hegemony, Universality. Contemporary Dialogues on the Left,* London und New York: Verso.

Critchley, Simon und Oliver Marchart (2001): *A Critical Laclau Reader,* London und New York: Routledge, im Erscheinen.

Dyrberg, Torben B. (1998) »Diskursanalyse als postmoderne politische Theorie«, in Oliver Marchart (Hrsg.) *Das Undarstellbare der Politik. Zur politischen Diskursanalyse Ernesto Laclaus,* Wien: Turia + Kant, S. 23-51.

Eagleton, Terry (1991) *Ideology. An Introduction,* London und New York: Verso.

Hintz, Michael und Gerd Vorwallner (1988) »Marxismus als radikaler Relationismus. Anmerkungen zur politischen Philosophie von E. Laclau und Ch. Mouffe«, in *kultuRRevolution* 17/18

Laclau, Ernesto (1988) »Politics and the Limits of Modernity«, in Andrew Ross (Hrsg) *Universal Abandon,* Minneapolis: University of Minnesota Press.

– (1990) *New Reflections on the Revolution of Our Time,* London und New York: Verso.

– (Hrsg.) (1994) *The Making of Political Identities,* London und New York: Verso.

– (1996) *Emancipation(s),* London und New York: Verso.

– (1999) »Hegemony and the Future of Democracy: Ernesto Laclau's Political Philosophy«, Interview, in Lynn Worsham und Gary A. Olson (Hrsg.) *Race, Rhetoric, and the Postcolonial,* SUNY Press: Albany, S.129-164.

– (2000) *La guerre des identités. Grammaire de l'émancipation,* Paris: La Découverte (gekürzte franz. Fassung von 1996).

Laclau, Ernesto und Chantal Mouffe (1991) *Hegemonie und radikale Demokratie. Zur Dekonstruktion des Marxismus.* Wien: Passagen.

Marchart, Oliver (1994) »Diskurs – Hegemonie – Antagonismus. Zur politischen Diskursanalyse von Laclau und Mouffe,« in *Mesotes. Zeitschrift für philosophischen Ost-West-Dialog*, 2, S. 166-175.

– (Hrsg.) (1998) *Das Undarstellbare der Politik. Zur Hegemonietheorie Ernesto Laclaus*, Wien: Turia + Kant.

– (1999) »Das unbewußte Politische. Zum *psychoanalytic turn* in der politischen Theorie: Jameson, Butler, Laclau, Žižek«, in Jürgen Trinks (Hrsg.) *Bewußtsein und Unbewußtes*, Wien: Turia + Kant, S.196-234.

Mouffe, Chantal (Hrsg.) (1992) *Dimensions of Radical Democracy. Pluralism, Citizenship, Community*, London und New York: Verso.

– (1993) *The Return of the Political*, London und New York: Verso.

– (Hrsg.) (1999a) *Dekonstruktion und Pragmatismus. Demokratie, Wahrheit und Vernunft*, Wien: Passagen.

– (Hrsg.) (1999b) *The Challenge of Carl Schmitt*, London und New York: Verso.

– (2000) *The Democratic Paradox*, London und New York: Verso.

Rorty, Richard (1979) *Philosophy and the Mirror of Nature*, Princeton, NJ: Princeton University Press.

– (1989) *Contingency, Irony, and Solidarity*, Cambridge: Cambridge University Press.

Smith, Anna Marie (1998) *Laclau and Mouffe. The Radical Democratic Imaginary*, London und New York: Routledge.

Stäheli, Urs (1999) »Die politische Theorie der Hegemonie: Ernesto Laclau und Chantal Mouffe«, in André Brodocz und Gary S. Schaal (Hrsg.): *Politische Theorien der Gegenwart*, Opladen: Leske + Budrich, S.143-166.

Torfing, Jacob (1999) *New Theories of Discourse. Laclau, Mouffe and Žižek*, Oxford: Blackwell

Vorwort zur englischen Ausgabe

Mit Ausnahme des Texts zu »Gemeinschaft und ihren Paradoxien«, der 1989 geschrieben wurde, wurden alle Essays in diesem Band zwischen 1991 und 1995 [in dieser Ausgabe: 1997; d.Ü.] verfaßt und veröffentlicht. Diese Periode wurde Zeugin folgenschwerer Veränderungen auf der Weltbühne: die Restrukturierung der Weltordnung als Resultat des Zusammenbruchs des Ostblocks; der Bürgerkrieg im ehemaligen Jugoslawien; das Anwachsen einer populistischen Rechten in Westeuropa, deren rassistische Politik sich um ihren Widerstand gegen Immigration aus Südeuropa und Nordafrika fokussierte; die Ausweitung multikulturellen Protestes in Nordamerika; das Ende der Apartheid in Südafrika.

Wollten wir die distinkten Merkmale der ersten Hälfte der 1990er kurz charakterisieren, würde ich sagen, daß sie in der Rebellion verschiedener Partikularismen – ethnischer, »Rassen«-basierter, nationaler und sexueller – gegen die totalisierenden Ideologien, die den Horizont der Politik vorangehender Jahrzehnte dominiert hatten, gefunden werden können. Wir könnten sagen, daß der Kalte Krieg in mancherlei Hinsicht – in den Ideologien seiner beiden Protagonisten – die letzte Manifestation der Aufklärung war. Das heißt, wir haben es mit Ideologien zu tun, die das Ensemble der in der historischen Arena operierenden Kräfte in zwei entgegengesetzte Camps aufteilten und ihre eigenen Ziele mit jenen einer globalen Emanzipation der Menschheit identifizierten. Sowohl die »freie Welt« als auch die »kommunistische Gesellschaft« wurden von ihren Verteidigern als Projekte von Gesellschaften ohne interne Grenzen oder Teilungen vorgestellt.

Es ist die »Globalität« dieser Projekte, die sich in einer Krise befindet. Was die neue Vision von Politik, die sich im Entstehen befindet, auch immer zum Zeichen haben mag, es ist klar, daß eine ihrer wesentlichen Dimensionen in der Redefinition des existierenden Verhältnisses zwischen Universalität und Partikularität bestehen wird. Wie muß die Einheit (die so relativ sein mag, wie man will) der Gemeinschaft gesehen werden, wenn jeder Zugang zu ihr von sozialen und kulturellen Partikularismen ausgehen muß, die nicht nur stärker als in der Vergangenheit sind, sondern auch das Element konstituieren, welches das zentrale Imaginäre einer Gruppe definiert? Schließt dieses Imaginäre nicht jede Identifikation mit universaleren menschlichen Werten aus? Und von der anderen Seite betrachtet, erfordert nicht gerade die Proliferation von Antagonismen, die Tatsache, daß es keine exakte Überschneidung zwischen kultureller Gruppe und globaler Gemeinschaft gibt, eine Sprache der »Rechte«, welche die universalistische Referenz beinhalten muß, die in Frage steht?

Diese Essays wurden in der Überzeugung geschrieben, daß sowohl Universalismus als auch Partikularismus zwei unauslöschliche Dimensionen in der Herstellung politischer Identitäten sind, daß aber die Artikulation zwischen beiden weit davon entfernt ist, evident zu sein. Einige der Essays fassen die wichtigsten historischen Stadien im Denken dieser Artikulation kurz zusammen. Mit Bezug auf die gegenwärtige Situation könnten wir sagen, daß die dominanten Tendenzen an zwei Positionen polarisiert wurden. Eine von ihnen privilegiert einseitig Universalismus und sieht in einem dialogischen Prozeß einen Weg, einen Konsens zu erreichen, der alle Partikularismen transzendiert (Habermas); die andere, die der Feier des reinen Partikularismus und Kontextualismus verschrieben ist, ruft den Tod des Universalismus aus (wie in verschiedenen Formen des Postmodernismus). Aus Gründen, die *in extenso* in den Essays präsentiert werden, ist keine dieser extremen Positionen für mich akzeptabel. Doch ist es wichtig, die Logik einer möglichen Vermittlung zwischen beiden festzustellen. Die Hauptthese dieser Essays ist, daß solch eine Vermittlung nur eine hegemoniale sein kann (was eine Referenz auf das Universelle, verstanden als leerer Ort, beinhaltet) und die Operation, die sie durchführt, die Identitäten sowohl des Partikularen als auch des Universellen modifiziert. Zu beurteilen, was durch diesen Ansatz erreicht wurde, bleibt dem Leser überlassen.

Ein letztes Wort zu den Anlässen, zu denen diese Essays verfaßt wurden. In allen Fällen ging es um an bestimmte Umstände gebundene Interventionen anläßlich konkreter Ereignisse. Sie sollten eher als provisorische Erkundungen denn als voll ausgearbeitete theoretische Konstrukte verstanden werden. Als Antworten auf den ethischen und politischen Imperativ, in Debatten zu intervenieren, die vor unseren Augen stattfanden. Daher ihr *ad hoc* Charakter, ihre unvermeidlichen Wiederholungen und ihre Auslassungen. Ich hoffe dennoch, daß sie von Nutzen sein können, um etwas Licht auf manche der dringlicheren Probleme unserer Zeit zu werfen.

Princeton, Oktober 1995

Jenseits von Emanzipation

Ich verstehe »Emanzipation« – einen Begriff, der seit Jahrhunderten Teil unseres politischen Imaginären war und dessen Auflösung wir heute mit ansehen – als um sechs distinkte Dimensionen herum organisiert. Die erste ist jene, die wir als *dichotomische Dimension* bezeichnen könnten: Zwischen dem emanzipatorischen Moment und der sozialen Ordnung, die ihm vorausging, gibt es eine absolute Spaltung, eine radikale Diskontinuität. Die zweite kann als *holistische Dimension* verstanden werden: Emanzipation affiziert alle Bereiche des sozialen Lebens, und es gibt ein Verhältnis essentiellen Ineinandergreifens ihrer verschiedenartigen Inhalte in diesen verschiedenen Bereichen. Auf die dritte Dimension ließe sich unter dem Titel *Transparenzdimension* Bezug nehmen: Sobald Entfremdung in all ihren Aspekten – religiösen, politischen, ökonomischen, etc. – einmal radikal aufgehoben ist, gibt es nur noch die absolute Koinzidenz der menschlichen Essenz mit sich selbst und keinen Raum mehr für irgendein Verhältnis von Macht oder Repräsentation. Emanzipation setzt die Eliminierung von Macht, die Abschaffung der Subjekt/Objekt-Unterscheidung und das Management – ohne jegliche Opazität oder Vermittlung – der gemeinschaftlichen Angelegenheiten durch soziale Akteure voraus, die mit dem Gesichtspunkt der sozialen Totalität identifiziert sind. In diesem Sinne schließen, zum Beispiel im Marxismus, Kommunismus und das Absterben des Staates sich logisch wechselseitig ein. Eine vierte Dimension ist die Präexistenz dessen, was gegenüber dem Akt der Emanzipation emanzipiert werden soll. Es gibt keine Emanzipation ohne Unterdrückung, und es gibt keine Unterdrückung ohne die Präsenz von etwas, das in seiner freien Entfaltung von oppressiven Kräften behindert wird. Emanzipation ist in diesem Sinne kein Akt der *Erschaffung*, sondern vielmehr einer der Befreiung von etwas, das dem befreienden Akt vorangeht. An fünfter Stelle können wir von einer *Dimension des Grundes* sprechen, die jedem Projekt radikaler Emanzipation inhärent ist. Wenn der Akt der Emanzipation wahrhaft radikal ist, wenn er wirklich alles hinter sich lassen soll, was ihm vorausging, muß er auf der Ebene des »Grundes« des Sozialen stattfinden. Wenn es keinen Grund gibt, wenn der revolutionäre Akt einen Rest zurückläßt, der den Transformationsmöglichkeiten der emanzipatorischen Praxis entkommt, dann wird genau die Idee einer *radikalen* Emanzipation widersprüchlich. Zuletzt können wir von einer *rationalistischen Dimension* sprechen. Das ist der Punkt, an dem sich der Weg zwischen den emanzipatorischen Diskursen säkularisierter und religiöser Eschatologien trennt. Für religiöse Eschatologien erfordert die Absorption des Realen in ein totales Repräsentationssystem nicht die Rationalität des letzteren: Es reicht aus, wenn Gottes unerforschliche Pläne uns durch Offenbarung übermittelt werden. Doch in einer säkularen Eschatologie ist das nicht möglich. Insofern die Idee einer absoluten Repräsentierbarkeit des Realen sich auf keine Instanz außerhalb des Realen selbst berufen kann, kann sie nur mit dem Prinzip einer absoluten Rationalität zusammenfallen. Daher ist die völlige Emanzipation einfach der Moment, in dem das Reale keine opake Positivität mehr ist, die uns gegenübersteht, und in dem die Distanz der letzteren zum Rationalen schließlich ausgelöscht ist.

In welchem Ausmaß entsprechen diese sechs Dimensionen einem logisch vereinheitlichten Ganzen? Konstituieren sie eine kohärente theoretische Struktur? Ich werde zu zeigen versuchen, daß sie es nicht tun – und daß die Annahme des klassischen Emanzipationsbegriffs in seinen vielen Varianten beinhaltete, daß inkompatible logische Behauptungen geltend gemacht wurden. Das sollte uns jedoch nicht zur simplen Aufgabe der Logik von Emanzipation verführen. Im Gegenteil, erst durch das Spiel mit ihren logischen Inkompatibilitäten können wir den Weg zu neuen Befreiungsdiskursen öffnen, die nicht mehr durch die Antinomien und Sackgassen behindert sind, in die der klassische Emanzipationsbegriff geführt hatte.

Beginnen wir mit der dichotomischen Dimension. Die Dichotomie, der wir uns hier gegenübersehen, ist von sehr eigentümlicher Art. Es handelt sich nicht um eine einfache *Differenz* zwischen zwei Elementen oder Stadien, die simultan oder sukzessive miteinander koexistieren und auf diese Weise zur Konstitution ihrer jeweiligen differentiellen Identität beitragen. Wenn wir von *wirklicher* Emanzipation sprechen, kann der »andere«, der der emanzipierten Identität entgegensteht, kein rein positiver oder neutraler anderer sein, sondern muß stattdessen ein »anderer« sein, der die volle Konstitution der Identität des ersten Elements verhindert. In diesem Sinn steht die Dichotomie, die im emanzipatorischen Akt enthalten ist, in einem Verhältnis logischer Solidarität mit unserer vierten Dimension – der Präexistenz der zu emanzipierenden Identität gegenüber dem Akt der Emanzipation. Der Grund ist leicht einzusehen: Ohne diese Präexistenz gäbe es keine Identität, die zu unterdrücken oder in ihrer vollen Entwicklung zu behindern wäre, und der eigentliche Begriff von Emanzipation wäre bedeutungslos. Nun folgt daraus eine unvermeidliche Schlußfolgerung: *Wahre* Emanzipation erfordert einen *wirklichen* »anderen« – das heißt einen »anderen«, der auf keine der Figuren des »selben« reduziert werden kann. Aber in diesem Fall kann es zwischen der zu emanzipierenden Identität und dem ihr entgegenstehenden »anderen« keine positive Objektivität geben, die beiden Polen der Dichotomie unterliegen und sie konstituieren würde.

Eine sehr einfache Überlegung kann helfen, diesen Punkt zu erläutern. Nehmen wir für einen Moment an, es existierte ein tieferer objektiver Prozeß, der beiden Seiten der Dichotomie ihre Bedeutung verliehe. Wäre dem so, würde der Spalt, der die Dichotomie konstituiert, seinen radikalen Charakter verlieren. Wenn die Dichotomie nicht konstitutiv ist, sondern vielmehr *Ausdruck* eines positiven Prozesses, kann der »andere« kein *wirklicher* anderer sein: Wenn die Dichotomie in einer objektiven Notwendigkeit gegründet ist, dann ist die oppositionelle Dimension ebenfalls notwendig und, in diesem Sinne, Teil der Identität der beiden einander gegenüberstehenden Kräfte. Die Wahrnehmung des anderen als radikal anderen kann nur eine Frage der Erscheinung sein. Wenn ein Stein bricht, wenn er mit einem anderen Stein zusammenstößt, wäre es absurd zu sagen, der zweite Stein würde die Identität des ersten negieren – im Gegenteil, es drückt die Identität des Steines aus, unter bestimmten Bedingungen zu brechen und unter anderen unverändert zu bleiben. Einen objektiven Prozeß charakterisiert, daß er die Totalität seiner konstitutiven Momente auf seine eigene Logik reduziert. Der »andere« kann nur das Resultat einer internen Differenzierung des »selben« sein und ist folglich letzterem gänzlich untergeordnet. Aber das ist nicht die Andersheit, die die Spaltung des emanzipatorischen Aktes erfordert. Es gibt keinen Bruch, keine wahre Emanzipation, solange der für Emanzipation konstitutive Akt nur das Resultat der internen Differenzierung des oppressiven Systems ist.

Etwas anders ausgedrückt können wir sagen, daß wahre Emanzipation inkompatibel mit jeglicher Art »objektiver« Erklärung sein wird. Mit Sicherheit kann ich eine Reihe von Umständen erklären, die das Aufkommen eines oppressiven Systems *ermöglichten*. Ich kann erklären, *wie* dem System gegenüber antagonistische Kräfte konstituiert wurden und sich entwickelten. Aber der strikte Moment der Konfrontation zwischen beiden wird – *wenn die Spaltung radikal ist* – jeder Art von objektiver Erklärung widerstehen. Zwischen zwei inkompatiblen Diskursen, wobei jeder den Pol eines zwischen ihnen liegenden Antagonismus konstituiert, gibt es keinen gemeinsamen Maßstab, und der strikte Moment ihres Zusammenstoßes kann nicht in objektiven Begriffen erklärt werden. Es sei denn natürlich, der antagonistische Moment ist bloß eine Sache der Erscheinung und der Konflikt zwischen sozialen Kräften wird einem Naturprozeß gleichgesetzt, wie im Zusammenstoß zweier Steine. Doch wie wir sagten, ist das nicht mit der Alterität vereinbar, die der gründende Akt der Emanzipation erfordert.

Wenn nun die dichotomische Dimension die radikale Andersheit einer Vergangenheit erfordert, die verworfen werden muß, dann ist diese Dimension inkompatibel mit den meisten anderen, die wir als konstitutiv für den klassischen Emanzipationsbegriff präsentiert hatten. Zum ersten sind dichotomischer Radikalismus und radikaler Grund inkompatibel. Wie wir gesehen haben, ist die Bedingung der radikalen Spaltung, die die emanzipatorische Logik erfordert, die irreduzible Andersheit des Unterdrückungssystems, das zurückgewiesen wird. Aber in diesem Fall kann es keinen einzigen Grund geben, der *sowohl* die zurückgewiesene Ordnung *als auch* die von der Emanzipation inaugurierte Ordnung erklärt. Die Alternative ist klar: *Entweder* Emanzipation ist radikal, dann muß sie ihr eigener Grund sein und das, was sie ausschließt, auf eine radikale Andersheit beschränken, die vom Bösen oder von Irrationalität konstituiert wird; *oder* es gibt einen tieferen Grund, der die rationalen Verbindungen zwischen der voremanzipatorischen Ordnung, der neuen »emanzipierten« und dem Übergang von der einen zur anderen herstellt, dann kann Emanzipation nicht als eine wirklich *radikale* Gründung verstanden werden. Die Philosophen der Aufklärung waren untadelig konsequent in ihrer Annahme, daß, wenn eine rationale Gesellschaft eine voll ausgebildete Ordnung ist, die aus einem radikalen Bruch mit der Vergangenheit resultiert, jede diesem Bruch vorausgehende Organisation nur als Produkt von Ignoranz und menschlicher Torheit verstanden werden kann, das heißt, als jeglicher Rationalität beraubt. Die Schwierigkeit besteht jedoch im folgenden: Wenn der Gründungsakt einer wahrhaft rationalen Gesellschaft verstanden wird als über die irrationalen Kräfte der Vergangenheit – Kräfte, die keinen gemeinsamen Maßstab mit der siegreichen neuen sozialen Ordnung teilen –, dann kann der Gründungsakt selbst nicht rational sein, sondern ist selbst ausgesprochen kontingent und von Machtverhältnissen abhängig. In diesem Fall wird die emanzipierte soziale Ordnung ebenfalls rein kontingent und kann nicht als Befreiung irgendeiner wahren menschlichen Essenz betrachtet werden. Wir befinden uns im selben Dilemma wie zuvor: Wenn wir von der Rationalität und Permanenz der neuen sozialen Ordnung, die wir etablieren, ausgehen wollen, müssen wir diese Rationalität auf den Gründungsakt selbst ausdehnen und in Folge auf die soziale Ordnung, die gestürzt werden soll – aber in diesem Fall verschwindet der Radikalismus der dichotomischen Dimension. Wenn wir umgekehrt diesen Radikalismus bejahen, werden sowohl der Gründungsakt als auch die aus ihm resultierende soziale Ordnung gänzlich kontingent; das heißt, die Bedingungen für ein permanentes strukturelles Äußeres wurden geschaffen, und was nun verschwindet, ist die Dimension des Grundes im klassischen Emanzipationsbegriff.

Diese Inkompatibilität im Emanzipationsdiskurs zwischen der dichotomischen Dimension und der Dimension des Grundes erzeugt zwei fundamentale Matrizen, um die herum alle anderen Dimensionen organisiert sind. Wie wir gesagt haben, ist die Präexistenz der unterdrückten gegenüber der unterdrückenden Kraft eine Folge des Radikalismus der Spaltung, die von der dichotomischen Dimension erfordert wird; wenn die unterdrückte der unterdrückenden Ordnung nicht vorausginge, wäre sie ein Effekt der letzteren, und in diesem Fall wäre die Spaltung konstitutiv. (Eine andere Frage ist, ob die Spaltung von den Unterdrückten nicht durch Identifikationsformen repräsentiert wird, die die Präsenz der Unterdrücker *voraussetzen*. Wir werden auf diesen Punkt später zurückkommen.) Aber all die anderen Dimensionen erfordern die Gegenwart eines positiven Grundes und sind folglich inkompatibel mit der Konstitutivität der Spaltung, die von der dichotomischen Dimension verlangt wird. Holismus wäre unmöglich, wenn nicht ein positiver Grund des Sozialen die Vielgestaltigkeit seiner partiellen Prozesse (Antagonismen und Dichotomien eingeschlossen) in eine selbstgenügsame Totalität vereinheitlichen würde. Aber in diesem Fall muß die Spaltung der sozialen Ordnung inhärent sein und kann keine Trennlinie sein, die die soziale Ordnung von etwas abgrenzt, das außerhalb von ihr liegt. Transparenz erfordert vollständige Repräsentierbarkeit, und es gibt keine Möglichkeit, sie zu erreichen, wenn die Opazität, die radikaler Andersheit inhärent ist, konstitutiv für soziale Relationen ist. Schließlich ist vollständige Repräsentierbarkeit, wie wir gesehen haben, in säkularisierten Eschatologien äquivalent zu vollständigem Wissen – verstanden als gänzliche Reduktion des Realen auf das Rationale –, und das ist nur erreichbar, wenn das andere auf das selbe reduziert wird.

So können wir sehen, daß die Emanzipationsdiskurse historisch durch das Zusammenbringen zweier inkompatibler Gedankenlinien konstituiert wurden: Einer, die von der Objektivität und vollen Repräsentierbarkeit des Sozialen ausgeht, und einer anderen, die aufzeigen muß, daß es eine Spaltung gibt, die jede soziale Objektivität ultimativ unmöglich macht. Der entscheidende Punkt ist nun, daß diese beiden gegenstrebigen Gedankenlinien nicht auf einem einfachen analytischen Fehler beruhen, so daß wir zwischen ihnen wählen könnten und einen emanzipatorischen Diskurs formulieren, der frei von logischen Widersprüchen wäre. Die Angelegenheit ist komplizierter, da die beiden Gedankenlinien gleichermaßen notwendig für die Produktion eines emanzipatorischen Diskurses sind. Erst durch die Annahme beider Gedankenlinien erhält der Emanzipationsbegriff Bedeutung. Emanzipation bedeutet *in ein und demselben Moment* radikale Gründung und radikalen Ausschluß; das heißt, sie postuliert zugleich sowohl einen Grund des Sozialen als auch seine Unmöglichkeit. Es ist notwendig, daß eine emanzipiert Gesellschaft sich selbst gegenüber völlig transparent ist und daß zur selben Zeit diese Transparenz durch ihre Abgrenzung von essentieller Opazität konstituiert wird – mit dem Ergebnis, daß die Demarkationslinie nicht von der Seite der Transparenz her gedacht werden kann und daß Transparenz selbst opak wird. Es ist notwendig, daß eine rationale Gesellschaft eine in sich geschlossene Totalität bildet, die alle ihre partialen Prozesse sich selbst unterordnet; aber die Grenzen dieser holistischen Konfiguration – ohne die es überhaupt keine holistische Konfiguration gäbe – können nur durch deren Abgrenzung von einem Äußeren etabliert werden, das irrational und formlos ist. Wir müssen schließen, daß die beiden Gedankenlinien logisch inkompatibel sind und doch einander bedingen: ohne sie würde der ganze Emanzipationsbegriff zerfallen.

Was folgt aber aus dieser logischen Inkompatibilität? Auf welche Weise zerfällt der Emanzipationsbegriff aufgrund dieser logischen Inkompatibilität? Es ist klar, daß er nur auf einem *logischen* Terrain zerfällt, aber es folgt keineswegs, daß dies ausreicht, um ihn *sozial* in-operativ zu machen – es sei denn, natürlich, wir würden die absurde Hypothese vertreten, das soziale Terrain sei als logisches strukturiert und widersprüchliche Behauptungen könnten keine soziale Effektivität besitzen. Wir müssen an dieser Stelle sorgfältig zwischen zwei sehr unterschiedlichen Annahmen unterscheiden. Die erste ist, daß das Prinzip des Widerspruchs nicht auf Gesellschaft anwendbar sei und folglich jemand zur selben Zeit am selben Ort sein und nicht sein kann, daß dasselbe Gesetz sowohl beschlossen als auch nicht beschlossen wurde, etc. Ich denke nicht, daß irgend jemand so kühn wäre, diese Art von Behauptung aufzustellen. Aber die Annahme, daß soziale Praktiken Konzepte und Institutionen konstruieren, deren innere Logik auf der Operation inkompatibler Logiken basiert, ist eine völlig andere Sache. Und offensichtlich liegt hier keine Verneinung des Prinzips vom Widerspruch vor, denn sonst würde man behaupten, daß es logisch widersprüchlich sei, widersprüchliche Annahmen zu formulieren, was sicherlich nicht der Fall ist. Wenn nun die Operation widersprüchlicher Logiken sehr wohl an der Wurzel vieler Institutionen und sozialer Praktiken liegen kann, so entsteht ein Problem bezüglich des Ausmaßes, in dem diese Operation möglich ist. Könnte es sein, daß inkompatible Logiken innerhalb der Gesellschaft operieren, aber nicht auf Gesellschaft als ganze ausgedehnt werden können; das heißt, daß die Formulierung widersprüchlicher Behauptungen eine logische Bedingung dafür ist, daß Gesellschaft als ganze nicht widersprüchlich ist? Hier sind wir nahe an Hegels »List der Vernunft«. Aber es ist klar, daß wir es in diesem Fall mit einer *ontologischen* Hypothese zu tun haben, nicht mit einer *logischen* Erfordernis. Und diese ontologische Hypothese ist nichts anderes als eine neue Formulierung der »Dimension des Grundes«, die wir bereits diskutiert haben.

Aber was ist mit der Hypothese selbst? Ist sie logisch einwandfrei – und bleibt uns nur noch die Aufgabe, ihre Richtigkeit oder Unrichtigkeit festzustellen? Offenbar nicht, denn alles, was wir über die Logik des Grundes und seine begleitenden Dimensionen – Transparenz, Holismus, etc. – gesagt haben, ist hier voll anwendbar. Transparenz konstituiert sich als Terrain, wie wir gesehen haben, durch den Akt des Ausschlusses von Opazität. Aber was ist mit dem Akt des Ausschlusses selbst, was ist mit der konstitutiven *Differenz* zwischen Transparenz und Opazität: ist sie transparent oder opak? Es ist klar, daß die Alternative unentscheidbar ist und die beiden gleichermaßen möglichen logischen Bewegungen – das Opake transparent oder das Transparente opak zu machen – die Klarheit der Alternative verwischen.

Dieser ganze Exkurs zum Status logischer Widersprüche in der Gesellschaft ist wichtig, um uns zwei Aspekte bewußt zu machen, die zu berücksichtigen sind, wenn wir mit den in der Logik der Emanzipation spielbaren Sprachspielen umgehen. Der erste ist, daß es unmöglich ist, wenn der Begriff »Emanzipation« Bedeutung behalten soll, irgendeine seiner beiden inkompatiblen Seiten zurückzuweisen. Vielmehr müssen wir eine gegen die andere ausspielen – auf eine Weise, die noch zu spezifizieren sein wird. Der zweite Aspekt ist, daß diese doppelte und widersprüchliche Erfordernis nicht bloß etwas ist, von dem wir ausgehen müssen, *falls* Emanzipation als relevanter politischer Begriff beibehalten werden soll. Wenn dies das ganze Problem wäre, könnten wir es vermeiden, indem wir einfach verneinen, daß Emanzipation ein gültiges Konzept ist, und indem wir von der Gültigkeit beider – getrennt genommenen – Logiken ausgehen. Aber das ist gerade nicht möglich: Unsere Analyse hat uns zu der Schlußfolgerung geführt, daß es die kontradiktorischen Seiten selbst sind, die ihre wechselseitige Gegenwart und zugleich ihren wechselseitigen Ausschluß verlangen: Jede ist zugleich die Bedingung der Möglichkeit und die Bedingung der Unmöglichkeit der anderen. Daher haben wir es nicht einfach mit einer logischen Inkompatibilität zu tun, sondern vielmehr mit einer realen *Unentscheidbarkeit* zwischen den beiden Seiten. Das zeigt uns bereits den Weg an, auf dem wir uns der Logik der Emanzipation nähern müssen: Indem wir auf die Effekte achten, die aus der Subversion jeder ihrer beiden inkompatiblen Seiten durch die andere folgen. Diese Analyse wird überhaupt erst aus den Gründen möglich, die vorhin angesprochen wurden: Die soziale Operation zweier inkompatibler Logiken besteht nicht in einer reinen und simplen Auslöschung ihrer jeweiligen Effekte, sondern in einem spezifischen Set wechselseitiger Deformierungen. Genau das verstehen wir unter Subversion. Es ist, als würde jede der beiden inkompatiblen Logiken eine volle Operation voraussetzen, welche die andere verneint, und diese Verneinung führt zu einem geordneten Set subversiver Effekte in Bezug auf ihre jeweils innere Struktur. Es ist klar, daß wir in der Analyse dieser subversiven Effekte nicht dem Aufstieg von etwas Neuem beiwohnen, das beide Logiken hinter sich ließe, sondern eher einem geordneten Abdriften von dem, was ansonsten ihre volle Operation gewesen wäre.

Bevor wir dazu übergehen, das allgemeine Muster dieses Abdriftens zu beschreiben, müssen wir jedoch berücksichtigen, wie klassische emanzipatorische Diskurse mit unseren grundsätzlich inkompatiblen Dimensionen, die sicherlich nicht völlig unbemerkt geblieben sind, umgingen. Ein Diskurs radikaler Emanzipation kam zum ersten mal mit dem Christentum auf, und seine spezifische Form war die *Erlösung*. Mit zum Teil von der jüdischen Apokalypse ererbten Elementen präsentierte das Christentum das Bild einer zukünftigen Menschheit – oder Nach-Menschheit –, der jegliches Böse ausgetrieben worden ist. Sowohl die dichotomische Dimension als auch die Dimension des Grundes sind hier präsent: Weltgeschichte ist ein permanenter Kampf zwischen den Heiligen und den Kräften des Bösen, und es gibt keinen gemeinsam Grund zwischen ihnen; die zukünftige Gesellschaft wird perfekt und ohne interne Spaltungen, Opazität oder Entfremdung sein; die verschiedenen Alternativen im Kampf gegen die Kräfte des Bösen und der finale Triumph Gottes werden uns durch Verkündung bekannt gemacht. Nun, in diesem weltumschließenden Bild sehen wir das Auftreten einer theologischen Schwierigkeit, die nichts anderes ist als die theologische Anerkennung unserer zwei inkompatiblen Dimensionen. Gott ist allmächtige und absolute Güte, der Schöpfer *ex nihilo* von allem Existenten und absolute Quelle und absoluter Grund aller Geschöpfe. Wie erklären wir in diesem Fall die Gegenwart des Bösen in der Welt? Die Alternative ist klar: Entweder Gott ist allmächtig und Quelle alles Existenten – und in diesem Fall kann Er nicht die absolute Güte sein, da Er verantwortlich für die Gegenwart des Bösen in der Welt ist –, oder Er ist nicht verantwortlich für solch eine Gegenwart und ist somit nicht allmächtig. Wir sehen hier dasselbe Problem entstehen, das wir in nicht-theologische Begriffe gefaßt hatten: Entweder die

Dichotomie, die Gott und das Böse trennt, ist radikal, ohne gemeinsamen Grund zwischen den beiden Polen; oder es gibt einen solchen Grund – und in diesem Fall verschwimmt der Radikalismus der Opposition zwischen Gut und Böse. Das mit dieser Alternative konfrontierte christliche Denken oszillierte zwischen der Annahme, die Pläne Gottes seien unerforschlich und das Dilemma sei das Resultat der Begrenztheit menschlicher Vernunft – so daß das Problem ohne Lösung beiseitegelegt wurde -, und der Suche nach einer Lösung, die, wenn sie denn überhaupt konsistent sein sollte, nur ein Bild Gottes als absoluter Quelle beibehalten konnte, indem sie in der einen oder anderen Weise vom notwendigen Charakter des Bösen ausging. Eriugena, der in der Karolingischen Renaissance annahm, Gott würde Perfektion über notwendige Phasen des Übergangs erreichen, die Endlichkeit, Kontingenz und das Böse beinhalteten, stand am Beginn einer Tradition, die über den nördlichen Mystizismus, Nikolaus von Kues und Spinoza ihren höchsten Punkt in Hegel und Marx finden würde.

Die christliche Geschichtsvision war noch mit einem anderen Problem konfrontiert – diesmal ohne Widerspruch –, nämlich mit der Inkommensurabilität, die zwischen der Universalität der auszuführenden Aufgaben und der Begrenztheit der endlichen Akteure existierte, die sie zu übernehmen hatten. Die Kategorie der Inkarnation wurde konzipiert, um zwischen diesen beiden inkommensurablen Realitäten zu vermitteln. Das Paradigma aller Inkarnation ist natürlich die Ankunft Christi, aber jeder der universellen Momente in der Weltgeschichte ist markiert von göttlichen Interventionen, durch die endliche Körper universelle Aufgaben übernehmen müssen, die nicht im entferntesten durch ihre konkrete Endlichkeit vorherbestimmt waren. Die Dialektik der Inkarnation setzt die unendliche Distanz zwischen dem inkarnierenden Körper und der inkarnierten Aufgabe voraus. Nur durch Gottes Vermittlung wird eine Brücke zwischen den beiden erbaut – aus Motiven, die der menschlichen Vernunft unzugänglich sind. Um auf unsere verschiedenen Versionen von Emanzipation zurückzukommen, können wir sagen, daß im christlichen Diskurs Transparenz auf der Ebene der *Repräsentation* gesichert wird, nicht aber auf der Ebene des *Wissens*. Die Verkündigung gibt uns eine Repräsentation der Totalität der Geschichte, aber die Rationalität, die sich in dieser Geschichte ausdrückt, wird uns immer entkommen. Aus diesem Grund mußte die rationalistische Dimension von theologischen Heilserzählungen abwesend sein.

Es ist dieser Graben zwischen Repräsentation und Rationalität, den moderne Eschatologien zu überbrücken versuchen. Da Gott als Garant totaler Repräsentierbarkeit nicht mehr im Vordergrund steht, muß der Grund seine all-umfassenden Fähigkeiten ohne Berufung auf eine unendliche Distanz zu dem, was er tatsächlich umschließt, beweisen. So wird totale Repräsentation nur möglich als totale Rationalität. Die erste Konsequenz dieses modernen Trends ist, daß die Wende, die sich in pantheistische und semi-pantheistische Versionen des Christentums eingeschlichen hat, nun zu ihrem logischem Ende gebracht wird. Wenn es einen Grund gibt, aus dem heraus die menschliche Geschichte sich als rein rational darstellt – und in Folge als völlig transparent sich selbst gegenüber –, dann kann das Böse, kann Opazität und Andersheit nur das Ergebnis partieller und gestörter Repräsentationen sein. Je stärker die Dimension des Grundes sich durchsetzt, desto mehr muß die unheilbare Alterität der in der dichotomischen Dimension angelegten Spaltung als falsches Bewußtsein abgetan werden. Wir haben vorhin die Hegelsche »List der Vernunft« erwähnt. Aber die Marxschen Versionen des gleichen Prinzips sind nicht weit entfernt. Es reicht aus, sich die Beschreibung des Aufkommens und der Entwicklung antagonistischer Gesellschaften in Erinnerung zu rufen: Der primitive Kommunismus mußte auseinanderbrechen, um die Produktivkräfte der Menschheit zu entwickeln; deren Entwicklung erforderte – als ihre historische und logische Bedingung – den Durchgang durch die Hölle sukzessiver Ausbeutungsregime; und erst am Ende dieses Prozesses, wenn Geschichte den Gipfelpunkt eines neuen Kommunismus erreicht, der eine weitere Entwicklung der Produktivkräfte darstellt, zeigt sich endlich die Bedeutung und Rationalität alles vorangegangenen Leidens. Wie Hegel sagte, ist die Weltgeschichte nicht der Boden des Glücks. Aus der Sicht der Weltgeschichte enthüllt alles – Sklaverei, Obskurantismus, Terrorismus, Ausbeutung, Auschwitz – seine rationale Substanz. Radikale Zurückweisung, Antagonismus, ethische Inkompatibilitäten, kurz: alles, was mit der dichotomischen Dimension verbunden ist, gehört dem Bereich des Überbaus an, der Art, in der soziale Akteure (verzerrt) ihr Verhältnis zu ihren wirklichen Bedingung leben. Wie in einem berühmte Text behauptet wurde:

> »Mit der Veränderung der ökonomischen Grundlage wälzt sich der ganze ungeheure Überbau langsamer oder rascher um. In der Betrachtung solcher Umwälzungen muß man stets unterscheiden zwischen der materiellen, naturwissenschaftlich treu zu konstatierenden Umwälzung in den ökonomischen Produktionsbedingungen und den juristischen, politische, religiösen, künstlerischen und philosophischen, kurz, ideologischen Formen, worin sich die Menschen dieses Konflikts bewußt werden und ihn ausfechten. Sowenig man das, was ein Individuum ist, nach dem beurteilt, was es sich selbst dünkt, ebensowenig kann man eine solche Umwälzungsepoche aus ihrem Bewußtsein beurteilen, sondern muß vielmehr das Bewußtsein aus den Widersprüchen des materiellen Lebens, aus dem vorhandenen Konflikt zwischen gesellschaftlichen Produktivkräften und Produktionsverhältnissen erklären.«[1]

In dieser Lesart wird die dichotomische Dimension zum »Überbau« der Dimension des Grundes, und Emanzipation wird zu einem rein rhetorischen Ornament eines substantiellen Prozesses, der in ganz anderen Begriffen verstanden werden muß. Eine Folge ist, daß das zweite logische Erfordernis dieser essentiellen Wende darin besteht, daß wir die Dialektik der Inkarnation gänzlich fallen lassen müssen. Wie wir gesehen haben, erfordert Inkarnation die Verbindung zwischen zwei Elementen durch die Vermittlung eines dritten, ihnen äußerlichen. Und zwar dergestalt, daß es zu einer unüberbrückbaren Distanz zwischen den ersten beiden Elementen kommt, wenn man sie sich selbst überläßt: Ohne das dritte Element gäbe es überhaupt keine Verbindung zwischen ihnen. Inkarnation war daher möglich, solange Gott Teil des *explanans* war, aber sobald er in den Hintergrund tritt, wird die Verbindung zwischen der inkarnierten Universalität und dem inkarnierenden Körper unmöglich. Das heißt, eine gänzlich rationalistische und säkulare Eschatologie muß die Möglichkeit eines universellen Akteurs zeigen, der jenseits der Widersprüche zwischen Partikularität und Universalität steht. Oder besser gesagt: eines Akteurs, dessen Partikularität auf direktem Weg, ohne irgendein Vermittlungssystem, reine und universale menschliche Essenz ausdrückt. Dieser Akteur ist für Marx das Proletariat, dessen Partikularität in so direkter Weise Universalität ausdrückt, daß nach seiner Ankunft keinerlei Repräsentationsprozesse mehr nötig sind. Keine Inkarnation kann hier stattfinden. Aber wenn wir die Sache näher betrachten, werden wir sehen, daß für diesen Akteur, der präsentiert wird als der einzige, der einen wahren Emanzipationsprozeß tragen kann, »Emanzipation« ein bedeutungsloser Begriff geworden ist. Wie konstruieren wir die Identität dieses Akteurs? Wie wir gesehen haben, muß der Agent der Emanzipation jemand sein, dessen Identität von ihrer Konstitution/Entwicklung durch ein existierendes unterdrückerisches Regime abgehalten wurde. Wenn aber der Prozeß der Desintegration dieses Regimes mit dem Prozeß der Formation des »emanzipatorischen« Akteurs identisch ist, dann können wir kaum sagen, daß er/sie vom selben Regime unterdrückt wird, welches ihn/sie konstituiert.

Wir können natürlich sehr wohl argumentieren, daß das Proletariat das Produkt der kapitalistischen Entwicklung ist, denn nur letztere erzeugt die Trennung zwischen dem direkten Produzenten und dem Besitz an den Produktionsmitteln, doch das erklärt nur das Aufkommen des Proletariats als einer partikularen Subjektposition in der kapitalistischen Gesellschaft, nicht das Aufkommen des Proletariats als emanzipatorisches Subjekt. Um letzteres zu erklären, müssen wir zeigen, daß der Kapitalist im Arbeiter etwas negiert, das nicht das bloße Produkt des Kapitalismus ist. In unserer Terminologie: Wir müssen zeigen, daß eine antagonistische Dichotomie existiert, die nicht auf einen einzigen Grund reduzierbar ist. Das heißt, daß zur Bedingung wahrer Emanzipation, wie wir bereits bemerkt haben, eine konstitutive Opazität gehört, die durch keine Gründung ausgelöscht werden kann. Das bedeutet, daß die beiden Operationen der Schließung, die den politischen Diskurs der Moderne gegründet haben, rückgängig gemacht werden müssen. Wenn einerseits die Moderne damit begann, daß Repräsentierbarkeit strikt an Wissen geknüpft wurde, dann beinhaltet die aus der Dialektik der Emanzipation resultierende konstitutive Opazität nicht nur, daß die Gesellschaft nicht länger dem Wissen gegenüber transparent ist, sondern auch, daß Gott nicht länger da ist, um Wissen durch Verkündigung zu substituieren, daß alle Repräsentation notwendigerweise partiell sein wird und vor dem Hintergrund einer essentiellen Unrepräsentierbarkeit stattfinden wird. Andererseits zieht diese konstitutive Opazität den Grund zurück, der es ermöglicht hat, die Dialektik der Inkarnation zu übersteigen, vorausgesetzt es gibt keine transparente Gesellschaft mehr, in der das Universelle sich in direkter, unvermittelter Weise zeigen kann. Doch genausowenig kann Opazität zu einer Widerherstellung der Dialektik der Inkarnation führen, da Gott nicht länger bereitsteht, um durch Sein Wort das Wissen um ein universelles Schicksal zu garantieren, das der menschlichen Vernunft entkommt. Der Tod des Grundes scheint zum Tod des Universellen zu führen und zur Auflösung sozialer Kämpfe in bloße Partikularismen. Dies ist die andere Dimension der emanzipatorischen Logik, die wir vorhin betont haben: Wenn die Abwesenheit eines Grundes Bedingung radikaler Emanzipation ist, kann der Radikalismus des gründenden emanzipatorischen Aktes nicht anders konzipiert werden denn als Gründungsakt.

Es sieht also so aus, als wäre Emanzipation unmöglich, welche Richtung wir auch immer einschlagen mögen. Allerdings zögern wir mit der Ausstellung des Todeszertifikats. Denn obwohl wir die logischen Konsequenzen untersucht haben, die aus jeder für sich genommenen Alternative folgen, haben wir noch nichts über die Effekte gesagt, die aus der sozialen Interaktion dieser beiden symmetrischen Unmöglichkeiten folgen könnten. Betrachten wir die Sache mit Sorgfalt. Emanzipation ist direkt mit dem Schicksal des Universellen verbunden. Wenn sich die Dimension des Grundes behaupten oder wenn Emanzipation ein wahrer Akt radikaler Gründung sein soll, kann ihre Umsetzung nicht das Werk irgendeines partikularistischen sozialen Akteurs sein. Wir haben gesehen, daß diese zwei Dimensionen – Grund und radikale Spaltung – tatsächlich inkompatibel sind, daß aber beide Alternativen gleichermaßen die Gegenwart des Universellen erfordern. Ohne das Auftreten des Universellen im historischen Terrain wäre Emanzipation unmöglich. Im theologischen Denken war, wie wir gesehen haben, die Gegenwart des Universellen durch die Inkarnationslogik garantiert, die zwischen der partikularistischen Endlichkeit und der universellen Aufgabe vermittelte. In säkularisierten Eschatologien mußte das Universelle ohne irgendeine Art von Vermittlung entstehen: Die »universale Klasse« in Marx kann ihren emanzipatorischen Auftrag nur erfüllen, weil sie genau zur reinen menschlichen Essenz wurde, die jede partikularistische Zugehörigkeit abgelegt hat. Nun scheint die ultimative logische Unmöglichkeit entweder einer Spaltung, die wirklich radikal ist, oder der Auflösung von Emanzipation in irgendeine Version der »List der Vernunft« gerade die Möglichkeit jeglicher totalisierender Effekte zu zerstören. Damit ist das einzige Terrain, auf dem das Universelle auftreten konnte – das der sozialen Totalität – offenbar verschwunden. Bedeutet das, daß der Tod des Universellen mitsamt der Unmöglichkeit von Emanzipation als seiner notwendigen Begleiterscheinung uns einer rein partikularistischen Welt überläßt, in der soziale Akteure nur begrenzte Ziele verfolgen? Ein Moment der Reflektion reicht aus, um zu zeigen, daß dies keine adäquate Schlußfolgerung ist. »Partikularismus« ist ein essentiell relationales Konzept: Etwas ist partikular in Verhältnis zu anderen Partikularitäten, und ihr Ensemble setzt eine soziale Totalität voraus, in der sie konstituiert sind. Wenn also der eigentliche Begriff einer sozialen Totalität in Frage gestellt wird, ist der Begriff »partikularer« Identitäten gleichermaßen bedroht. Die Kategorie der Totalität verfolgt uns weiterhin durch die Effekte, die gerade aus ihrer Abwesenheit entstehen.

Diese letzte Bemerkung öffnet den Weg für eine Form der Konzeptualisierung des Verhältnisses zwischen Universalismus und Partikularismus, die sich sowohl von einer Inkarnation des einen im anderen unterscheidet als auch von der Auslöschung ihrer Differenz, und die in der Tat neue Befreiungsdiskurse ermöglicht. Diese gehen mit Sicherheit über Emanzipation hinaus, aber sie werden von Bewegungen konstruiert, die innerhalb des Systems von Alternativen stattfinden, die von ihnen generiert werden. Beginnen wir unsere Analyse mit der Betrachtung irgendeines sozialen Antagonismus – eine nationale Minorität zum Beispiel, die von einem autoritären Staat unterdrückt wird. Es gibt hier eine Spaltung zwischen den beiden, und wir wissen bereits, daß es in allen Spaltungen eine grundlegende Unentscheidbarkeit darüber gibt, zu welcher der beiden Seiten die Linie gehört, die sie trennt. Nehmen wir an, daß zu einem bestimmten Zeitpunkt andere antagonistische Kräfte – eine fremde Invasion, die Aktion feindlicher ökonomischer Kräfte, etc. – intervenieren. Die nationale Minorität wird all die antagonistischen Kräfte als *äquivalente* Bedrohung ihrer eigenen Identität verstehen. Wenn es nun Äquivalenz gibt, bedeutet das, daß durch all die sehr verschiedenen antagonistischen Kräfte etwas ausgedrückt wird, das in ihnen allen gleichermaßen präsent ist. Dieses gemeinsame Element kann jedoch nichts Positives sein, da aus der Sicht ihrer konkreten positiven Merkmale sich jede einzelne dieser Kräfte von den anderen unterscheidet. So muß es etwas rein Negatives sein: Die Bedrohung, die jede einzelne Kraft für die nationale Identität darstellt. Die Schlußfolgerung lautet, daß in einem Äquivalenzverhältnis jedes der äquivalenten Elemente als ein Symbol von Negativität an sich funktioniert, als Symbol einer gewissen universellen Unmöglichkeit, von der die fragliche Identität durchzogen ist. Anders ausgedrückt: In einer antagonistischen Relation ist das, was als negativer Pol einer bestimmten Identität operiert, konstitutiv gespalten. Alle ihre Inhalte drücken eine allgemeine Negativität aus, die sie transzendiert. Aber aus diesem Grund kann der »positive« Pol genausowenig auf seine konkreten Inhalte reduziert werden: Wenn das, was ihnen entgegensteht, die universelle Form der Negativität als solcher ist, müssen diese Inhalte durch ihr Äquivalenzverhältnis die universelle Form der Fülle oder Identität ausdrücken. Wir haben es hier nicht mit der bestimmten

Negation im Hegelschen Sinne zu tun: Während letztere der anscheinenden Positivität des Konkreten entspringt und durch Inhalte »zirkuliert«, die immer bestimmt sind, hängt unser Begriff von Negativität vom Scheitern der Konstitution jeder Bestimmung ab.

Diese konstitutive Spaltung zeigt das Entstehen des Universellen im Partikularen. Aber sie zeigt genauso, daß das Verhältnis zwischen Partikularität und Universalität essentiell instabil und unentscheidbar ist. Welcher partikulare Inhalt dazu bestimmt war, Universalität zu inkarnieren, war in der christlichen Eschatologie Gottes Entscheidung und folglich völlig fixiert und prädeterminiert. Insofern die selbst-transparente Universalität ein Moment in der rationalen Selbst-Entwicklung von Partikularität war, war die Identität des partikularen Akteurs, der seine/ihre Distanz zum Universellen ablegen würde, in der hegelianisch/marxistischen Geschichtsversion genauso durch essentielle Bestimmungen fixiert. Wenn aber das Universelle aus einer konstitutiven Spaltung resultiert, in der die Negation einer partikularen Identität diese Identität in das Symbol von Identität und Fülle an sich transformiert, dann müssen wir schließen, daß: (1) das Universelle keinen eigenen Inhalt besitzt, sondern eine abwesende Fülle ist – oder eher der Signifikant der Fülle als solcher, der eigentlichen Idee von Fülle; (2) das Universelle nur aus dem Partikularen entstehen kann, da es nur die Inkarnation eines *partikularen* Inhalts ist, die diesen Inhalt in das Symbol einer Universalität transformiert, die ihn transzendiert; (3) weder durch eine Analyse des Partikularen an sich noch durch eine des Universellen bestimmt werden kann, *welcher* partikulare Inhalt das Universelle symbolisieren wird, da letzteres – für sich genommen – ein leerer Signifikant ist. Das Verhältnis des Universellen und des Partikularen hängt vom Kontext des Antagonismus ab und ist, im strikten Sinn des Begriffes, eine hegemoniale Operation. Es ist, als hätte die unentscheidbare Linie, die die beiden Pole der Dichotomie voneinander trennt, ihre unentscheidbaren Effekte auf das Innere der Pole selbst ausgedehnt, auf das eigentliche Verhältnis zwischen Universalität und Partikularität.

Betrachten wir nun, im Lichte dieser Schlußfolgerungen, was mit den sechs Dimensionen des Emanzipationsbegriffs geschieht, von denen wir ausgegangen sind. Die Dimension des Grundes ist, wie wir gezeigt haben, unvereinbar mit Emanzipation und verstrickt uns darüber hinaus in unüberwindbare logische Aporien. Bedeutet das aber, daß wir mit dem Begriff des »Grundes« nicht weiter umgehen dürfen, daß er schlichtweg aufzugeben ist? Offenbar nicht, und sei es nur aufgrund der Tatsache, daß Auflösung und Partikularismus, die die einzig möglichen Alternativen darstellen, in dem Moment den Begriff des Grundes voraussetzen, in dem sie ihn verneinen. Es ist jedoch möglich, das Ineinanderspielen dieser inkompatiblen Logiken zum eigentlichen Ort einer bestimmten politischen Produktivität zu machen. Partikularität verneint *und* erfordert Totalität, das heißt: den Grund. Diese widersprüchlichen Momente drücken sich darin aus, was die konstitutive Spaltung jeder konkreten Identität genannt wurde. Totalität ist unmöglich und wird zugleich vom Partikularen erfordert: In diesem Sinn ist sie im Partikularen als das gegenwärtig, was abwesend ist, als ein konstitutiver Mangel, der das Partikulare unaufhörlich dazu zwingt, mehr als es selbst zu sein, eine universale Rolle anzunehmen, die nur prekär und unvernäht sein kann. Genau aus diesem Grund kann es demokratische Politik geben: Eine Abfolge finiter und partikularer Identitäten, die eine universale Aufgabe zu übernehmen versuchen, die über sie hinausgeht; die aber folglich niemals in der Lage sind, die Distanz zwischen Aufgabe und Identität zu überdecken und die jederzeit durch alternative Gruppen ersetzt werden können. Unvollständigkeit und Vorläufigkeit gehören zur Essenz der Demokratie.

Es versteht sich von selbst, daß die holistische Dimension denselben Weg nimmt wie die Dimension des Grundes: Beide sind tatsächlich die gleiche Dimension, die aus zwei verschiedenen Blickwinkeln betrachtet wird. Was die rationalistische Dimension betrifft, sollten wir uns vor Augen halten, daß die säkularistische Wende der Moderne sowohl die Annahme beinhaltete, daß der Sinn der Geschichte nicht außerhalb der Geschichte selbst gefunden werden kann, daß es keine übernatürlich Kraft gibt, die als ultimative Quelle alles Existenten operiert, als auch die davon sehr verschiedene Annahme, daß diese sehr weltliche Ereignisabfolge ein vollständig rationaler Prozeß sei, den die Menschen intellektuell meistern könnten. Somit übernimmt Vernunft das Terrain, welches das Christentum Gott zugesprochen hatte. Aber das Verschwinden des Grundes beraubt die Vernunft ihrer all-umfassenden Möglichkeiten, und nur die erste Annahme (oder besser: Überzeugung), der innerweltliche Charakter aller Erklärung, bleibt bestehen. Vernunft ist notwendig, aber sie ist auch unmöglich. Die Gegenwart ihrer Abwesenheit zeigt sich in den verschiedenen Versuchen endlicher sozialer Akteure, die Welt zu »rationalisieren«. Prekarität und ultimatives Scheitern (wenn wir weiterhin Erfolg an einem alten rationalistischen Standard messen) sind mit Sicherheit das Schicksal dieser Versuche, aber durch dieses Scheitern gewinnen wir etwas vielleicht Wertvolleres als die Sicherheit, die wir verlieren: Freiheit gegenüber den verschiedenen Formen von Identifikation, die unfähig sind, uns im Netzwerk einer Logik ohne Einspruchsmöglichkeit einzukerkern. Dasselbe betrifft die Dimension der Transparenz: Totale Repräsentierbarkeit ist nicht länger als Möglichkeit vorhanden, aber das heißt nicht, daß ihre Notwendigkeit verschwunden wäre. Dieser unüberbrückbare Graben zwischen Möglichkeit und Notwendigkeit führt uns direkt in das, was Nietzsche einen »Krieg der Interpretationen« genannt hat. Wenn begrenzte und endliche Wesen zu wissen versuchen, die Welt sich selbst gegenüber transparent zu machen versuchen, ist es unmöglich, daß diese Begrenztheit und Endlichkeit nicht auf die Produkte ihrer intellektuellen Aktivität abfärbt. In diesem Sinn hat die Aufgabe der Bestrebungen nach »absolutem« Wissen ermunternde Effekte: Einerseits können die Menschen sich als die wahren Schöpfer wiedererkennen und nicht länger als die passiven Empfänger einer prädeterminierten Struktur; andererseits kann, da alle sozialen Akteure ihre konkrete Endlichkeit erkennen müssen, sich niemand für den wahren Weltgeist halten. Dies öffnet den Weg für eine endlose Interaktion zwischen verschiedenen Perspektiven und rückt die Möglichkeit irgendeines totalitären Traums in immer weitere Ferne.

Was ist mit jenen Aspekten, die mit der Dimension des Grundes inkompatibel sind, und jenen, die von diesen abhängen? Wie wir gesehen haben, setzt die dichotomische Dimension die strukturelle Verortung eines Grundes voraus und macht sie zugleich undenkbar. Nur wenn sie auf der Ebene des Grundes des Sozialen stattfindet, ist die Spaltung, durch welche die Dichotomie konstituiert wird, radikal aus der Sicht ihrer *Verortung*. Aber die Operation, die von der Dichotomie durchgeführt wird – die *Trennung* der Emanzipation von einer vollständig fremden Vergangenheit – ist logisch unvereinbar mit dem Begriff solch einer strukturellen Verortung. Wie in den Fällen der anderen Dimensionen hat diese Doppelbewegung der Selbst-Setzung und des Zurückziehens des Grundes nun einige positive Konsequenzen. Die wichtigste besteht darin, daß es, wenn einerseits keine Dichotomie absolut ist, keinen Akt vollständiger revolutionärer Gründung geben kann; aber wenn andererseits diese Dichotomisierung nicht das Ergebnis einer Eliminierung radikaler Andersheit ist, sondern im Gegenteil Ergebnis der eigentlichen Unmöglichkeit ihrer totalen Auslöschung, dann müssen partielle und prekäre Dichotomien konstitutiv für die soziale Struktur sein. Diese Prekarität und Unvollständigkeit der die soziale Teilung konstituierenden Grenzen liegen an der Wurzel der gegenwärtigen Möglichkeit einer allgemeinen Autonomisierung sozialer Kämpfe, der sogenannten Neuen Sozialen Bewegungen – im Unterschied zu ihrer Subordination unter eine einzelne Grenze, welche die einzige Quelle sozialer Teilung sein würde. Und schließlich wird die *Präexistenz* der zu emanzipierenden Identität gegenüber den oppressiven Kräften ebenfalls subvertiert und der gleichen widersprüchlichen Bewegung unterworfen, welche die anderen Dimensionen erfahren. In klassischen Diskursen mußten die emanzipierten Identitäten dem Emanzipationsakt vorausgehen – aufgrund ihrer radikalen Andersheit gegenüber den Kräften, gegen die sie opponierten. Es trifft zu, daß dies in allen antagonistischen Kämpfen unvermeidlich ist; aber wenn zur gleichen Zeit Dichotomisierung nicht wirklich radikal ist –

und wie wir gerade gesehen haben, kann sie es nicht sein –, dann muß die Identität der oppressiven Kräfte in irgendeiner Weise der Identität eingeschrieben sein, die nach Emanzipation sucht. Diese widersprüchliche Situation drückt sich in der Unentscheidbarkeit zwischen Internalität und Externalität des Unterdrückers im Verhältnis zum Unterdrückten aus: Unterdrückt zu sein, ist Teil meiner Identität als Subjekt, das um seine Emanzipation kämpft; ohne die Gegenwart des Unterdrückers wäre meine Identität eine andere. Ihre Konstitution erfordert die Präsenz des Anderen und weist sie zugleich zurück.

Die gegenwärtigen sozialen Kämpfe bringen diese widersprüchliche Bewegung in den Vordergrund, die von den emanzipatorischen Diskursen sowohl religiöser als auch säkularisierter Eschatologien verdeckt und verdrängt worden waren. Wir kommen heute mit unserer eigenen Endlichkeit zu Rande und mit den politischen Möglichkeiten, die sie eröffnet. Dies ist der Punkt, von dem aus die potentiellen Befreiungsdiskurse unseres postmodernen Zeitalters beginnen müssen. Vielleicht können wir sagen, daß wir heute am Ende der Emanzipation stehen und am Beginn der Freiheit.[2]

Universalismus, Partikularismus und die Frage der Identität

Heute wird sehr viel von sozialen, ethnischen, nationalen und politischen Identitäten gesprochen. Dem »Tod des Subjekts«, welcher vor noch nicht so langer Zeit stolz *urbi et orbi* verkündet worden war, folgte ein neues und weitverbreitetes Interesse an den vielfachen Identitäten, die in unserer Gegenwart entstehen und sich ausbreiten. Diese zwei Bewegungen stehen aber trotz allem nicht in solch einem vollständigen und dramatischen Kontrast, wie wir auf den ersten Blick zu glauben versucht sind. Vielleicht war der Tod *des* Subjekts (,,with a capital S«) die wichtigste Voraussetzung für dieses wiedererwachte Interesse an der Frage der Subjektivität. Vielleicht ist es gerade die Unmöglichkeit, die konkreten und begrenzten Äußerungen einer mannigfaltigen Subjektivität weiterhin auf ein transzendentes Zentrum zu beziehen, die es umgekehrt möglich macht, unsere Aufmerksamkeit auf die Vielfalt selbst zu konzentrieren. Die in den 1960er-Jahren gelegten Fundamente sind immer noch ein Teil von uns und ermöglichen die politischen und theoretischen Erkundungen, auf denen wir uns heute befinden.

Wenn es jedoch eine zeitliche Kluft zwischen dem, was theoretisch denkbar geworden ist, und dem tatsächlich Erreichten gab, dann deshalb, weil für eine bestimmte Zeit das intellektuelle Imaginäre der Linken einer zweiten und subtileren Verlockung unterlag: Jener, das transzendentale Subjekt durch sein symmetrisches Gegenteil zu ersetzen, die mannigfaltigen Formen undomestizierter Subjektivitäten wieder einer objektiven Totalität einzuschreiben. Von daher entwickelte sich ein Konzept, das in unserer unmittelbaren Vorgeschichte starke Verbreitung gefunden hat: das der »Subjektpositionen«. Aber natürlich war das keine wirkliche Überschreitung der Problematik einer transzendentalen Subjektivität (was uns als Abwesenheit verfolgt, ist tatsächlich äußerst anwesend). »Geschichte ist ein Prozeß ohne Subjekt«. Mag sein. Aber woher wissen wir das? Setzt die eigentliche Möglichkeit einer solchen

Annahme nicht bereits das voraus, was man vermeiden wollte? Wenn Geschichte als Totalität ein mögliches Objekt von Erfahrung und Diskurs ist, wer könnte das Subjekt solch einer Erfahrung sein, wenn nicht das Subjekt eines absoluten Wissens? Nun, wenn wir versuchen, diese Falle zu vermeiden und das Terrain zu verlassen, auf dem solche Behauptungen noch Sinn machen würden, dann wird genau dieser Begriff der »Subjektposition« problematisch.

Was könnte so eine Position sein, wenn nicht ein besonderer Ort innerhalb einer Totalität. Und was könnte diese Totalität sein, wenn nicht das Objekt der Erfahrung eines absoluten Subjekts? Zu genau dem Zeitpunkt, an dem das Terrain absoluter Subjektivität zusammenbricht, bricht auch die *eigentliche Möglichkeit* eines absoluten Objekts zusammen. Es gibt keine wirkliche Alternative zwischen Spinoza und Hegel. Doch das verortet uns auf einem ganz anderen Terrain, in dem die eigentliche Möglichkeit der Subjekt/Objekt-Unterscheidung das simple Resultat der Unmöglichkeit ist, irgendeinen der beiden Terme zu konstituieren. Ich bin ein Subjekt, genau *weil* ich kein absolutes Bewußtsein sein kann, weil mir etwas konstitutiv Fremdes gegenübersteht. Und es kann kein reines Objekt geben aufgrund dieser Undurchsichtigkeit/Entfremdung, welche die Spuren des Subjekts im Objekt zeigt. Sobald daher Objektivismus als ein »epistemologisches Hindernis« verschwunden war, wurde es möglich, alle Implikationen des »Todes des Subjekts« zu entwickeln. An dem Punkt offenbarte dieser sein geheimes Gift, die Möglichkeit seines zweiten Todes: »des Todes des Todes des Subjekts«; das Wiedererscheinen des Subjekts als Folge seines eigenen Todes; die Ausbreitung konkreter Endlichkeiten, deren Begrenzungen die Quelle ihrer Stärke darstellen; die Erkenntnis, daß es »Subjekte« geben kann, weil die Kluft, die »*das* Subjekt« überbrücken sollte, in Wirklichkeit unüberbrückbar ist.

Das ist nicht bloß abstrakte Spekulation. Es ist vielmehr ein genau von dem Terrain, in das die Geschichte uns geworfen hat, eröffneter intellektueller Weg: die Vervielfältigung der neuen – und nicht so neuen – Identitäten in Folge des Zusammenbruchs der Orte, von denen aus die universellen Subjekte sprachen: Man denke an die Explosion ethnischer und nationaler Identitäten in Osteuropa und in den Gebieten der früheren UdSSR, an die Kämpfe zwischen Immigrantengruppen in Westeuropa, an neue Formen multikultureller Protests und der Geltendmachung von Rechten in den USA, wozu wir die Skala der Dispute rechnen müssen, die mit den Neuen Sozialen Bewegungen verknüpft sind. Nun kommt die Frage auf: Ist diese Ausbreitung denkbar nur *als* Ausbreitung – d. h. einfach in Begriffen ihrer Vielfalt? Um das Problem in seine schlichteste Form zu kleiden: Ist Partikularismus denkbar nur *als* Partikularismus, allein aus der differentiellen Dimension heraus, die er geltend macht? Sind die Relationen zwischen Universalismus und Partikularismus schlichte Relationen gegenseitiger Ausschließung? Oder, wenn wir die Sache von der anderen Seite angehen, schöpft die Alternative zwischen einem essentialistischen Objektivismus und einem transzendentalen Subjektivismus die Breite der Sprachspiele aus, die sich mit dem »Universellen« spielen lassen?

Das sind die Hauptfragen, die ich ansprechen werde. Ich werde nicht vorgeben, der *Ort* der Fragestellung würde nicht die Natur der Fragen beeinflussen und diese nicht die Art der erwarteten Antworten vorherbestimmen. Nicht alle Wege führen nach Rom. Aber indem ich die tendenziöse Natur meiner Intervention eingestehe, gebe ich dem Leser die einzige Freiheit, die zu gewähren in meiner Macht liegt: aus meinem Diskurs herauszutreten und seine Gültigkeit in Begriffen zurückzuweisen, die vollständig unvereinbar mit ihm sind. Indem ich ihm/ihr einige Einschreibungsflächen eher zur Formulierung von *Fragen* denn von Antworten anbiete, greife ich in einen Machtkampf ein, für den es einen Namen gibt: Hegemonie.

Beginnen wir mit einer Betrachtung der historischen Formen, in denen das Verhältnis zwischen Universalität und Partikularität gedacht worden ist. Eine erste Annäherung macht geltend: (a) daß es eine nicht verunreinigte Trennlinie zwischen dem Universellen und dem Partikularen gibt; und (b) daß der Pol des Universellen vollständig von der Vernunft erfaßbar ist. In diesem Fall gibt es keine mögliche Vermittlung zwischen

Universalität und Partikularität: das Partikulare kann nur das Universelle *korrumpieren*. Wir sind auf dem Gebiet der klassischen antiken Philosophie. Entweder das Partikulare realisiert in sich das Universelle – d. h., es eliminiert sich selbst als Partikulares und transformiert sich in ein transparentes Medium, durch das hindurch Universalität wirkt – oder es verneint das Universelle durch Behauptung seines Partikularismus (doch insofern dieser rein irrational ist, besitzt er keine eigene Entität, sondern kann nur als Korruption des Seins existieren). Das offensichtliche Problem betrifft die Grenze, die Universalität und Partikularität voneinander trennt. Ist sie universell oder partikular? Wenn sie selbst partikular ist, dann kann Universalität nur eine Partikularität sein, die sich in Begriffen einer grenzenlosen Ausschließung definiert. Wenn sie universell ist, dann wird das Partikulare selbst Teil des Universellen und die Trennlinie wird wiederum verwischt. Doch allein die Möglichkeit, diese letzte Frage zu formulieren, würde verlangen, daß die *Form* der Universalität an sich und die tatsächlichen *Inhalte*, mit denen sie verbunden ist, einer klaren Unterscheidung unterworfen wären. Der Gedanke dieser Differenz steht jedoch der antiken Philosophie nicht zu Verfügung.

Die zweite Möglichkeit, die Relation von Universalität und Partikularität zu denken, ist mit dem Christentum verknüpft. Der Gesichtspunkt der Totalität existiert, aber er ist der Gottes, nicht der unsere, so daß er der menschlichen Vernunft nicht zugänglich ist. *Credo quia absurdum*. Daher ist das Universelle bloßes Ereignis in einer eschatologischen Abfolge und uns nur durch Offenbarung zugänglich. Das bringt eine gänzlich andere Konzeption des Verhältnisses zwischen Partikularität und Universalität mit sich. Die Grenzlinie kann nicht wie im antiken Denken zwischen Rationalität und Irrationalität verlaufen, zwischen einer tiefen und einer oberflächlichen Schicht *innerhalb der Sache*, sondern sie verläuft zwischen zwei Serien von Ereignissen: solchen einer endlichen und kontingenten Abfolge einerseits und solchen einer eschatologischen Serie andererseits. Da Gottes Pläne unerforschlich sind, kann die Tiefenschicht keine zeitlose Welt geistiger Formen sein, sondern nur eine zeitliche Abfolge essentieller Ereignisse, welche die menschliche Vernunft nicht durchschauen kann. Und da jeder dieser universellen Momente sich in einer begrenzten Realität, die kein gemeinsames Maß mit ihnen teilt, realisieren muß, kann das Verhältnis zwischen den zwei Ordnungen ebenfalls nur opak und unverständlich sein. Diesen Relationstyp nannte man *Inkarnation.* Sein entscheidendes Charakteristikum ist, daß zwischen dem Universellen und dem Körper, der dieses inkarniert, keine wie auch immer geartete Verbindung herrscht. Gott ist der einzige und absolute Vermittler. Von hier fand eine subtile Logik ihren Ausgang, die dazu bestimmt war, einen tiefen Einfluß auf unsere Tradition auszuüben: die des *privilegierten Akteurs der Geschichte,* des Agenten, dessen partikularer Körper der Ausdruck einer ihn transzendierenden Universalität war. Die moderne Idee einer »universalen Klasse« und die verschiedenen Formen des Eurozentrismus sind nichts als die entfernten historischen Effekte der Inkarnationslogik.

Doch nicht gänzlich. Denn die Moderne war zu ihrem Höhepunkt in großem Ausmaß ein Versuch, die Logik der Inkarnation zu unterbrechen. Gott, als die absolute Quelle alles Existenten, wurde in seiner Funktion als universeller Garant durch die Vernunft ersetzt, aber ein *rationaler* Grund, eine *rationale* Quelle besitzen eine eigene Logik, die sich von der eines göttlichen Eingreifens stark unterscheidet. Der Hauptunterschied ist, daß die Effekte einer rationalen Gründung der menschlichen Vernunft vollständig transparent sein müssen. Nun ist dieses Erfordernis mit der Inkarnationslogik gänzlich unvereinbar. Wenn alles der Vernunft transparent sein muß, dann gilt das auch für die Verbindung zwischen dem Universellen und dem es inkarnierenden Körper; und in diesem Fall muß die Unvereinbarkeit zwischen einem zu inkarnierenden Universellen und dem inkarnierenden Körper ausgeschaltet werden. Wir müssen einen Körper postulieren, der in und an sich das Universelle ist.

Die volle Realisierung dieser Implikationen nahm einige Jahrhunderte in Anspruch. Descartes postulierte einen Dualismus, in dem sich das Ideal einer vollen Rationalität immer noch dagegen sträubte, zum Reorganisationsprinzip der sozialen und politischen Welt zu werden. Aber die Hauptströmungen der Aufklärung gingen daran, eine scharfe Grenze zu ziehen zwischen einer Vergangenheit, die das Reich von Irrtümern und Torheiten der Menschen war, und einer Zukunft, die das Ergebnis eines absoluten Gründungsakts zu sein hatte. Ein letztes Stadium im Fortschreiten dieser rationalistischen Hegemonie war erreicht, als die Kluft zwischen dem Rationalen und dem Irrationalen geschlossen wurde durch die Darstellung des Akts ihrer Aufhebung als einem notwendigen Moment in der Selbstentwicklung der Vernunft: Das war die Aufgabe von Hegel und Marx, die im absoluten Wissen die völlige Transparenz des Wirklichen für die Vernunft geltend machten. Der Körper des Proletariats ist nicht länger ein partikularer Körper, in dem eine ihm äußerliche Universalität inkarniert werden muß: er ist statt dessen ein Körper, in dem die Unterscheidung zwischen Partikularität und Universalität aufgehoben und in Folge das Bedürfnis nach irgendeiner Inkarnation definitiv ausgelöscht ist.

Das war der Punkt, an dem sich die soziale Realität weigerte, ihren Widerstand gegen den universalistischen Rationalismus aufzugeben. Denn ein ungelöstes Problem blieb bestehen. Das Universelle hatte seinen eigenen Körper gefunden, doch dieser war immer noch der Körper einer bestimmten Partikularität – der europäischen Kultur des 19. Jahrhunderts. So war die europäische Kultur partikular und zur selben Zeit der Ausdruck – nicht länger die Inkarnation – einer universellen humanistischen Essenz (so wie später die UdSSR als das *Mutterland* des Sozialismus angesehen wurde). Das zentrale Problem ist hier, daß es keine intellektuellen Mittel gab, zwischen europäischem Partikularismus und den universellen Funktionen, die er inkarnieren sollte, zu unterscheiden. Anbetracht der Tatsache nämlich, daß der europäische Universalismus seine Identität exakt über die Aufhebung der Inkarnationslogik und folglich durch die Universalisierung seines eigenen Partikularismus gewonnen hat. So mußte die europäische imperialistische Expansion in Begriffen einer universellen zivilisierenden Funktion, Modernisierung, etc. präsentiert werden. Die Widerstände anderer Kulturen wurden folglich nicht als

Kämpfe zwischen partikularen Identitäten und Kulturen dargestellt, sondern als Teil eines allumfassenden und epochalen Kampfes zwischen Universalität und Partikularismen – die Vorstellung von Völkern ohne Geschichte drückt genau deren Unfähigkeit aus, das Universelle zu repräsentieren.

Dieses Argument konnte in ausgesprochen rassistische Begriffe gefaßt werden, wie in den verschiedenen Formen von Sozialdarwinismus, aber ihm konnten auch einige »progressivere« Versionen gegeben werden – wie in einigen Bereichen der Zweiten Internationalen –, indem behauptet wurde, die zivilisierende Mission Europas würde in der Errichtung einer universell befreiten Gesellschaft von planetarer Dimension enden. Auf diese Weise wurde die Inkarnationslogik wieder eingeführt – Europa hatte für eine bestimmte Periode die universellen menschlichen Interessen zu repräsentieren. Im Fall des Marxismus findet eine ähnliche Wiedereinführung der Inkarnationslogik statt. Zwischen dem universellen Charakter der Aufgaben der Arbeiterklasse und der Partikularität ihrer konkreten Forderungen öffnete sich eine immer größere Kluft, die von der Partei als Repräsentantin der historischen Interessen des Proletariats gefüllt werden mußte. Die Kluft zwischen Klasse an sich und Klasse für sich öffnete einer Aufeinanderfolge von Substitutionen den Weg: die Partei ersetzte die Klasse, der Autokrat die Partei, etc. Nun wich diese gutbekannte Wanderung des Universellen durch die es sukzessive inkarnierenden Körper in einem zentralen Punkt von der christlichen Inkarnation ab. In dieser war eine übernatürliche Macht sowohl für das Erscheinen des universellen Ereignisses als auch für den Körper, der dieses zu inkarnieren hatte, verantwortlich. Die Menschen standen mit einer Macht, die sie alle transzendierte, auf gleichem Fuß. Jedoch im Fall einer säkularen Eschatologie, wenn die Quelle des Universellen der Welt nicht äußerlich ist, sondern vielmehr innerlich, kann sich das Universelle nur durch die Errichtung einer *essentiellen* Ungleichheit der objektiven Positionen sozialer Akteure manifestieren. Manche von ihnen werden zu privilegierten Agenten des historischen Wandels – nicht aufgrund einer kontingenten Kräfterelation, sondern weil sie Inkarnationen des Universellen sind. Derselbe Typ von Logik, der im Eurozentrismus am Werk ist, wird das ontologische Privileg des Proletariats etablieren.

Da dieses ontologische Privileg Ergebnis eines als vollständig rational konzipierten Prozesses ist, wird es zu einem epistemologischen Privileg verdoppelt: der Standpunkt des Proletariats ersetzt die Opposition Subjekt/Objekt. In einer klassenlosen Gesellschaft werden die sozialen Verhältnisse letztlich vollständig transparent sein. Es stimmt, wenn die zunehmende Vereinfachung der Sozialstruktur unter dem Kapitalismus in der von Marx vorhergesagten Weise stattgefunden hätte, wären die Konsequenzen dieses Zugangs nicht notwendig autoritär gewesen, denn es hätte sich die Position des Proletariats als Träger des Standpunkts sozialer Totalität mit der Position der breiten Bevölkerungsmehrheit überschnitten. Aber wenn sich der Prozeß – wie er es tat – in die entgegengesetzte Richtung bewegte, dann mußten die den Standpunkt der universellen Klasse sukzessive inkarnierenden Körper auf einer zunehmend schwächer werdenden sozialen Basis stehen. Die Avantgardepartei mußte als konkrete Partikularität das Wissen um die »objektive Bedeutung« jedes Ereignisses in Anspruch nehmen, und der Standpunkt der anderen partikularen sozialen Kräfte mußte als falsches Bewußtsein zurückgewiesen werden. Von hier an war die autoritäre Wende unvermeidlich.

Diese ganze Geschichte führt offensichtlich zu einer unvermeidlichen Schlußfolgerung: Die Kluft zwischen dem Universellen und dem Partikularen ist unüberbrückbar – was darauf hinausläuft zu sagen, daß das Universelle nichts anderes ist als ein zu einem bestimmten Zeitpunkt dominant gewordenes Partikulares. Daß keine Möglichkeit besteht, eine versöhnte Gesellschaft zu errichten. Und tatsächlich scheint uns das Schauspiel der sozialen und politischen Kampfe in den 1990ern, wie wir bereits sagten, mit einer Ausweitung von Partikularismen zu konfrontieren, während der Gesichtspunkt von Universalität zunehmend als altmodischer totalitärer Traum beiseitegelegt wird. Trotzdem werde ich argumentieren, daß eine Zuwendung zu reinem Partikularismus keine Lösung der Probleme darstellt, vor denen wir in den heutigen Gesellschaften stehen. Zum ersten ist die Annahme eines reinen Partikularismus, unabhängig von jedem Inhalt und vom Appell an eine ihn transzendierende Universalität, eine selbstzerstörerische Unternehmung. Denn wenn dies das einzige akzeptierte normative Prinzip ist, dann konfrontiert es uns mit einem unlösbaren Paradoxon. Ich kann die Rechte sexueller, »rassischer« und nationaler Minoritäten im Namen des Partikularismus verteidigen; aber wenn Partikularismus das einzig gültige Prinzip ist, dann muß ich genauso die Rechte auf Selbstbestimmung aller Sorten von reaktionären und in antisoziale Praktiken involvierten Gruppen akzeptieren. Darüber hinaus: Da die Forderungen verschiedener Gruppen notwendigerweise miteinander kollidieren, müssen wir – es sei denn, wir unterstellten eine Art prästabilierte Harmonie – an irgendwelche übergeordneten Prinzipien appellieren, um solche Zusammenstöße zu regulieren. In Wirklichkeit gibt es keinen Partikularismus, der sich in der Konstruktion seiner eigenen Identität nicht auf solche Prinzipien berufen würde. Diese Prinzipien können unserer Einschätzung nach fortschrittlich sein – wie das Recht der Völker auf Selbstbestimmung – oder reaktionär – wie Sozialdarwinismus oder das Recht auf *Lebensraum*[3] –, aber aus essentiellen Gründen wird es sie immer geben.

Es gibt einen zweiten und vielleicht wichtigeren Grund, warum reiner Partikularismus sich selbst zerstört. Wollen wir einmal um der Argumentation willen annehmen, daß die oben angesprochene prästabilierte Harmonie möglich ist. In diesem Fall stünden die verschiedenen Partikularismen nicht in antagonistischer Relation zueinander, sondern würden einer neben dem anderen in einem zusammenhängenden Ganzen koexistieren. Diese Hypothese zeigt deutlich, warum das Argument für reinen Partikularismus letzten Endes inkonsistent ist. Denn wenn jede Identität in einem differentiellen, nichtantagonistischen Verhältnis zu allen anderen Identitäten steht, dann ist die fragliche Identität rein differentiell und relational. So setzt sie nicht nur die Anwesenheit aller anderen Identitäten voraus, sondern auch den totalen Grund, der die

Differenzen als Differenzen konstituiert. Noch schlimmer: Wir wissen sehr gut, daß die Verhältnisse zwischen Gruppen als Machtverhältnisse konstituiert werden – d. h. jede Gruppe differiert nicht nur von den anderen, sondern konstituiert in vielen Fällen eine Differenz auf Grundlage der Ausschließung und Unterordnung anderer Gruppen. Wenn nun die Partikularität sich als bloße Partikularität begreift, in einer rein differentiellen Relation mit anderen Partikularitäten, dann sanktioniert sie den *status quo* der Machtverhältnisse zwischen den Gruppen. Das ist genau die Vorstellung der »getrennten Entwicklungen«, wie sie die *Apartheid* formuliert: Es wird nur der differentielle Aspekt betont, während die Machtverhältnisse, auf denen dieser basiert, systematisch ignoriert werden.

Das letzte Beispiel ist wichtig, denn es stammt zwar aus einem diskursiven Universum – der süd-afrikanischen Apartheid –, welches dem der neuen Partikularismen, die wir diskutieren, ziemlich entgegengesetzt ist, doch es enthüllt die sozialen Ambivalenzen in der Konstruktion jeder Differenz und eröffnet damit die Möglichkeit eine Dimension des Partikularismus/Universalismus-Verhältnisses zu verstehen, die allgemein übersehen wurde. Der wesentliche Punkt ist folgender: Ich kann keine differentielle Identität geltend machen, ohne sie von einem Kontext zu unterscheiden, und im Prozeß dieser Unterscheidung mache ich zugleich den Kontext geltend. Das Gegenteil trifft genauso zu: Ich kann keinen Kontext zerstören, ohne zur selben Zeit die Identität des partikularen Subjekts zu zerstören, welches die Zerstörung ausführt. Es ist eine bekannte historische Tatsache, daß eine oppositionelle Kraft, deren Identität in einem bestimmten Machtsystem konstruiert ist, diesem System zwiespältig gegenübersteht: Einerseits verhindert dieses die Identitätsbildung der oppositionellen Kraft, doch zugleich stellt es deren Existenzbedingung dar. Und jeder Sieg über das System destabilisiert genauso die Identität der siegreichen Kraft.

Nun, dieses Argument hat eine wichtige Implikation: Wenn eine vollständig hergestellte Differenz die für jede Identität konstitutive antagonistische Dimension eliminiert, dann hängt die Möglichkeit, diese Dimension beizubehalten, davon ab, daß die volle Konstitution einer differentiellen Identität mißlingt. An dieser Stelle betritt das »Universelle« die Bühne. Nehmen wir an, wir hätten es zum Beispiel mit der Identitätsbildung einer ethnischen Minorität zu tun. Wie bereits gesagt, kann diese differentielle Identität innerhalb eines Kontextes – z. B. eines Nationalstaats – hergestellt werden, und der Preis, der für den totalen Sieg *in diesem Kontext* gezahlt werden muß, ist die totale Integration in ihn. Wenn es andererseits zur totalen Integration *nicht* kommt, dann weil diese Identität nicht vollständig konstituiert wurde – es gibt zum Beispiel unerfüllte Forderungen bezüglich des Zugangs zu Erziehung, Beschäftigung, Konsumgütern etc. Aber diese Forderungen können nicht in Begriffen von Differenz aufgestellt werden, sondern nur in jenen von universellen Prinzipien, welche die ethnische Minorität mit dem Rest der Gemeinschaft teilt: das Recht aller, gute Schulen zu besuchen, ein anständiges Leben zu führen oder am öffentlichen Raum der Zivilbürger teilzuhaben.

Das bedeutet, daß das Universelle Teil meiner Identität ist, insofern ich von einem konstitutiven Mangel erfüllt bin, das heißt, insofern meine differentielle Identität in ihrem Konstitutionsprozeß gescheitert ist. Das Universelle entspringt dem Partikularen. Nicht als irgendein Prinzip, das dem Partikularen zugrundeliegt und es erklärt, sondern als unvollständiger Horizont, der eine dislozierte partikulare Identität näht. Das deutet einen Weg an, wie das Verhältnis zwischen dem Universellen und dem Partikularen neu zu bestimmen wäre. Im Fall der Inkarnationslogik waren das Universelle und das Partikulare voll konstituierte, jedoch vollständig separierte Identitäten, deren Verbindung aus einem göttlichen und der menschlichen Vernunft unergründlichen Eingriff resultierte. Im Fall säkularisierter Eschatologien mußte das Partikulare gänzlich eliminiert werden: die universelle Klasse wurde als die Aufhebung aller Differenzen begriffen. Im Fall des extremen Partikularismus gibt es keinen universellen Körper – aber insofern das Ensemble nicht-antagonistischer Partikularitäten den Begriff der sozialen Totalität auf reine und einfache Weise wiederherstellt, ist der klassische Begriff des Universellen nicht im mindesten in Frage gestellt. (Ein Universelles, verstanden als homogener Raum, der von seinen internen Artikulationen differenziert wird, ist exakt dasselbe wie ein *System* von Differenzen, die ein vereinheitlichtes Ensemble bilden.) Nun richten wir unsere Aufmerksamkeit auf eine vierte Alternative: Das Universelle ist Symbol einer abwesenden Fülle, während das Partikulare nur in der widersprüchlichen Bewegung existiert, gleichzeitig eine differentielle Identität durchzusetzen und sie durch Einordnung in ein nicht-differentielles Medium aufzuheben.

Ich werde den Rest dieses Kapitels der Diskussion dreier wichtiger politischer Schlußfolgerungen widmen, die aus dieser vierten Alternative gezogen werden können. Die erste ist, daß die Konstruktion differentieller Identitäten auf der Grundlage totaler Abschließung gegenüber ihrem Äußeren keine lebensfähige oder fortschrittliche politische Alternative darstellt. Im heutigen Westeuropa wäre es beispielsweise eine reaktionäre Politik für Immigranten aus Nordafrika oder Jamaika, von jeglicher Teilnahme an westeuropäischen Institutionen mit der Begründung Abstand zu nehmen, sie hätten eine andere kulturelle Identität und europäische Institutionen seien für sie nicht von Belang. Auf diese Art würden alle Formen von Unterordnung und Ausschließung gefestigt und mit dem Argument der Bewahrung reiner Identitäten entschuldigt werden. Die Logik der Apartheid ist nicht nur ein Diskurs der dominanten Gruppen; wie wir vorher sagten, kann sie auch die Identitäten der Unterdrückten durchdringen. An ihrer äußersten, als *bloße* Differenz verstandenen Grenze können der Diskurs des Unterdrückers und der Diskurs des Unterdrückten nicht unterschieden werden. Den Grund dafür haben wir bereits angegeben: Wenn der Unterdrückte durch seine Differenz zum Unterdrücker definiert ist, dann ist solch eine Differenz ein essentieller Bestandteil der Identität des Unterdrückten. Doch in dem Fall kann dieser seine Identität nicht behaupten, ohne genauso jene des Unterdrückers zu behaupten.

> »Es ist durchaus gefährlich, sich auf reine, vom Identischen befreite und vom Negativen losgelöste Differenzen zu berufen. Die größte Gefahr besteht darin, den Vorstellungen [répresentations]

> der schönen Seele zu verfallen: nichts als Differenzen, miteinander vereinbar und versöhnbar, fernab von blutigen Kämpfen. Die schöne Seele sagt: Wir unterscheiden uns voneinander, sind einander aber nicht entgegengesetzt«.[4]

Die im dialektischen Konzept des Widerspruchs implizite Idee des »Negativen« kann nicht über diese konservative Logik reiner Differenz hinausführen. Ein Negatives, das Teil der Determination eines positiven Inhalts ist, ist ein integraler Bestandteil von diesem. Das zeigen die zwei Seiten von Hegels *Logik:* Wenn auf der einen Seite die Inversion, die den spekulativen Satz definiert, bedeutet, daß das Prädikat zum Subjekt wird und eine Universalität, die alle partikularen Determinationen transzendiert, durch diese »zirkuliert«, besitzt auf der anderen Seite diese Zirkulation eine durch die Bewegung der partikularen Determinationen selbst diktierte Richtung und ist strikt auf diese reduziert. Dialektische Negativität stellt die Identitätslogik (= die Logik reiner Differenz) nicht im mindesten in Frage.

Das zeigt die Ambivalenz, die allen Formen radikaler Opposition inhärent ist: Um radikal zu sein, muß die Opposition das, was sie bejaht, und das, was sie ausschließt, auf einen gemeinsamen Boden stellen, so daß die Ausschließung zu einer besonderen Form der Bejahung wird. Aber das bedeutet, daß ein wirklich der Veränderung verschriebener Partikularismus sich nur durchsetzen kann, wenn er sowohl das zurückweist, was seine Identität verneint, als auch diese Identität selbst. Es gibt keine klare und einfache Lösung dieses Paradoxons, daß man einerseits ein Machtsystem radikal verneint, während man andererseits in geheimer Abhängigkeit von diesem verbleibt. Es ist bekannt, wie die Opposition gegenüber bestimmten Machtformen Identifikation mit genau den Plätzen voraussetzt, von denen die Opposition ausgeht; insofern diese aber dem opponierten System innerlich sind, gibt es einen jeder Opposition inhärenten bestimmten Konservatismus. Der Grund für diese Unvermeidbarkeit ist, daß die *allen* antagonistischen Verhältnissen inhärente Ambivalenz etwas ist, mit dem wir zwar verhandeln können, das wir aber nicht beseitigen können. Wir können mit beiden Seiten der Ambivalenz spielen und politische Resultate produzieren, indem wir jede der beiden daran hindern, auf ausschließende Weise Oberhand zu gewinnen, doch die Ambivalenz als solche kann nicht vollständig *aufgelöst* werden. Wer eine Ambivalenz überschreitet, muß über *beide* ihrer Pole hinausgehen, aber das bedeutet, daß es keine Politik der Bewahrung einer Identität geben kann. Wenn beispielsweise eine »rassische« oder kulturelle Minorität ihre Identität unter neuen sozialen Verhältnissen behaupten will, wird sie neue Situationen einberechnen müssen, die unausweichlich diese Identität transformieren werden. Das bedeutet natürlich, von der Idee der Negation als einem radikalen Umschlagen abzurücken.[5] Die Hauptkonsequenz daraus ist: Wenn Differenzpolitik bedeutet, Kontinuität der Differenz dadurch herzustellen, daß man immer ein *anderer* ist, dann kann die Zurückweisung des anderen nicht in der radikalen Auslöschung beider bestehen, sondern im konstanten Neuverhandeln der Formen seiner Präsenz. Aletta Norval hat sich unlängst bezüglich der Identitäten in einer Gesellschaft der Post-Apartheid gefragt:

> »Die sich am Horizont abzeichnende Frage ist: Was impliziert es, in einer Situation, in der Apartheid selbst der Vergangenheit angehört haben wird, anzuerkennen, daß die Identität des anderen konstitutiv für das Selbst ist? Das heißt, wie denken wir soziale und politische Identitäten als Post-Apartheid-Identitäten?«

Und nachdem sie erklärt hat, daß ,,wenn der andere bloß zurückgewiesen wird, *in toto* in jene Bewegung externalisiert wird, von der Apartheid ihr Signifikat erhält, wir eine Umkehrung der Ordnung bewirkt hätten, die tatsächlich auf dem Terrain verbleibt, auf dem Apartheid sich eingerichtet und geherrscht hat«, deutet sie eine andere Möglichkeit an:

> »Durch die Erinnerung an Apartheid als einem *anderen*, könnte Post-Apartheid zum Ort werden, von dem aus die letzte Schließung und Naht von Identitäten verhindert werden kann. Paradoxerweise wird dann eine Gesellschaft der Post-Apartheid nur insofern radikal Apartheid überwinden, als Apartheid selbst in ihr als ihr anderes präsent ist. Anstatt ein für allemal ausgelöscht zu sein, hätte Apartheid selbst die Rolle des die Verbindung zum anderen offenhaltenden Elements zu spielen, als Kennwort gegen jeden Diskurs

zu dienen, der behauptet, eine letzte Einheit herstellen zu können.«[6]

Das Argument kann verallgemeinert werden. Alles hängt davon ab, welches der zwei zur Überwindung von Unterdrückung gleich möglichen Momente initiiert wird. Keines kann vermeiden, die Referenz auf das »andere« beizubehalten, aber sie tun das auf zwei völlig unterschiedliche Arten. Wenn wir das Unterdrückungsverhältnis einfach invertieren, bewahren wir den anderen (den vormaligen Unterdrücker) als den nun Unterdrückten, aber die Inversion der *Inhalte* läßt die Form der Unterdrückung unangetastet. Und insofern die Identität der neu emanzipierten Gruppen durch die Zurückweisung der alten dominanten Gruppen konstituiert wurde, formen diese weiterhin die Identität jener. Die Operation der Inversion findet gänzlich innerhalb des *alten formalen* Machtsystems statt. Aber das ist nicht die einzige mögliche Alternative. Wie wir gesehen haben, ist jede politische Identität innerlich gespalten, da keine Partikularität konstituiert werden kann, außer sie behält einen internen Bezug zu Universalität als dem Fehlenden bei. Aber in diesem Fall ist die Identität des Unterdrückers genauso gespalten: Einerseits wird er ein partikulares Unterdrückungssystem repräsenticren; andererseits wird er die *Form* der Unterdrückung an sich symbolisieren. Das ist es, was die zweite in Norvals Text vorgeschlagene Bewegung ermöglicht: Anstatt eine partikulare Relation von Unterdrückung/Schließung in das zu invertieren, was sie an konkreter Partikularität besitzt, muß sie in das invertiert werden, was sie in Universalität besitzt: die *Form* von Unterdrückung und Schließung an sich. Die Referenz auf den anderen ist hier gleichermaßen beibehalten, doch insofern die Inversion auf der Ebene der universalen Referenz und nicht auf jener der konkreten Inhalte eines Unterdrückungssystems stattfindet, wechseln die Identitäten *sowohl* des Unterdrückers *als auch* des Unterdrückten radikal. Ein ähnliches Argument wurde von Walter Benjamin in Bezug auf Sorels Unterscheidung von politischem Streik und proletarischem Streik vorgebracht: Während der politische Streik auf konkrete Reformen zielt, die ein Machtsystem auswechseln und dabei eine neue Macht er-

richten, zielt der proletarische Streik auf die Zerstörung von Macht an sich, der eigentlichen Form der Macht, und hat in diesem Sinn kein bestimmtes partikulares Ziel.[7]
Diese Anmerkungen erlauben es uns, die verschiedenen voneinander abweichenden Aktionswege, die die gegenwärtigen Kämpfe zur Verteidigung des Multikulturalismus nehmen, etwas zu beleuchten. Ein möglicher Weg wäre schlicht und einfach, den verschiedenen kulturellen und ethnischen Gruppen das Recht auf Behauptung ihrer Differenzen und unterschiedlichen Entwicklungen zuzugestehen. Das ist der Weg in die Selbst-Apartheid und wird manchmal von der Behauptung begleitet, die westlichen Kulturwerte und Institutionen seien das Reservat der weißen, männlichen Europäer oder Anglo-Amerikaner und hätten nichts mit der Identität anderer Gruppen, die auf dem selben Territorium leben, zu tun. Was auf diese Weise verfochten wird, ist reiner Segregationismus, die bloße Opposition eines Partikularismus gegenüber einem anderen. Nun trifft es zu, daß die Behauptung jeder partikularen Identität als eine ihrer Dimensionen die Affirmation des Rechts auf eine separate Existenz miteinschließt. Aber genau an dieser Stelle beginnen die schwierigen Fragen, denn die Separation – oder besser: das Recht auf Differenz – muß in einer globalen Gemeinschaft behauptet werden – das heißt, in einem Raum, in dem diese partikulare Gruppe mit anderen Gruppen koexistieren muß. Nun, wie sollte diese Koexistenz möglich sein ohne irgendwelche gemeinsamen universellen Werte, ohne einen Sinn für die Zugehörigkeit zu einer Gemeinschaft, die jede der fraglichen partikularen Gruppen übersteigt? Hier wird manchmal gesagt, daß jede Übereinkunft durch *Verhandlung* erreicht werden sollte. Verhandlung jedoch ist ein unklarer Begriff, der sehr verschiedene Dinge bedeuten kann. Eines dieser Dinge wäre ein Prozeß von wechselseitigem Unterdrucksetzen und Nachgeben, dessen Ergebnis nur von der Machtbalance zwischen antagonistischen Gruppen abhängt. Es ist offensichtlich, daß kein Gemeinschaftssinn durch diesen Verhandlungstyp konstruiert werden kann. Das Verhältnis zwischen Gruppen kann nur das eines potentiellen Kriegs sein. *Vis pacis para bellum.* Das ist nicht weit von der Konzeption der Natur

von Gruppenübereinkünften entfernt, wie sie der leninistischen Konzeption der Klassenbündnisse zugrundeliegt: Die Übereinkunft betrifft nur Angelegenheiten, die mit den jeweiligen Umständen zu tun haben, während die eigentliche Identität der übereinkommenden Kräfte vom Prozeß der Verhandlung unberührt bleibt. In das kulturelle Feld übersetzt führt diese Affirmation eines extremen Separatismus zur scharfen Unterscheidung von bürgerlicher und proletarischer Wissenschaft. Gramsci war sich genau darüber im klaren, daß trotz der extremen Unterschiedlichkeit der sozialen Kräfte, die in die Konstruktion einer hegemonialen Identität eingreifen mußten, kein kollektiver Wille und kein Gemeinschaftssinn von solch einer Konzeption der Verhandlung und Allianzen resultieren kann. Das Dilemma der Verteidiger des extremen Partikularismus ist, daß ihre politische Handlung in einer fortwährenden Inkohärenz wurzelt. Einerseits verteidigen sie das Recht auf Differenz als ein *universales* Recht, und diese Verteidigung beinhaltet ihr Engagement in Kämpfen für Gesetzesänderungen, für den Minderheitenschutz vor Gericht, gegen die Verletzung der Bürgerrechte, etc. Das heißt, sie sind in einen Kampf um die interne Reform der gegenwärtigen institutionellen Anordnung verwickelt. Aber wenn sie zur selben Zeit behaupten, daß diese Anordnung notwendig in den kulturellen und politischen Werten der traditionell dominanten Sektoren des Westens wurzelt *und sie mit dieser Tradition nichts zu schaffen hätten*, dann können ihre Forderungen in keine breitere hegemoniale Operation zur Reform dieses Systems artikuliert werden. Das verurteilt sie zu einem zwiespältigen, peripheralen Verhältnis zu den existierenden Institutionen, was nur paralysierende politische Effekte haben kann.

Das ist jedoch nicht die einzige Aktionsmöglichkeit für die in partikularistischen Kämpfen Engagierten – und das ist unsere zweite Schlußfolgerung. Wie wir bereits gesehen haben, kann ein System der Unterdrückung (d. h. der Schließung) auf zwei unterschiedliche Arten bekämpft werden – entweder durch eine Operation der Inversion, die eine neue Schließung durchführt, oder in diesem System durch Verneinung seiner universalen Dimension: dem Prinzip von Schließung als solcher. Zu sagen, daß die universalistischen Werte des Westens das Reservat seiner traditionellen dominanten Gruppen seien, ist eine Sache; eine gänzlich andere ist das Zugeständnis, daß das historische Glied zwischen den beiden eine kontingente und inakzeptable Gegebenheit ist, die durch politische und soziale Kämpfe modifiziert werden kann. Als Mary Wollstonecraft in der Folge der französischen Revolution die Rechte der Frauen verteidigte, präsentierte sie die Ausschließung der Frauen von der Deklaration der Menschen- und Bürgerrechte nicht als Beweis dafür, daß diese immanent männliche Rechte seien, sondern versuchte im Gegenteil, die demokratische Revolution zu vertiefen, indem sie die Inkohärenz von universalen Rechten aufzeigte, die auf partikulare Bevölkerungssektoren beschränkt blieben. Der demokratische Prozeß in den heutigen Gesellschaften kann beträchtlich vertieft und ausgeweitet werden, wenn er verantwortlich gemacht wird für die Forderungen breiter Bevölkerungsteile – Minoritäten, ethnische Gruppen, etc. –, die traditionell von ihm ausgeschlossen wurden. Die Theorien liberaler Demokratie und ihrer Institutionen müssen in diesem Sinn dekonstruiert werden. Da sie ursprünglich für Gesellschaften gedacht waren, die weitaus homogener waren als die heutigen, basierten sie auf allen möglichen unausgesprochenen Voraussetzungen, die in der gegenwärtigen Situation keine Geltung mehr haben. Heutige soziale und politische Kämpfe können dieses auf einem unentscheidbaren Terrain ausgetragene Entscheidungsspiel hervortreten lassen und uns helfen, uns in Richtung neuer demokratischer Praktiken und einer neuen demokratischen Theorie zu bewegen, die den gegenwärtigen Umständen voll angepaßt ist. Daß politische Partizipation zu politischer und sozialer Integration führen kann, trifft mit Sicherheit zu, aber aus den angeführten Gründen kann politischer und kultureller Segregationismus zu genau demselben Ergebnis führen. Wie auch immer, der Rückgang der Integrationsfähigkeit der westlichen Staaten macht politischen Konformismus zu einem ziemlich unwahrscheinlichen Resultat. Ich würde behaupten, daß die ungelöste Spannung zwischen Universalismus und Partikularismus den Weg zu einer vom westlichen Eurozentrismus wegführenden Bewegung eröffnet, und zwar durch eine Operation, die wir ein systematisches Dezentrieren des Westens nennen könnten. Wie wir gesehen haben, war Eurozentrismus das Ergebnis eines Diskurses, der nicht zwischen den universalen Werten, für die der Westen eintrat, und den konkreten sozialen Agenten, die sie inkarnierten, unterschied. Nun können wir aber zu einer Trennung dieser beiden Aspekte übergehen. Wenn soziale Kämpfe neuer sozialer Akteure zeigen, daß die konkreten Praktiken unserer Gesellschaft den Universalismus unserer politischen Ideale auf begrenzte Bevölkerungssektoren beschränken, wird es möglich, die universale Dimension zu bewahren, während man ihre Anwendungsgebiete erweitert – was umgekehrt die konkreten Inhalte einer solchen Universalität definieren wird. Durch diesen Prozeß wird Universalismus als Horizont ausgeweitet, während gleichzeitig seine notwendige Bindung an einen partikularen Inhalt unterbrochen wird. Die entgegengesetzte Politik – nämlich Universalismus *in toto* als den partikularen Inhalt der Ethnie des Westens zurückzuweisen – kann nur in eine politische Sackgasse führen.

Das läßt uns allerdings mit einem offensichtlichen Paradoxon zurück – und dessen Analyse führt zu meiner letzten Schlußfolgerung. Das Universelle besitzt – wie wir gesehen haben – keinen konkreten Inhalt für sich selbst (welcher es in sich abschließen würde), sondern ist der immer zurückweichende Horizont, der aus der Ausweitung einer unbegrenzten Kette äquivalentieller Forderungen resultiert. Die Schlußfolgerung scheint zu sein, daß Universalität mit jeder Partikularität unvereinbar ist und doch nicht vom Partikularen unabhängig existieren kann. In den Begriffen unserer vorherigen Analyse: Wenn nur partikulare Akteure oder Konstellationen partikularer Akteure zu einem beliebigen Moment das Universelle aktualisieren können, dann hängt die Möglichkeit der Sichtbarmachung der einer post-dominierten Gesellschaft – d. h. einer Gesellschaft, die versucht, die eigentliche Form der Herrschaft zu überschreiten – inhärenten Nicht-Schließung davon ab, die Asymmetrie zwischen dem Universellen und dem Partikularen zu Dauer zu verhelfen. Das Universelle ist inkommensurabel mit dem Partikularen und kann doch nicht ohne dieses existieren. Wie ist dieses Verhältnis möglich? Meine Antwort ist, daß dieses Paradoxon nicht gelöst werden kann, aber seine Nicht-Lösung die eigentliche Voraussetzung von Demokratie ist. Die Lösung dieses Paradoxons würde implizieren, daß ein partikularer Körper gefunden worden wäre, der der *wahre* Körper des Universellen wäre. Aber in diesem Fall hätte das Universelle seinen notwendigen Ort gefunden, und Demokratie wäre unmöglich. Wenn Demokratie möglich *ist*, dann weil das Universelle keinen notwendigen Körper und keinen notwendigen Inhalt besitzt; stattdessen wetteifern verschiedene Gruppen miteinander, um ihren Partikularismen eine Funktion universeller Repräsentation zu geben. Gesellschaft generiert ein ganzes Vokabular leerer Signifikanten, deren vorübergehende Signifikate das Ergebnis eines politischen Wettbewerbs sind. Weil Gesellschaft letztinstanzlich daran scheitert, sich selbst *als* Gesellschaft zu konstituieren – was dem Scheitern von Differenz, sich *als* Differenz zu konstituieren, gleichkommt –, wird die Distanz zwischen dem Universellen und dem Partikularen unüberbrückbar und wird folglich konkreten sozialen Akteuren jene unmögliche Aufgabe aufgebürdet, demokratische Interaktion zustande zu bringen.

Was haben leere Signifikanten mit Politik zu tun?

DIE SOZIALE PRODUKTION LEERER SIGNIFIKANTEN

Ein leerer Signifikant ist genau genommen ein Signifikant ohne Signifikat. Dennoch ist diese Definition auch Ausdruck eines Problems. Denn wie sollte es möglich sein, daß ein Signifikant, ohne mit irgendeinem Signifikat verknüpft zu sein, dennoch ein integraler Teil eines Bezeichnungssystems bleibt? Ein leerer Signifikant wäre eine Folge von Tönen, und wenn diese von jeder Bezeichnungsfunktion gereinigt wären, würde der Begriff »Signifikant« selbst nicht mehr angemessen sein. Ein Strom von Tönen kann nur dann von irgendeinem partikularen Signifikat losgelöst werden und dabei doch immer noch ein Signifikant bleiben, wenn – durch die Subversion des Zeichens, welche die Möglichkeit eines leeren Signifikanten einschließt – etwas zustande gebracht wird, das der Signifikation als solcher innerlich ist. Worin besteht diese Möglichkeit? Einige Pseudo-Antworten können relativ schnell ausgeschieden werden. Eine wäre das Argument, der selbe Signifikant könne an verschiedene Signifikate in verschiedenen Kontexten gebunden werden (als Resultat der Arbitrarität des Zeichens). Aber es ist klar, daß in diesem Fall der Signifikant nicht leer wäre, sondern äquivok: in jedem Kontext wäre die Funktion der Bezeichnung voll realisiert. Eine zweite Möglichkeit ist, daß der Signifikant nicht äquivok ist, sondern ihn Ambivalenz auszeichnet: daß entweder eine Überdetermination oder eine Unterdetermination von Signifikaten die volle Fixierung verhindert. Trotzdem macht dieses Gleiten des Signifikanten aus ihm noch keinen leeren Signifikanten. Obwohl das Gleiten uns einer angemessenen Beantwortung unseres Problems einen Schritt näher bringt, bleiben dessen Bedingungen immer noch ungeklärt. Wir haben es nicht mit einem Überschuß oder einem Mangel an Signifikation zu tun, sondern mit der präzisen theoretischen Möglichkeit von etwas, das von innerhalb des Bezeichnungsprozesses die diskursive Gegenwärtigkeit seiner eigenen Grenzen anzeigt.

Ein leerer Signifikant kann konsequenterweise nur dann auftauchen, wenn eine strukturelle Unmöglichkeit der Signifikation als solcher besteht und diese Unmöglichkeit sich selbst ausschließlich bezeichnen kann als Unterbrechung (Subversion, Verzerrung etc.) der Struktur des Zeichens. Das bedeutet, daß die Grenzen der Signifikation sich selbst nur als Unmöglichkeit der Verwirklichung dessen enthüllen können, was innerhalb dieser Grenzen liegt. Könnten die Grenzen in direkter Weise bezeichnet werden, dann würden sie der Signifikation selbst angehören und wären – *ergo* – überhaupt keine Grenzen.

Eine erste und rein formale Betrachtung kann diesen Punkt klären helfen. Von Saussure wissen wir, daß Sprache (und in Verlängerung: alle Signifikationssysteme) ein System von Differenzen ist, daß linguistische Identitäten – Werte – rein relational sind und daher die *Gesamtheit* von Sprache in jeden einzelnen Akt der Bezeichnung involviert ist. Nun, in diesem Fall wird klar, daß Totalität essentiell notwendig ist: Würden die Differenzen sich zu keinem System zusammenschließen, dann wäre überhaupt keine Signifikation möglich. Wie auch immer besteht das Problem darin, daß die eigentliche Voraussetzung der Signifikation das System ist und die eigentliche Voraussetzung des Systems dessen Grenzen sind. Wir können mit Hegel sagen, daß das Denken der Grenzen von etwas darauf hinausläuft, das zu denken, was jenseits dieser Grenzen liegt. Aber wenn wir über die Grenzen eines *Bezeichnungssystems* sprechen, ist klar, daß dessen Grenzen nicht selbst bezeichnet werden können, sondern sich selbst *zeigen* müssen als die *Unterbrechung* oder der *Zusammenbruch* des Prozesses der Signifikation. So stehen wir vor der folgenden paradoxen Situation: Was die Bedingung der Möglichkeit eines Bezeichnungssystems bildet – seine Grenzen –, bildet auch die Bedingung seiner Unmöglichkeit – eine Blockade der fortgesetzten Ausweitung des Bezeichnungsprozesses.

Als erste und kapitale Konsequenz folgt daraus, daß echte Grenzen nie neutrale Grenzen sein können, sondern einen

Ausschluß voraussetzen. Eine neutrale Grenze wäre eine, welche essentiell mit dem zusammenhinge, was an ihren beiden Seiten liegt: und diese beiden Seiten wären einfach voneinander unterschieden. Wenn eine bezeichnende Totalität aber genau ein System von Differenzen ist, dann bedeutet das, daß beide Teil desselben Systems sind und daß die Grenzen zwischen den beiden nicht die Grenzen des Systems sein können. Im Fall einer Ausschließung haben wir dagegen authentische Grenzen, da die Aktualisierung dessen, was jenseits der Grenze der Ausschließung liegt, die Unmöglichkeit dessen beinhaltet, was diesseits der Grenze liegt. Wahre Grenzen sind immer antagonistisch. Doch die Operation der Logik ausschließender Grenzen führt zu einer Reihe notwendiger Effekte, die sich nach beiden Seiten der Grenzen ausbreiten und uns direkt zur Entstehung der leeren Signifikanten führen werden.

(1) Ein erster Effekt der ausschließenden Grenze ist, daß sie eine essentielle Ambivalenz in das von solchen Grenzen gebildete System von Differenzen einführt. Einerseits hat jedes Element des Systems nur insofern eine Identität, als es von den anderen verschieden ist. Differenz = Identität. Andererseits jedoch sind alle diese Differenzen einander äquivalent, soweit sie alle zu dieser Seite der Grenze der Ausschließung gehören. Aber in diesem Fall ist die Identität eines jeden Elements konstitutiv gespalten: Einerseits drückt sich jede Differenz selbst *als* Differenz aus, andererseits löscht sich jede selbst als solche aus, indem sie in ein Äquivalenzverhältnis mit allen anderen Differenzen des Systems eintritt. Und wenn wir davon ausgehen, daß es nur dort System gibt, wo es radikale Ausschließung gibt, dann ist diese Spaltung oder Ambivalenz konstitutiv für jede systemische Identität. Nur insofern eine radikale Unmöglichkeit eines Systems als reine Präsenz gegeben ist, jenseits aller Ausschlüsse, können tatsächliche *Systeme* (im Plural) existieren. Nun, wenn die Systemhaftigkeit des Systems eine direkte Folge der ausschließenden Grenze ist, dann ist es allein diese Ausschließung, welche das System als solches gründet. Dieser Punkt ist deshalb zentral, weil aus ihm folgt, daß das System keinen positiven Grund haben und folglich sich selbst

nicht im Sinne irgendeines positiven Signifikats bezeichnen kann. Unterstellen wir für einen Augenblick, das systematische Ensemble sei das Ergebnis aller seiner Elemente, welche eine gemeinsame positive Eigenschaft teilen (indem sie etwa alle einer regionalen Kategorie zugehören). In diesem Fall wäre dieses positive Merkmal von anderen differentiellen positiven Merkmalen unterschieden, und sie würden sich alle auf ein tieferes systematisches Ensemble berufen, in welchem ihre Differenzen als Differenzen gedacht wären. Aber ein durch radikale Ausschließung gebildetes System unterbricht dieses Spiel der differentiellen Logik: denn was vom System ausgeschlossen wird, ist – weit davon entfernt, etwas Positives zu sein – schlicht das Prinzip der Positivität: reines Sein. Das läßt bereits die Möglichkeit eines leeren Signifikanten anklingen – d. h., eines Signifikanten der reinen Auslöschung aller Differenzen.

(2) Natürlich ist Möglichkeitsbedingung dieser Operation, daß zu reiner Negativität reduziert wird, was jenseits der Grenze der Ausschließung liegt – etwa zur reinen Bedrohung, welche dieses Jenseits für das System darstellt (und es auf diese Weise konstituiert). Wenn die ausschließende Dimension gelöscht wäre oder auch nur geschwächt, dann würde der differentielle Charakter des »Jenseits« schlagend werden – und in Folge würden die Grenzen des Systems verwischt werden. Nur wenn das Jenseits zum Signifikanten reiner Bedrohung, reiner Negativität, des schlichtweg Ausgeschlossenen wird, kann es Grenzen und ein System geben (das heißt eine objektive Ordnung). Um aber Signifikanten des Ausgeschlossenen zu sein (oder einfach der Ausschließung), müssen die verschiedenen ausgeschlossenen Kategorien ihre Differenzen auslöschen, indem sie eine Äquivalenzkette bilden gegenüber dem vom System zu Selbstbezeichnungszwecken Dämonisierten. Wiederum sehen wir hier die Möglichkeit eines leeren Signifikanten, der sich durch diese Logik des Zusammenbruchs von Differenzen in Äquivalenzketten ankündigt.

(3) Doch wir könnten uns fragen: Warum erfordert dieses reine Sein oder die Systemhaftigkeit des Systems – beziehungsweise dessen Kehrseite: die reine Negativität des Ausge-

schlossenen – die Produktion von leeren Signifikanten, um sich selbst zu bezeichnen? Die Antwort lautet: Wenn wir die Grenzen der Bezeichnung bezeichnen wollen – das Reale im Sinne Lacans, wenn man so will –, steht uns dafür kein direkter Weg offen. Die einzige Möglichkeit besteht in der Subversion des Bezeichnungsprozesses selbst. Durch die Psychoanalyse wissen wir, wie etwas nicht direkt Repräsentierbares – das Unbewußte – als Darstellungsmittel nur die Subversion des Bezeichnungsprozesses finden kann. Jeder Signifikant konstituiert ein Zeichen, indem er sich an ein bestimmtes Signifikat bindet und sich als Differenz einem Bezeichnungsprozeß einschreibt. Aber wenn wir keine Differenz bezeichnen wollen, sondern – ganz im Gegenteil – einen radikalen Ausschluß, welcher Grund und Bedingung aller Differenzen ist, dann kann in diesem Fall keine Produktion *einer weiteren* Differenz diesen Zweck erfüllen. Wenn jedoch alle Darstellungsmittel von Natur aus differentiell sind, dann ist eine solche Signifikation nur möglich, wenn die differentielle Natur der Bezeichnungseinheiten subvertiert wird, wenn die Signifikanten sich ihrer Verknüpfung mit einzelnen Signifikaten entleeren und die Rolle übernehmen, das reine Sein des Systems zu repräsentieren – oder vielmehr das System als reines Sein. Was ist der ontologische Grund einer solchen Subversion, was ermöglicht sie? Die Antwort ist: die Spaltung jeder Einheit der Signifikation, die das System als den unentscheidbaren Ort konstruieren muß, in welchem sowohl die Logik der Differenz als auch die Logik der Äquivalenz arbeitet. Nur durch die Privilegierung der Äquivalenzdimension bis hin zu dem Punkt, an dem ihre differentielle Natur fast schon ganz getilgt ist – das heißt, nur durch das Entleeren ihrer differentiellen Natur –, kann das System sich selbst als Totalität bezeichnen.

Zwei Punkte müssen hier hervorgehoben werden. Der erste ist, daß das Sein oder die Systemhaftigkeit des Systems, die durch die leeren Signifikanten repräsentiert ist, kein Sein ist, das *tatsächlich* realisiert worden wäre, sondern eines, das konstitutiv unerreichbar ist, denn welche systematischen Effekte auch immer existieren, sie werden, wie wir gesehen haben, das Ergebnis des unbeständigen Kompromisses zwischen Äquivalenz und Differenz sein. Das bedeutet, daß wir uns einem konstitutiven Mangel gegenübersehen, einem unmöglichen Objekt, welches, wie bei Kant, sich durch die Unmöglichkeit seiner adäquaten Repräsentation darstellt. Nun können wir unsere Eingangsfrage vollständig beantworten: Es kann leere Signifikanten innerhalb des Felds der Signifikation deshalb geben, weil jedes Signifikationssystem um einen leeren Platz herum konstruiert ist, der aus der Unmöglichkeit resultiert, ein Objekt zu produzieren, welches die Systemhaftigkeit des Systems trotz alledem erfordert. So haben wir es nicht mit einer Unmöglichkeit ohne bestimmten Ort zu tun, wie im Fall eines logischen Widerspruchs, sondern mit einer *positiven* Unmöglichkeit, einer *realen* Unmöglichkeit, auf die das X des leeren Signifikanten zeigt.

Wenn dieses unmögliche Objekt jedoch der Mittel einer angemessenen oder direkten Darstellung ermangelt, kann das nur bedeuten, daß der für die Übernahme der Darstellungsfunktion entleerte Signifikant immer konstitutiv unangemessen sein wird. Was bestimmt nun, daß ein spezifischer Signifikant unter verschiedenen Umständen eher in der Lage ist, diese Bezeichnungsfunktion zu übernehmen, als ein anderer? Hier müssen wir zum Hauptthema dieses Kapitels kommen: zum Verhältnis zwischen leeren Signifikanten und Politik.

HEGEMONIE

Ich möchte auf ein Beispiel zurückkommen, das wir eingehend in *Hegemonie und radikale Demokratie* besprochen haben: Die Konstitution der Einheit der Arbeiterklasse durch – gemäß Rosa Luxemburg – eine Überdetermination vereinzelter Kämpfe über eine lange Zeitperiode hinweg. Ihre grundlegende Behauptung ist, daß die Klasseneinheit nicht durch irgendwelche aprioristischen Überlegungen bezüglich der Priorität entweder des politischen oder des ökonomischen Kampfes festgelegt wird, sondern durch die akkumulierten Effekte der inneren Spaltung aller einzelnen Kräfte. Bezüglich unseres Themas läuft ihre Argumentation ungefähr auf folgendes hinaus: In einem Klima außerordentlicher Repression wird jede Mobilisierung auf einzelne Ziele hin nicht nur als mit den konkreten Forderungen oder Zielen dieses Kampfes verbunden wahrgenommen, sondern auch als ein Akt der Opposition gegen das System. Diese zweite Tatsache ist es, die eine Verbindung zwischen einer Vielzahl konkreter oder vereinzelter Kämpfe und Mobilisierungen herstellt – diese werden alle als miteinander verwandt wahrgenommen, nicht weil deren *konkrete* Ziele miteinander innerlich verwandt wären, sondern weil sie alle in ihrer Konfrontation mit dem repressiven Regime als äquivalent wahrgenommen werden. Folglich stiftet nicht etwas von allen geteiltes Positives deren Einheit, sondern etwas Negatives: ihre Opposition gegenüber einem gemeinsamen Feind. Luxemburg argumentiert, daß eine revolutionäre Massenidentität im Laufe einer ganzen historischen Periode durch die Überdetermination einer Vielzahl separater Kämpfe hergestellt wird. Diese Traditionen fließen zu einem Punkt des Bruchs zusammen.

Wir wollen unsere bisher gewonnenen Kategorien auf diesen Satz anwenden. Die Bedeutung (das Signifikat) aller konkreten Kämpfe erscheint von Anfang an innerlich geteilt. Der konkrete Zweck eines Kampfes ist nicht allein dieser Zweck in seiner Konkretion; er bezeichnet auch Opposition zum System. Das erste Signifikat etabliert den differentiellen Charakter einer Forderung oder Mobilisierung gegenüber allen anderen Forderungen oder Mobilisierungen. Das zweite Signifikat etabliert die Äquivalenz aller dieser Forderungen in ihrer gemeinsamen Opposition gegenüber dem System. Wie wir sehen können, ist jeder konkrete Kampf von dieser widersprüchlichen Bewegung beherrscht, die ihre eigene Singularität zugleich einklagt und aufhebt. Die Funktion, das System als Totalität zu repräsentieren, hängt konsequenterweise von der Möglichkeit der äquivalentiellen Funktion ab, klar die Oberhand über die differentielle Funktion zu gewinnen; doch diese Möglichkeit ist einfach Ergebnis davon, daß jeder einzelne Kampf immer schon ursprünglich von dieser konstitutiven Ambivalenz durchdrungen ist.

Dabei ist folgende Beobachtung wichtig: Wenn es – wie wir bereits festgestellt haben – die Funktion der differentiellen Signifikanten ist, ihre differentielle Identität aufzugeben, um die rein äquivalentielle Identität eines gemeinschaftlichen Raums als solche zu repräsentieren, so kann die dergestalt konstruierte äquivalentielle Identität keiner differentiellen Ordnung angehören. Ein Beispiel: Wir können das zaristische Regime als repressive Ordnung darstellen, indem wir beliebig viele differentielle Formen der Unterdrückung verschiedener Bevölkerungssektoren aufzählen; doch so eine Aufzählung wird uns nicht die Eigenheit des Repressionsmoments liefern, die Konstitution (qua Negation) dessen, was für ein repressives Verhältnis zwischen Feinden eigentümlich ist. Denn in einem solchen Verhältnis zählt jede repressive Machtinstanz als reiner Träger der Negation der Identität des unterdrückten Sektors. Wenn nun die differentielle Identität der repressiven Handlung dergestalt von sich selbst »distanziert« ist, daß sie sich zum reinen inkarnierten Körper der Negation des Seins einer anderen Entität transformiert hat, dann ist klar, daß zwischen dieser Negation und dem Körper, über den sie sich ausdrückt, kein notwendiges Verhältnis besteht – nichts legt von vornherein fest, daß ein bestimmter Körper dazu vorherbestimmt ist, Negation als solche zu inkarnieren.

Aus genau diesem Grund, ist die Äquivalenzrelation möglich: Verschiedenen einzelnen Kämpfen entsprechen genausoviele Körper, die unterschiedslos ihre gemeinsame Opposition gegenüber der repressiven Macht inkarnieren können. Das beinhaltet eine zweifache Bewegung. Auf der einen Seite wird mit zunehmender Ausdehnung der Äquivalenzkette jeder konkrete Kampf immer weniger fähig, geschlossen in einem differentiellen Selbst zu verharren – in etwas, das ihn von allen anderen differentiellen Identitäten durch eine ausschließlich ihm eigene Differenz unterscheidet. Im Gegenteil, insofern das äquivalentielle Verhältnis zeigt, daß diese differentiellen Identitäten einfach beliebige Körper sind, die etwas inkarnieren, das in ihnen allen gleicherweise präsent ist, wird dieses »gleicherweise präsente Etwas« desto weniger konkret sein, je länger die Äquivalenzkette ist. Im Grenzfall wird es zu reinem gemeinschaftlichen Sein, unabhängig von jeder konkreten Manifestation. Und auf der anderen Seite wird dasjenige, was jenseits der Ausschließung liegt, die den gemeinschaftlichen Raum begrenzt – die repressive Macht –, weniger als das Instrument einzelner differentieller Repressionen zählen, sondern wird vielmehr die reine Anti-Gemeinschaft ausdrücken, das reine Böse und die Negation. Die durch diese äquivalentielle Ausdehnung erschaffene Gemeinschaft wird daher die reine Idee einer gemeinschaftlichen Fülle sein, die abwesend ist – als Folge der Anwesenheit der repressiven Macht.

Doch an diesem Punkt beginnt die zweite Bewegung. Diese reine äquivalentielle Funktion, die eine abwesende Fülle repräsentiert, welche sich im Zusammenbruch aller differentiellen Identitäten zeigt, kann keinen eigenen Signifikanten besitzen – denn in diesem Fall wäre das »Jenseits aller Differenzen« eine weitere Differenz und nicht das Ergebnis des Zusammenbruchs aller differentiellen Identitäten. Genau weil die Gemeinschaft an sich kein rein differentieller Raum einer objektiven Identität, sondern einer abwesenden Fülle ist, kann sie keine eigene Form der Darstellung besitzen und muß sich diese von irgendeiner im äquivalentiellen Raum konstituierten Entität ausleihen – so wie Gold ein bestimmter Gebrauchswert ist, der ebenso die Funktion annimmt, Wert im allgemeinen zu repräsentieren. Diese Entleerung eines bestimmten Signifikanten von seinem bestimmten, differentiellen Signifikat ermöglicht, wie wir gesehen haben, das Auftreten eines »leeren« Signifikanten als Signifikant eines Mangels, einer abwesenden Totalität. Aber das führt uns direkt zu jener Frage, mit der wir den vorhergehenden Abschnitt geschlossen haben: Wenn alle differentiellen Kämpfe – wie in unserem Beispiel – gleichermaßen in der Lage sind, die abwesende Fülle der Gemeinschaft jenseits ihrer differentiellen Identität auszudrücken, wenn die äquivalentielle Funktion alle differentiellen Positionen ihrer äquivalentiellen Darstellung gegenüber gleichermaßen indifferent macht, wenn keine *per se* dazu vorherbestimmt ist, diese Rolle auszufüllen – was legt dann fest, daß zu einem bestimmten Zeitpunkt eher die eine als die andere Position diese universale Funktion erfüllt?

Die Antwort ist: Die Unebenheit des Sozialen. Denn wenn die äquivalentielle Logik dazu tendiert, die Relevanz jedes diffe-

rentiellen Ortes auszulöschen, so ist das nur eine tendenzielle Bewegung, der immer von der essentiell nicht-gleichmacherischen Logik der Differenz widerstanden wird. (Es überrascht nicht, daß Hobbes' Modell des Naturzustands, welches einen Bereich zu beschreiben versucht, in dem die volle Wirksamkeit der Äquivalenzlogik die Gemeinschaft verunmöglicht, eine ursprüngliche und wesenhafte Gleichheit der Menschen voraussetzen muß.) Nicht jede Stellung in der Gesellschaft, nicht jeder Kampf ist gleichermaßen in der Lage, seine eigenen Inhalte in einen Knotenpunkt zu transformieren, der zu einem leeren Signifikanten wird. Bedeutet das nun nicht die Rückkehr zu einer ziemlich traditionellen Konzeption der historischen Effektivität sozialer Kräfte, einer Konzeption, die annimmt, daß die Ungleichmäßigkeit der strukturellen Stellungen festlegt, welche von ihnen zur Quelle totalisierender Effekte wird? Das bedeutet es nicht, denn diese ungleichmäßigen strukturellen Stellungen, von denen manche Punkte hoher Machtkonzentration darstellen, sind selbst das Ergebnis von Prozessen, in denen Differenzlogik und Äquivalenzlogik einander überdeterminieren. Es geht nicht darum, der Logik differentieller struktureller Stellungen die historische Effektivität abzusprechen, sondern eher darum, ihnen als einem Ganzen den Charakter einer Basis abzusprechen, welche aus sich heraus die Bewegungsgesetze der Gesellschaft festlegt.
Wenn das zutrifft, dann ist es unmöglich, auf der Ebene der bloßen Analyse der *Form* Differenz/Äquivalenz zu bestimmen, welche bestimmte Differenz zum Ort äquivalentieller Effekte werden wird – dies erfordert die Untersuchung einer bestimmten Konjunktur, genau deshalb, weil die Anwesenheit äquivalentieller Effekte immer notwendig ist, aber die Relation Äquivalenz/Differenz nicht an sich mit irgendeinem bestimmten differentiellen Inhalt verknüpft ist. Diese Relation, in der ein partikularer Inhalt zum Signifikanten der abwesenden gemeinschaftlichen Fülle wird, nennen wir ein *hegemoniales Verhältnis.* Die Präsenz leerer Signifikanten – in dem Sinne, in dem wir sie definiert haben – ist die eigentliche Bedingung für Hegemonie. Das ist leicht einzusehen, wenn wir eine altbekannte Schwierigkeit ansprechen, die für die meisten Theori-

sierungen von Hegemonie – jene Gramscis eingeschlossen – wiederholt zum Stolperstein wurde. Eine Klasse oder eine Gruppe wird als hegemonial betrachtet, wenn sie nicht in einer engen korporatistischen Perspektive eingeschlossen ist, sondern sich als Kraft präsentiert, welche die weitergehenden Ziele entweder von Emanzipation oder von Sicherung der Ordnung für breitere Bevölkerungsmassen verwirklicht. Aber das stellt uns vor eine Schwierigkeit, wenn wir nicht präzise festlegen, auf was sich diese Begriffe »*weitergehende* Ziele«, »*breitere* Massen« beziehen. Es gibt zwei Möglichkeiten: Die erste ist, daß Gesellschaft eine Addition unterschiedener Gruppen ist, von denen jede sich auf ihre partikularen Ziele richtet und das in dauernder Kollision mit allen anderen. In diesem Fall könnten »weitergehend« und »breiter« nur das prekäre Gleichgewicht einer ausgehandelten Vereinbarung zwischen Gruppen bedeuten, von denen alle ihre widerstreitenden Ziele und ihre Identität bewahren. Doch »Hegemonie« bezieht sich klarerweise auf einen stärkeren Typus gemeinschaftlicher Einheit, als ihn eine solche Vereinbarung hervorruft. Die zweite Möglichkeit ist, daß Gesellschaft irgendeine Art prä-stabilierter Essenz besitzt, so daß das »weitergehend« und »breiter« einen unabhängig vom Willen einzelner Gruppen eigenen Inhalt hätte und »Hegemonie« die *Verwirklichung* einer solchen Essenz bedeutete. Aber das würde nicht nur die Dimension von Kontingenz entfernen, die immer mit der hegemonialen Operation verbunden wurde, sondern wäre auch unvereinbar mit dem konsensualen Charakter von »Hegemonie”: die hegemoniale Ordnung wäre die Verwirklichung eines vorgegebenen Organisationsprinzips und nicht etwas, das aus der politischen Interaktion zwischen Gruppen hervorgeht. Nun, betrachten wir die Angelegenheit unter dem Gesichtspunkt der sozialen Produktion leerer Signifikanten, dann verschwindet dieses Problem. Denn in diesem Fall wäre die hegemoniale Operation die Darstellung der Partikularität einer Gruppe als Inkarnation jenes leeren Signifikanten, der sich auf die gemeinschaftliche Ordnung als Abwesenheit, als unerfüllte Realität bezieht.

Wie arbeitet dieser Mechanismus? Wollen wir einmal die Extremsituation einer radikalen Desorganisation des sozialen Gefüges annehmen. Unter solchen Bedingungen – die von Hobbes Naturzustand nicht weit entfernt sind – brauchen Menschen *eine* Ordnung, und deren tatsächlicher Inhalt wird zu einer nebensächlichen Überlegung. »Ordnung« an sich hat keinen Inhalt, weil sie nur in den verschiedenen Formen existiert, in denen sie tatsächlich realisiert ist. Doch in einer Situation radikaler Unordnung ist »Ordnung« als das anwesend, was abwesend ist. Als Signifikant dieser Abwesenheit wird sie zum leeren Signifikanten. In diesem Sinn können verschiedene politische Kräfte in ihren Anstrengungen wetteifern, ihre partikularen Ziele als solche zu präsentieren, die das Füllen des Mangels realisieren können. Hegemonisieren bedeutet genau, diese Füllfunktion zu übernehmen. (Wir haben über »Ordnung« gesprochen, doch offensichtlich gehören »Einheit«, »Befreiung«, »Revolution«, etc. zur selben Ordnung der Dinge. Jeder Begriff, der in einem bestimmten politischen Kontext zum Signifikanten des Mangels wird, spielt dieselbe Rolle. Politik ist möglich, weil die konstitutive Unmöglichkeit von Gesellschaft sich nur durch die Produktion leerer Signifikanten repräsentieren kann.)

Das erklärt auch, warum jede Hegemonie immer unbeständig und von einer konstitutiven Ambivalenz durchdrungen ist. Nehmen wir an, daß eine Mobilisierung von Arbeitern darin Erfolg hat, ihre eigenen Ziele als Signifikant der »Befreiung« im allgemeinen darzustellen. (Wie wir gesehen haben, ist das möglich, weil die unter einem repressiven Regime erfolgende Mobilisierung der Arbeiter auch als Kampf gegen das System wahrgenommen wird.) In gewissem Sinn ist das ein hegemonialer Sieg, da die Ziele einer partikularen Gruppe mit der ganzen Gesellschaft identifiziert werden. Aber in einem anderen Sinn ist es ein gefährlicher Sieg. Wenn »Arbeiterkampf« zum Signifikanten von Befreiung an sich wird, dann wird sie zur Einschreibungsfläche, durch die *alle* Befreiungskämpfe ausgedrückt werden, so daß die um diesen Signifikanten vereinte Äquivalenzkette dazu neigt, ihn zu entleeren und seine Verbindung mit dem tatsächlichen Inhalt, mit dem er ursprünglich verbunden war, zu verwischen. Somit tendiert die hegemoniale Operation – gerade *aufgrund* ihres Erfolgs – dazu, ihre Verkettung mit der Kraft, die ihr ursprünglicher Gründer und Nutznießer war, zu brechen.

HEGEMONIE UND DEMOKRATIE

Wir wollen mit einigen Überlegungen zum Verhältnis von leeren Signifikanten, Hegemonie und Demokratie schließen. Betrachten wir für einen Augenblick die Rolle sozialer Signifikanten am Beginn des modernen politischen Denkens – ich denke hauptsächlich an das Werk von Hobbes. Wie wir gesehen haben, stellte Hobbes den Naturzustand als das radikale Gegenteil einer geordneten Gesellschaft dar, als eine allein in negativen Begriffen definierte Situation. Doch aus dieser Beschreibung resultiert, daß die Ordnung des Herrschers nicht aufgrund irgendeines inneren Wertes, den sie haben mag, akzeptiert werden muß, sondern einfach weil sie *eine Ordnung* ist und die einzige Alternative radikale Unordnung. Bedingung für den Zusammenhalt dieses Schemas ist jedoch das Postulat der Machtgleichheit der Individuen im Naturzustand. Wären die Individuen in Begriffen von Macht ungleich, könnte Ordnung durch reine Beherrschung garantiert werden. So wird Macht zweifach ausgelöscht: im Naturzustand, insofern alle Individuen ihn gleichermaßen teilen, und im Gemeinwohl, insofern es vollständig in den Händen des Herrschers konzentriert ist. (Eine Macht, die total ist, oder auch eine Macht, die unter allen Mitgliedern einer Gemeinschaft gleich verteilt ist, ist überhaupt keine Macht.) Obwohl Hobbes also die Trennung zwischen dem leeren Signifikanten »Ordnung an sich« und der vom Herrscher durchgesetzten tatsächlichen Ordnung implizit wahrnimmt, kann er, da er – über den Gesellschaftsvertrag – die erste auf die zweite reduziert, keine Art dialektischen oder hegemonialen Spiels zwischen beiden denken.

Was geschieht, wenn wir im Gegensatz dazu Macht in dieses Bild wieder einführen – d. h., wenn wir die Ungleichmäßigkeit von Macht in sozialen Verhältnissen akzeptieren? In diesem

Fall wird die Zivilgesellschaft teilweise strukturiert und teilweise unstrukturiert sein. In Folge wird die vollständige Machtkonzentration in den Händen des Herrschers keine logische Erfordernis mehr sein. Die Berechtigung des Herrschers, totale Macht zu fordern, ist in diesem Fall viel weniger offensichtlich. Wenn partielle Ordnung in der Gesellschaft existiert, wird die Legitimität der Identifikation des leeren Signifikanten der Ordnung mit dem Herrscherwillen darüber hinaus erfordern, daß der Inhalt dieses Willens nicht mit etwas zusammenprallt, das die Gesellschaft *bereits* ist. Da Gesellschaft sich im Laufe der Zeit verändert, wird dieser Identifikationsprozeß immer prekär und umkehrbar sein, und da Identifikation nicht länger automatisch stattfindet, werden verschiedene hegemoniale Projekte oder Willen versuchen, die leeren Signifikanten der abwesenden Gemeinschaft zu hegemonisieren. Die Anerkennung der konstitutiven Natur dieses Spalts und seiner politischen Institutionalisierung ist der Ausgangspunkt moderner Demokratie.

Subjekt der Politik, Politik des Subjekts

Die Frage des Verhältnisses (Komplementarität? Spannung? Wechselseitiger Ausschluß?) zwischen Universalismus und Partikularismus nimmt in der gegenwärtigen politischen und theoretischen Agenda einen zentralen Platz ein. Universelle Werte werden entweder als tot oder – zumindest – als gefährdet angesehen. Was wichtiger ist, der positive Charakter dieser Werte wird nicht länger als selbstverständlich erachtet. Einerseits werden unter dem Banner des Multikulturalismus die klassischen Werte der Aufklärung unter Feuer genommen und als etwas betrachtet, das kaum mehr ist als ein kulturelles Reservat des westlichen Imperialismus. Andererseits hat die ganze Debatte bezüglich des Endes der Moderne, der Angriff auf den Fundationalismus [*foundationalism*] in seinen verschiedenen Ausformungen, dazu tendiert, eine essentielle Verknüpfung zwischen dem obsoleten Begriff eines Grundes der Geschichte oder Gesellschaft und den *tatsächlichen Inhalten* zu etablieren, die seit der Aufklärung die Rolle des Grundes gespielt haben. Es ist jedoch wichtig zu verstehen, daß diese beiden Debatten nicht entlang symmetrischer Linien vorangeschritten sind, daß argumentative Strategien dazu tendiert haben, sich auf unerwartete Weise von der einen zur anderen zu bewegen, und daß sich viele augenscheinlich paradoxe Kombinationen als möglich erwiesen haben. Somit können die sogenannten postmodernen Zugänge als etwas verstanden werden, das den imperialistischen Fundationalismus der westlichen Aufklärung schwächt und neue Wege zu einem demokratischeren kulturellen Pluralismus eröffnet. Aber sie können auch als etwas verstanden werden, das einen Begriff »weicher« Identität unterstützt, der mit den starken kulturellen Bindungen unvereinbar ist, die eine »Authentizitätspolitik« erfordert. Und universelle Werte können als eine starke Behauptung der »Ethnie des Westens« (wie im späten Husserl) gesehen werden, doch auch als eine Weise, einer Haltung des Respekts und der Toleranz gegenüber kultureller Vielfalt zumindest tendenziell zu stärken.

Zu glauben, Konzepte wie »universell« und »partikular« besäßen exakt die gleiche Bedeutung in beiden Debatten, wäre mit Sicherheit ein Fehler, aber es wäre auch ein Fehler anzunehmen, die Interaktion beider Debatten hätte keinerlei Auswirkung auf die jeweils zentralen Kategorien gehabt. Diese Interaktion hat Ambivalenzen und Bedeutungsverschiebungen den Weg bereitet, die – wie ich denke – Quelle einer bestimmten politischen Produktivität sind. Es sind diese Verschiebungen und Interaktionen, auf die ich mich in diesem Kapitel beziehen will. Meine Frage, in die einfachsten Begriffe gefaßt, ist die folgende: Was geschieht mit den Begriffen des »Universellen« und des »Partikularen«, nachdem sie zu Werkzeugen in jenen Sprachspielen wurden, die gegenwärtig Politik formen? Was wird durch sie ausgetragen? Welche Bedeutungsverschiebungen liegen an der Wurzel ihrer gegenwärtigen politischen Produktivität?

MULTIKULTURALISMUS

Nähern wir uns beiden Debatten nacheinander und betrachten wir die Punkte, an denen jede sich mit den Zentralkategorien der anderen kreuzt. Zuerst Multikulturalismus. Die Frage kann auf diese Weise formuliert werden: Ist eine reine Kultur der Differenz möglich, ein reiner Partikularismus, der sich jeglichen universellen Prinzips entledigt? Es gibt verschiedene Gründe, die daran zweifeln lassen, daß dies möglich ist. Zum ersten impliziert die Annahme einer völlig separierten und differentiellen Identität die Annahme, daß diese Identität *durch* kulturellen Pluralismus und Differenz konstituiert sei. Es gibt keine Möglichkeit, daß eine partikulare Gruppe in einer größeren Gemeinschaft eine monadische Existenz führen kann. Im Gegenteil: Teil der Definition ihrer eigenen Identität ist die Konstruktion eines komplexen und elaborierten Systems von Relationen zu anderen Gruppen. Und diese Relationen werden von Normen und Prinzipien reguliert werden müssen, die den Partikularismus *jeder* Gruppe übersteigen. Etwa das Recht aller ethnischer Gruppen auf kulturelle Autonomie zu bejahen, würde einer argumentativen Forderung gleichkommen, die sich nur auf Basis universaler Gründe rechtfertigen läßt. Die Behauptung der eigenen Partikularität erfordert die Berufung auf etwas, das sie transzendiert. Je partikularer eine Gruppe ist, desto weniger wird sie in der Lage sein, das globale gemeinschaftliche Terrain zu kontrollieren, innerhalb dessen sie operiert, und desto universeller wird die Rechtfertigung ihrer Forderungen begründet werden müssen.

Aber es gibt einen weiteren Grund, warum eine Politik reiner Differenz sich selbst zerstört. Um die eigene *differentielle* Identität zu behaupten, muß, wie wir gerade argumentierten, der andere in diese Identität inkludiert werden als das, wovon man sich abgrenzt. Aber es ist leicht einzusehen, daß eine vollständig erreichte Identität den existierenden *status quo* von Gruppenrelationen sanktionieren würde. Denn eine Identität, die rein differentiell gegenüber anderen Gruppen ist, muß die Identität des anderen im gleichen Moment behaupten wie ihre eigene und kann folglich keine Identitätsforderungen diesen anderen Gruppen gegenüber erheben. Nehmen wir einmal an, eine Gruppe *würde* solche Forderungen erheben – zum Beispiel die Forderung nach Chancengleichheit in Beruf und Erziehung oder sogar das Recht auf konfessionelle Schulen. Insofern dies Forderungen sind, die als Rechte präsentiert werden, die ich als Mitglied der Gemeinschaft mit allen anderen Gruppen teile, setzen sie voraus, daß ich nicht einfach von den anderen verschieden bin, sondern in manch fundamentaler Hinsicht ihnen gleichgestellt. Wenn angenommen wird, daß alle partikularen Gruppen das Recht auf Respekt bezüglich ihrer eigenen Partikularität haben, bedeutet das, daß sie auf mancherlei Weise einander gleichgestellt sind. Nur in einer Situation, in der alle Gruppen sich voneinander unterscheiden und keine von ihnen irgend etwas anderes sein will als das, was sie ist, regelt ausschließlich die reine Logik der Differenz die Verhältnisse zwischen den Gruppen. In jedem anderen Szenario wird die Logik der Differenz von einer Logik der Äquivalenz und Gleichheit unterbrochen werden. Nicht umsonst liegt an der Wurzel der Apartheid eine reine Logik der Differenz – die Idee getrennter Entwicklungen.

Das ist der Grund, warum der Kampf *jeder* Gruppe, die ihre eigene Identität gegen eine feindliche Umwelt zu behaupten versucht, immer mit zwei entgegengesetzten, jedoch symmetrischen Gefahren konfrontiert ist, für die es keine logische Lösung gibt, keine Quadratur des Kreises – nur prekäre und kontingente Vermittlungsversuche. Wenn eine Gruppe ihre Identität so zu behaupten versucht, *wie sie sich in diesem Moment darstellt*, wie ihr Ort in der Gemeinschaft als ganzer durch das Ausschlußsystem definiert ist, das von den dominanten Gruppen diktiert wird, dann verurteilt sie sich selbst zu einer auf ewig marginalisierten und ghettoisierten Existenz. Ihre kulturellen Werte können leicht vom Establishment als »Folklore« übernommen werden. Wenn sie auf der anderen Seite darum kämpft, ihren Ort in der Gemeinschaft zu verändern und mit ihrer Marginalisierungssituation zu brechen, muß sie eine Vielzahl politischer Initiativen starten, die sie über die Grenzen, die ihre gegenwärtige Identität definieren, hinausführen – zum Beispiel Kämpfe innerhalb der existierenden Institutionen. Da diese Institutionen jedoch ideologisch und kulturell von den dominanten Gruppen geformt sind, besteht die Gefahr, daß die Identität der kämpfenden Gruppe verlorengeht. Ob es den neuen Gruppen gelingen wird, die Institutionen zu transformieren, oder ob die Logik der Institutionen die Identität dieser Gruppen – via Kooptierung – schwächen kann, ist etwas, das natürlich nicht von vornherein entschieden werden kann und von einem hegemonialen Kampf abhängt. Doch sicher ist, daß es keinen größeren historischen Wandel gibt, in dem die Identität *aller* intervenierenden Kräfte nicht transformiert würde. Es gibt keine Möglichkeit des Sieges in Begriffen einer *bereits errungenen* kulturellen Authentizität. Das zunehmende Bewußtsein dieser Tatsache erklärt die Zentralität des Konzepts der »Hybridisierung« in gegenwärtigen Debatten.

Wenn wir nach einem Beispiel für das frühe Auftreten dieser Alternative in der europäischen Geschichte suchen, können wir auf die Opposition zwischen Sozialdemokraten und revolutionären Syndikalisten in den Jahrzehnten vor dem ersten

Weltkrieg zurückkommen. Die klassische marxistische Lösung des Problems des Ungleichgewichts zwischen dem Partikularismus der Arbeiterklasse und der Universalität der Aufgabe sozialistischer Transformation bestand in der Annahme einer zunehmenden Simplifikation der Sozialstruktur im Kapitalismus: Als Folge daraus würde die Arbeiterklasse als ein homogenes Subjekt die breite Mehrheit der Bevölkerung umfassen und die Aufgabe universeller Transformation übernehmen können. Nachdem zur Jahrhundertwende diese Prognose diskreditiert war, blieben zwei mögliche Lösungen offen: entweder eine Verstreuung demokratischer Kämpfe zu akzeptieren, die nur lose von einer semi-korporativen Arbeiterklasse zusammengehalten werden, oder eine pure Identitätspolitik einer Arbeiterklasse zu stärken, die durch revolutionäre Gewalt zusammengehalten wird. Der erste Weg führte zu dem, was als sozialdemokratische Integration beschrieben wurde: Die Arbeiterklasse wurde von einem Staat kooptiert, an dessen Management sie teilnahm, dessen Mechanismen sie aber nicht meistern konnte. Der zweite Weg führte zum Segregationismus der Arbeiterklasse durch Gewalt und zur Zurückweisung jeder Partizipation in demokratischen Institutionen. Es ist wichtig zu verstehen, daß der Mythos des Generalstreiks bei Sorel kein Mittel war, um eine reine Arbeiterklassenidentität als Bedingung für einen revolutionären Sieg beizubehalten. Insofern der revolutionäre Streik eher einer regulativen Idee als einem tatsächlich möglichen Ereignis entsprach, war er keine reale Strategie zur Erringung der Macht: Seine Funktion erschöpfte sich darin, einen Mechanismus bereitzustellen, um die separate Identität der Arbeiter endlos neu zu erzeugen. Innerhalb der beiden Optionen einer Identitätspolitik und einer Transformation der Kräfteverhältnisse zwischen Gruppen kann der Sorelianismus als eine extreme Form der Vereinseitigung der ersten Alternative gesehen werden.

Wenn wir allerdings eine einseitige Lösung zurückweisen, dann kann die Spannung zwischen diesen zwei widersprüchlichen Extremen nicht ausgelöscht werden: Sie wird uns erhalten bleiben, und eine strategische Kalkulation kann nur in pragmatischen Verhandlungen zwischen ihnen bestehen. Hybridisierung ist kein marginales Phänomen, sondern das eigentliche Terrain, auf dem gegenwärtige politische Identitäten konstruiert werden. Betrachten wir nur eine Formel wie »strategischer Essentialismus«, die in letzter Zeit oft verwendet wurde. Aus einer Reihe von Gründen bin ich mit ihr nicht völlig zufrieden, aber sie hat den Vorteil, die antinomischen Alternativen in den Vordergrund zu rücken, auf die wir uns bezogen haben, wie auch die Notwendigkeit eines politisch verhandelten Gleichgewichts zwischen ihnen. »Essentialismus« läßt eine starke Identitätspolitik anklingen, ohne die es keine Grundlagen für politische Kalkulation und Aktion gäbe. Aber dieser Essentialismus ist nur strategisch – das heißt, er deutet genau im Moment seiner Konstitution auf seine eigene Kontingenz und seine eigenen Grenzen.

Diese Kontingenz ist zentral für ein Verständnis des vielleicht prominentesten Merkmals heutiger Politik: die volle Anerkennung des begrenzten und fragmentierten Charakters ihrer historischen Akteure. Die Moderne beginnt mit der Suche nach einem grenzenlosen historischen Akteur, der in der Lage ist, die Fülle einer perfekt instituierten sozialen Ordnung zu garantieren. Welcher Weg auch immer zu dieser Fülle führen sollte – eine »unsichtbare Hand«, die eine Vielzahl unterschiedlicher individueller Willen zusammenhalten sollte, oder eine universelle Klasse, die ein transparentes und rationales System von Sozialbeziehungen garantieren sollte –, er implizierte immer, daß die Akteure dieser historischen Transformation in der Lage sind, alle Partikularismen und Begrenzungen zu überkommen und eine mit sich selbst versöhnte Gesellschaft hervorzubringen. Das bedeutet wahre Universalität für die Moderne. Im Gegensatz dazu besteht der Ausgangspunkt heutiger sozialer und politischer Kämpfe in der starken Annahme ihrer eigenen Partikularität, in der Überzeugung, daß keiner dieser Kämpfe imstande ist, von alleine die Fülle der Gemeinschaft hervorzubringen. Aber genau aus diesem Grund kann diese Partikularität, wie wir gesehen haben, nicht durch eine pure »Politik der Differenz« konstruiert werden, sondern muß sich – als Bedingung ihrer eigenen Behauptung – auf universale Prinzipien berufen. An dieser Stelle kommt die

Frage auf, in welchem Ausmaß diese Universalität die gleiche ist wie die Universalität der Moderne, in welchem Ausmaß die eigentliche Idee einer Fülle von Gesellschaft in diesem veränderten politischen und intellektuellen Klima eine radikale Verwandlung erfährt, die – obwohl die doppelte Referenz auf das Universelle und das Partikulare beibehalten wird – die Logik ihrer Artikulation vollständig transformiert. Bevor wir diese Frage beantworten, müssen wir jedoch zu unserer zweiten Debatte übergehen, die mit der Kritik des Fundationalismus verknüpft ist.

KONTEXTE UND DIE KRITIK DES FUNDATIONALISMUS

Beginnen wir unsere Diskussion mit einer sehr gebräuchlichen Meinung: daß es keine Wahrheit und keinen Wert unabhängig von ihrem Kontext gibt, daß die Gültigkeit jedes Statements nur kontextuell bestimmt ist. In gewissem Sinn ist diese Behauptung natürlich nicht kontroversiell und eine notwendige Begleiterscheinung der Kritik des Fundationalismus. Von ihr zur Annahme der Inkommensurabilität von Kontexten überzugehen und von dort ein Argument zu konstruieren, um kulturellen Pluralismus zu verteidigen, scheint nur ein logischer Schritt zu sein, und ich bin nicht bereit, anderes zu behaupten. Es gibt allerdings eine Schwierigkeit, die diese ganze Überlegung nicht berücksichtigt, nämlich die folgende: Wie lassen sich die Grenzen eines Kontexts festlegen. Akzeptieren wir, daß jede Identität eine differentielle Identität ist. In diesem Fall folgen zwei Konsequenzen: (1) daß, wie in einem Saussure'schen *System,* jede Identität das, was sie ist, nur aufgrund ihrer Differenzen zu allen anderen ist; (2) daß der Kontext ein geschlossener sein muß – wenn alle Identitäten von dem differentiellen *System* abhängen, läßt sich keine letztendlich konstituieren, ohne daß das System seine eigenen Grenzen definiert. Aber nichts ist schwieriger, von einem logischen Gesichtspunkt betrachtet, als diese Grenzen zu definieren. Aus einer fundationalistischen Perspektive könnten wir uns auf einen ultimativen Grund berufen, der die Quelle aller Differenzen wäre; aber wenn wir es mit einem wahren Pluralismus von Differenzen zu tun haben, wenn die Differenzen *konstitutiv* sind, können wir auf der Suche nach den systematischen Grenzen, die einen Kontext definieren, nicht über die Differenzen selbst hinausgehen. Nun läßt sich ein Kontext, wie wir gesehen haben, ausschließlich über seine Grenzen definieren. Und die einzige Möglichkeit, diese Grenzen zu definieren, besteht im Hinweis auf das, was jenseits von ihnen liegt. Aber was jenseits der Grenzen liegt, können nur andere Differenzen sein, und in diesem Fall – ausgehend vom konstitutiven Charakter aller Differenzen – ist unmöglich festzustellen, ob diese neuen Differenzen innerhalb oder außerhalb des Kontexts liegen. Die eigentliche Möglichkeit einer Grenze und, *ergo*, eines Kontexts ist daher in Gefahr.

Wie ich an anderer Stelle argumentiert habe (sh. Kapitel 3), besteht der einzige Weg aus dieser Schwierigkeit darin, ein Jenseits zu postulieren, das nicht eine weitere Differenz ist, sondern für alle Differenzen innerhalb dieses Kontexts eine Bedrohung darstellt (sie negiert). Oder besser: Der Kontext konstituiert sich als solcher durch den Ausschluß einer Fremdheit, einer radikalen Andersheit. Diese Möglichkeit hat nun drei Konsequenzen, die für unser Argument zentral sind:

1. Die erste ist, daß Antagonismus und Exklusion konstitutiv für alle Identität sind. Ohne Grenzen, durch die eine (nichtdialektische) Negativität konstruiert wird, hätten wir eine unendliche Verstreuung von Differenzen, wobei die Abwesenheit systematischer Grenzen jede differentielle Identität verunmöglichen würde. Aber gerade durch diese Funktion der Konstitution von differentiellen Identitäten durch antagonistische Grenzen werden diese Differenzen zugleich destabilisiert und subvertiert. Denn wenn die Grenze eine identische Bedrohung für alle Differenzen darstellt, setzt sie all diese einander gleich und macht sie in Bezug auf die Grenze austauschbar. Das kündigt bereits die Möglichkeit einer relativen Universalisierung durch die Äquivalenzlogik an, die mit einem differentiellen Partikularismus nicht inkompatibel ist, sondern geradezu von dessen Logik erfordert wird.

2. Das System ist für die Konstitution differentieller Identitäten notwendig, aber das einzige, was das System konstituieren und somit diese Identitäten möglich machen kann – Exklusion –, subvertiert sie zugleich. (In dekonstruktiven Begriffen: Die Bedingungen der Möglichkeit des Systems sind zugleich die Bedingungen seiner Unmöglichkeit.) Kontexte müssen intern subvertiert werden, um möglich zu werden. Das System (wie Jacques Lacans Objekt *klein a*) wird von der eigentlichen Logik des Kontexts erfordert und ist dennoch unmöglich. Es ist, wenn man so will, anwesend durch seine Abwesenheit. Aber das bedeutet zwei Dinge. Zuerst, daß alle differentielle Identität konstitutiv gespalten sein wird; sie wird der Kreuzungspunkt zwischen der Logik der Differenz und der Logik der Äquivalenz sein. Das führt eine radikale Unentscheidbarkeit in sie ein. Zweitens, daß Notwendigkeit von Gesellschaft nicht verschwindet, obwohl ihre Fülle und Universalität unerreichbar ist: sie wird sich immer durch die Anwesenheit ihrer Abwesenheit zeigen. Was sich hier wiederum ankündigt, ist eine intime Verbindung zwischen dem Universellen und dem Partikularen, die dennoch nicht in der Subsumtion des Partikularen unter das Universelle besteht.
3. Wenn schließlich dieses unmögliche Objekt – das System – nicht repräsentiert werden kann, sich aber dennoch innerhalb des Felds der Repräsentation zeigen muß, werden die Mittel dieser Repräsentation immer konstitutiv inadäquat sein. Nur die verschiedenen Formen des Partikularen sind solche Mittel. Als Folge daraus wird die Systematizität des Systems, der Moment seiner unmöglichen Totalisierung, von Formen des Partikularen symbolisiert werden, die solch eine Repräsentationsfunktion auf kontingente Weise übernehmen. Das bedeutet erstens, daß die Partikularität des Partikularen von dieser Funktion der Repräsentation des Universellen subvertiert wird, und zweitens, daß ein bestimmtes Partikulares, indem es seine eigene Partikularität zum signifizierenden Körper einer universalen Repräsentation erhebt, innerhalb des ganzen Differenzsystems eine hegemoniale Rolle einnehmen wird. Das antizipiert unsere wichtigste Schlußfolgerung: In einer Gesellschaft (und das gilt letztlich für *jede* Gesellschaft), in der ihre

Fülle – der Moment ihrer Universalität – unerreichbar ist, ist das Verhältnis zwischen dem Universellen und dem Partikularen ein hegemoniales Verhältnis.

Sehen wir uns im Detail die Logik dieses Verhältnisses an. Ich werde als Beispiel die »Universalisierung« des popularen Symbols des Peronismus im Argentinien der 1960er und 70er Jahre heranziehen. Nach dem Coup von 1955, der das peronistische Regime stürzte, betrat Argentinien eine Periode institutioneller Instabilität, die über zwanzig Jahre andauerte. Peronismus und andere populare Organisationen wurden verboten, und die aufeinanderfolgenden Militärregierungen und betrügerischen zivilen Regime, die die Regierung okkupierten, waren eindeutig nicht in der Lage, durch die existierenden institutionellen Kanäle den popularen Forderungen der Massen zu entsprechen. So kam es zu einer Abfolge von immer weniger repräsentativen Regimen und zu einer Akkumulation unerfüllter demokratischer Forderungen. Diese Forderungen waren mit Sicherheit partikular und kamen von sehr unterschiedlichen Gruppen. Die Tatsache, daß alle durch die dominanten Regime zurückgewiesen wurden, erzeugte eine zunehmende Äquivalenzrelation zwischen ihnen. Es ist wichtig zu verstehen, daß diese Äquivalenz keine essentielle aprioristische Einheit ausdrückte. Im Gegenteil, ihr einziger Grund war die Zurückweisung all jener Forderungen durch immer weitere Regime. In den Begriffen unserer bisherigen Terminologie, ihre Vereinheitlichung in einem Kontext oder Differenzsystem war das pure Resultat der Antagonisierung all dieser Forderungen durch den dominanten Sektor.

Nun, wie wir gesehen haben, kann diese kontextuelle Vereinheitlichung eines Differenzsystems nur um den Preis der Schwächung der rein differentiellen Identitäten stattfinden, durch die Operation einer Äquivalenzlogik, die eine Dimension relativer Universalität einführt. In unserem Beispiel fühlten die Leute, daß durch die differentielle Partikularität ihrer Forderungen – Wohnungen, Gewerkschaftsrechte, Löhne, Schutz der nationalen Industrie, etc. – etwas ausgedrückt wurde, das in allen gleichermaßen gegenwärtig war, nämlich die Opposition zum Regime. Es ist wichtig zu verstehen, daß diese Dimension der Universalität sich nicht mit dem Partikularismus der Forderungen schlug – nicht einmal mit dem Eintritt der Gruppen in einer Äquivalenzrelation –, sondern aus ihm hervorwuchs. Eine gewisse universellere Perspektive, die sich aus der Einschreibung partikularer Forderungen in einer breitere populare Sprache des Widerstands entwickelte, war das Ergebnis der Ausweitung der Äquivalenzlogik. Ein reiner Partikularismus der Forderungen der Gruppen, der die Äquivalenzlogik völlig vermieden hätte, wäre nur möglich gewesen, wenn es dem Regime gelungen wäre, die partikularen Forderungen getrennt zu verhandeln und sie auf »transformistische« Weise zu absorbieren. Aber in allen Prozessen hegemonialen Niedergangs wird diese transformistische Absorption unmöglich, und die Äquivalenzlogik unterbricht den reinen Partikularismus der individuellen demokratischen Forderungen.

Wie wir sehen können, unterscheidet sich diese Dimension von Universalität, die durch Äquivalenz erreicht wird, sehr von der Universalität, die aus einer unterliegenden Essenz oder einem unbedingten aprioristischen Prinzip folgt. Sie ist auch keine regulative Idee – empirisch unerreichbar, doch mit einem unzweideutigen teleologischen Inhalt –, denn sie kann nicht abseits des Äquivalenzsystems existieren, von dem sie ausgeht. Aber das hat wichtige Konsequenzen für sowohl den Inhalt als auch die Funktion dieser Universalität. Wir haben bereits gesehen, daß der Moment der Totalisierung oder Universalisierung der Gemeinschaft – der Moment ihrer Fülle – ein unmögliches Objekt ist, das nur eine diskursive Präsenz erlangt durch einen partikularen Inhalt, der sich seiner Partikularität entledigt, um diese Fülle zu repräsentieren. Um zu unserem argentinischen Beispiel zurückzukommen: Das war genau die Rolle, die in den 1960ern und 70ern von den popularen Symbolen des Peronismus gespielt wurde. Wie ich bereits sagte, begann das Land einen rapiden Prozeß der Deinstitutionalisierung, so daß die Äquivalenzlogik frei operieren konnte. Der peronistischen Bewegung selbst mangelte es an einer realen Organisation, sie bestand eher aus einer Reihe von Symbolen und einer ungenauen Sprache, die eine Vielzahl politischer Initiativen vereinheitlichte. Und schließlich intervenierte Peron, selbst im Exil in Madrid, nur aus der Entfernung in die Aktionen seiner Bewegung und war darauf bedacht, in den Fraktionskämpfen innerhalb des Peronismus keine definitive Seite zu beziehen. Unter diesen Umständen waren die Bedingungen für ihn ideal, um ein »leerer Signifikant« zu werden, der das Moment der Universalität in der Äquivalenzkette, die das populare Lager vereinheitlichte, inkarniert. Und das spätere Schicksal des Peronismus in den 1970ern illustriert deutlich die essentielle Ambivalenz, die jedem hegemonialen Prozeß inhärent ist: Auf der einen Seite gibt die Tatsache, daß die Symbole einer partikularen Gruppe ab einem bestimmten Zeitpunkt die Funktion universaler Repräsentation annehmen, sicherlich dieser Gruppe hegemoniale Macht; aber auf der anderen Seite führt die Tatsache, daß diese Funktion universaler Repräsentation mit dem Preis einer Schwächung der differentiellen Partikularismen der ursprünglichen Identität bezahlt wurde, notwendigerweise zur Schlußfolgerung, daß diese Hegemonie prekär und bedroht sein wird. Die wilde Logik der Entleerung der Signifikanten der Universalität durch Ausdehnung der Äquivalenzketten bedeutet, daß keine Fixierung und partikulare Begrenzung des Gleitens des Signifikanten unter dem Signifikat permanent gesichert werden kann. Genau das geschah mit dem Peronismus nach dem Wahlsieg von 1973 und nach Perons Rückkehr nach Argentinien. Peron war nicht länger ein leerer Signifikant, sondern der Präsident des Landes, der konkrete politische Maßnahmen durchführen mußte. Doch die Äquivalenzketten, die von den verschiedenen Fraktionen dieser Bewegung konstruiert worden waren, entzogen sich jeder möglichen Kontrolle – selbst jener Perons. Das Ergebnis war der blutige Prozeß, der 1976 zur Militärdiktatur führte.

DIE DIALEKTIK DER UNIVERSALITÄT

Die bisherigen Entwicklungen führen uns zur folgenden Schlußfolgerung: Die Dimension der Universalität – die aus der Unabgeschlossenheit differentieller Identität resultiert –

kann, solange eine Gemeinschaft nicht völlig homogen ist, nicht eliminiert werden (*wäre* sie homogen, würde nicht nur Universalität verschwinden, sondern auch die eigentliche Unterscheidung Universalität/Partikularität). Diese Dimension ist allerdings nur ein leerer Platz, der eine Reihe äquivalenter Forderungen vereinheitlicht. Wir müssen die Natur dieses Platzes in Hinsicht sowohl auf seine Inhalte als auch auf seine Funktion bestimmen. Was den Inhalt betrifft, so besitzt er keinen eigenen, sondern nur das, was ihm durch eine vorübergehende Artikulation äquivalenter Forderungen gegeben ist. Es gibt ein der Formulierung universaler Prinzipien implizites Paradox, das darin besteht, daß sie alle sich als ausnahmslos gültig präsentieren müssen, während diese Universalität selbst in ihren eigenen Begriffen leicht in Frage gestellt und nie wirklich durchgehalten werden kann. Nehmen wir ein universales Prinzip wie das Recht der Nationen auf Selbstbestimmung. Als universales Recht erhebt es Gültigkeit unter allen Umständen. Gehen wir nun davon aus, daß innerhalb einer Nation ein Genozid verübt wird: Hat in diesem Fall die internationale Gemeinschaft die Pflicht zu intervenieren – oder ist das Selbstbestimmungsprinzip unbedingt gültig? Aber vielleicht entsteht das Paradox aus dem Glauben, diese Universalität hätte einen ihr eigenen Inhalt, dessen logische Implikationen analytisch abgeleitet werden könnten. Dabei wird nicht realisiert, daß die Funktion der Universalität – in einem bestimmten Sprachspiel – darin besteht, eine Kette von Äquivalenzeffekten diskursiv zu ermöglichen, doch ohne vorzugeben, diese Universalität könnte jenseits des Kontexts ihrer Entstehung operieren. Es gibt unzählige Kontexte, in denen das Prinzip nationaler Selbstbestimmung ein absolut gültiger Weg ist, um eine historische Erfahrung zu totalisieren und zu universalisieren.

Aber wenn wir in diesem Fall immer schon im vorhinein wissen, daß keine Universalisierung ihrer Aufgabe gerecht werden wird, daß sie nie die erwarteten Ergebnisse zeitigen wird, warum muß das äquivalentielle Aggregat sich durch das Universelle ausdrücken? Die Antwort ist darin zu finden, was vorhin über die formale Struktur, von der die Aggregation abhängt, gesagt wurde. Das »identische Etwas«, das von allen

Gliedern einer Äquivalenzkette geteilt wird – das die Äquivalenz möglich macht –, kann nichts Positives sein (das heißt, eine weitere Differenz, die in ihrer Partikularität definiert werden könnte), sondern entsteht aus den vereinheitlichenden Effekten, die eine externe Bedrohung in einem ansonsten perfekt heterogenen Set von Differenzen (Partikularitäten) produziert. Das »identische Etwas« kann nur die reine, abstrakte, abwesende Fülle der Gemeinschaft sein. Dieser ermangelt es, wie wir gesehen haben, jeder direkten Form von Repräsentation – und so kann sie sich nur durch die Äquivalenz der differentiellen Terme ausdrücken. In diesem Fall ist es aber wesentlich, daß die Äquivalenzkette offen bleibt: ansonsten könnte ihre Schließung nur das Ergebnis einer weiteren Differenz sein, die in ihrer Partikularität spezifizierbar wäre, und wir wären nicht mit der Fülle der Gemeinschaft in ihrer Abwesenheit konfrontiert. Der offene Charakter der Kette bedeutet, daß das, was durch sie ausgedrückt wird, universal sein muß und nicht partikular. Nun, diese Universalität muß – um sich auszudrücken – in etwas inkarniert werden, das essentiell inkommensurable mit ihr ist: eine Partikularität (wie in unserem Beispiel des Rechts auf Selbstbestimmung). Dies ist die Quelle der Spannung und Ambivalenz, die all jene sogenannten »universalen« Prinzipien umfängt: All diese *müssen* als unbegrenzte Prinzipien formuliert werden, die eine sie transzendierende Universalität ausdrücken. Aber sie alle verfangen sich aus essentiellen Gründen früher oder später in ihrem eigenen kontextuellen Partikularismus und verlieren die Fähigkeit, ihre universelle Funktion zu erfüllen.

Was die Funktion (als unterschieden vom Inhalt) des »Universellen« betrifft, haben wir genug gesagt, um deutlich zu machen, worin sie besteht: Sie erschöpft sich darin, Äquivalenzketten in eine ansonsten rein differentielle Welt einzuführen. Das ist der Moment der hegemonialen Aggregation und Artikulation, der auf doppelte Weise operieren kann. Die erste besteht darin, partikulare Identitäten und Forderungen einer breiteren Äquivalenzkette als Verknüpfungen einzuschreiben, womit jeder von ihnen eine »relative« Universalisierung gegeben wird. Wenn zum Beispiel feministische Forderungen in eine Äquivalenzkette mit »schwarzen« Gruppen, ethnischen Minoritäten, MenschenrechtsaktivistInnen, etc. eintreten, nehmen sie eine globalere Perspektive ein als sie es würden, wenn sie auf ihren eigenen Partikularismus beschränkt blieben. Die zweite besteht darin, einer partikularen Forderung eine Funktion universeller Repräsentation zu geben – das heißt, ihr den Wert eines Horizonts zu geben, welcher der Äquivalenzkette Kohärenz verleiht und sie zugleich unbegrenzt offen hält. Um nur einige wenige Beispiele zu geben: Die Sozialisierung der Produktionsmittel wurde nicht als enge, die Ökonomie betreffende Forderung verstanden, sondern als »Name« einer breiten Vielfalt von Äquivalenzeffekten, die über die gesamte Gesellschaft ausstrahlten. Die Einführung der Marktwirtschaft spielte in Osteuropa nach 1989 eine ähnliche Rolle. Die Rückkehr Perons, in unserem argentinischen Beispiel, wurde in den frühen 1970ern ebenfalls als Vorspiel einer viel breiteren historischen Transformation verstanden. Welche partikulare Forderung – oder welches Set von Forderungen – diese Funktion universaler Repräsentation ausfüllen werden, kann nicht aus apriorischen Gründen bestimmt werden (könnten wir es, dann gäbe es etwas in der Partikularität der Forderung, das sie zur Erfüllung dieser Rolle vorherbestimmt, und das stünde in Widerspruch zu unserem ganzen Argument).

Wir können nun zu den zwei Debatten zurückkehren, die den Ausgangspunkt unserer Reflektion bildeten. Wie wir sehen können, gibt es verschiedene Punkte, an denen sie interagieren und Parallelität entdeckt werden kann. Wir haben genug über Multikulturalismus gesagt, um unser Argument bezüglich der Grenzen des Partikularismus zu verdeutlichen. Eine *rein* partikularistische Position ist selbstzerstörerisch, denn sie muß einen Grund für die Konstitution der Differenzen *als* Differenzen anbieten, und ein solcher Grund kann nur eine neue Version eines essentialistischen Universalismus sein. (Wenn wir ein *System* von Differenzen A/B/C, etc., haben, dann müssen wir über diese systemische Dimension Rechnung ablegen, und das führt uns direkt in den Diskurs des Grundes. Wenn wir eine Pluralität *getrennter* Elemente haben, A, B, C, etc., die kein System ausmachen, müssen wir immer noch über diese Trennung Rechnung ablegen – getrennt zu sein, ist auch eine Form der Relation zwischen Objekten –, und wiederum sind wir, wie Leibniz sehr genau wußte, in die Setzung eines Grundes verstrickt. Die prästabilierte Harmonie der Monaden ist genauso essentiell ein Grund wie die spinozistische Totalität.) So besteht der einzige Weg aus diesem Dilemma darin, die Dimension von Universalität beizubehalten, aber eine unterschiedliche Form ihrer Artikulation mit dem Partikularen vorzuschlagen. Genau das haben wir auf den vorangegangenen Seiten mit dem Begriff des Universellen als einem leeren und doch unauslöschlichen Platz anzubieten versucht.

Es ist dennoch wichtig zu verstehen, daß dieser Artikulationstypus theoretisch undenkbar wäre, wenn wir dem Bild nicht einige zentrale Lehren der gegenwärtigen Kritik des Fundationalismus beifügten (er wäre zum Beispiel undenkbar aus einer habermasianischen Perspektive). Wenn Bedeutung im vorhinein fixiert wäre, entweder in einem starken Sinn durch einen radikalen Grund (eine Position, die heute immer weniger Unterstützung finden würde) oder in einem schwächeren Sinn durch das regulative Prinzip einer ungestörten Kommunikation, würde genau die Möglichkeit des Grundes als leerer Platz, der von einer Vielfalt sozialer Kräfte politisch und kontingent gefüllt wird, verschwinden. Differenzen wären nicht konstitutiv, da etwas ihrem Spiel vorausliegendes *bereits* die Grenze ihrer möglichen Variationen fixiert und ein externes Tribunal errichtet, um über sie zu *urteilen*. Nur die Kritik einer Universalität, die in all ihren essentiellen Dimensionen von der Metaphysik der Präsenz determiniert ist, eröffnet den Weg für ein *theoretisches* Verständnis des Begriffs der »Artikulation«, den wir zu erarbeiten versuchen – dies unterschieden von einem bloß impressionistischen Verständnis im Sinne eines Diskurses, der von Konzepten strukturiert wird, die völlig unvereinbar mit ihm sind. (Wir müssen immer Pascals Kritik an jenen im Gedächtnis behalten, die glauben, sie seien bereits bekehrt, weil sie gerade daran zu denken begonnen haben, bekehrt zu werden.)

Aber wenn die Multikulturalismusdebatte klare Vorteile aus der gegenwärtigen Fundationalismuskritik ziehen kann (allgemein gesprochen, die ganze Bandbreite intellektueller Entwicklungen, die von solchen Labels wie »Postmodernismus« und »Poststrukturalismus« umfaßt wird), so arbeiten diese Vorzüge auch in umgekehrte Richtung. Denn die Erfordernisse einer Politik, die auf einer Universalität basiert, die mit einer zunehmenden Ausweitung kultureller Differenzen kompatibel ist, sind deutlich unvereinbar mit bestimmten Versionen des Postmodernismus – besonders mit jenen, die aus der Kritik des Fundationalismus auf eine Implosion aller Bedeutung schließen und auf den Eintritt in eine Welt der »Simulation« (Baudrillard). Ich glaube nicht, daß dieser Schluß in irgendeiner Weise folgt. Wie wir argumentiert haben, eliminiert die Unmöglichkeit eines universalen Grundes nicht seine Notwendigkeit: Sie transformiert nur den Grund in einen leeren Platz, der partiell und auf verschiedene Weise gefüllt werden kann. (Und in der Politik geht es um die Strategien dieser Ausfüllung.) Kommen wir für einen Moment zurück zur Frage der Kontextualisierung. Könnte es einen »gesättigten« Kontext geben, wären wir in der Tat mit einer Pluralität inkommensurabler Räume konfrontiert – ohne irgendein mögliches Tribunal, um zwischen ihnen zu entscheiden. Aber wie wir gesehen haben, ist so ein gesättigter Kontext unmöglich. Aus dieser Verifizierung folgt jedoch nicht, daß es eine formlose Zerstreuung von Bedeutung gibt ohne irgendeine möglich Form relativer Artikulation. Was folgt, ist, daß alles, was auch immer eine solche artikulatorische Rolle spielen mag, nicht durch die Form der Zerstreuung an sich prädeterminiert ist. Das bedeutet erstens, daß alle Artikulation kontingent ist, und zweitens, daß das artikulatorische Moment als solches immer ein leerer Ort sein wird – wobei die verschiedenen Versuche, ihn zu füllen, transitorisch und umkämpft sein werden. In Folge wird jede Zerstreuung von Differenzen, die zu einem bestimmten Zeitpunkt in der Gesellschaft existiert, einem widersprüchlichen Prozeß der Kontextualisierung und Dekontextualisierung unterworfen sein. Zum Beispiel werden solche Diskurse, die einen Kontext um bestimmte Prinzipien oder Werte zu schliessen versuchen, mit Diskursen der *Rechte* konfrontiert und von diesen limitiert sein, die versuchen, die Schließung jedes Kontextes zu begrenzen. Das macht die Versuche gegenwärtiger Neo-Aristoteliker wie MacIntyre, die nur die kontextualisierte Dimension akzeptieren und Gesellschaft um eine substantielle Version des Gemeinguts schließen, so unüberzeugend. Ich denke, heutige soziale und politische Kämpfe eröffnen Strategien, um den leeren Platz des Gemeinguts auszufüllen. Die ontologischen Implikationen des Denkens, das diese »Ausfüllungs«-Strategien begleitet, klären ihrerseits den Möglichkeitshorizont, der von der anti-fundationalistischen Kritik geöffnet wurde. Den Rest dieses Kapitels werde ich diesen strategischen Logiken widmen.

HERRSCHEN UND UNIVERSALITÄT: VIER MOMENTE

Wir können mit ein paar Schlußfolgerungen beginnen, die aus unserer bisherigen Analyse des Status des Universellen leicht abgeleitet werden können. Die erste ist: Wenn der Ort des Universellen leer ist und es keinen apriorischen Grund gibt, warum er nicht von *jedem* Inhalt gefüllt werden könnte, wenn die Kräfte, die den Ort füllen, konstitutiv zwischen der von ihnen vertretenen konkreten Politik und der Fähigkeit dieser Politik, den leeren Ort zu füllen, gespalten sind, wird die politische Sprache jeder Gesellschaft, deren Institutionalisierungsgrad zu einem gewissen Ausmaß erschüttert oder unterminiert wurde, ebenfalls gespalten sein. Nehmen wir nur einen Begriff wie »Ordnung« (soziale Ordnung). Was sind die Bedingungen seiner Universalisierung? Einfach die, daß die Erfahrung einer radikalen Unordnung *irgendeiner* Ordnung den Vorrang vor der Fortsetzung von Unordnung gibt. Die Erfahrung eines Mangels, der Abwesenheit von Fülle in den sozialen Verhältnissen, transformiert »Ordnung« in den Signifikanten einer abwesenden Fülle. Das erklärt die Spaltung, von der wir gesprochen haben: Jede konkrete Politik wird, wenn sie fähig ist, soziale Ordnung zustande zu bringen, nicht nur abstrakt an ihren Verdiensten gemessen – unabhängig von allen Umständen –, sondern hauptsächlich in Begriffen ihrer Fähigkeit, »Ordnung« zustande zu bringen – einen Namen für die abwesende Fülle von Gesellschaft. (»Wechsel«, »Revolution«, »Volkseinheit«, etc. sind andere Signifikanten, die historisch die gleiche Rolle gespielt haben.) Da aus essentiellen Gründen, wie wir herausgestellt haben, Gesellschaft unerreichbar ist, ist diese Spaltung in der Identität politischer Akteure eine absolut konstitutive »ontologische Differenz« – in einem Sinn, der nicht völlig unverwandt mit Heideggers Gebrauch dieses Ausdrucks ist. Das Universelle ist sicherlich leer und kann nur in verschiedenen Kontexten und durch verschiedene partikulare Identitäten ausgefüllt werden. Doch zugleich ist es absolut essentiell für jede Art *politischer* Interaktion, denn wenn diese ohne universale Referenz stattfinden würde, gäbe es überhaupt keine politische Interaktion: Wir hätten nur entweder eine Komplementarität von Differenzen, die völlig nicht-antagonistisch wäre, oder eine total antagonistische, wobei den Differenzen jegliche Kommensurabilität abginge und ihre einzige mögliche Auflösung in der Zerstörung der Gegner bestünde.

Nun ist es unsere Überzeugung, daß das politisch-philosophische Denken sich seit der antiken Welt dieser konstitutiven Spaltung weitgehend bewußt war und versucht hat, verschiedene Arten des Umgangs mit ihr zu entwickeln. Diese Umgangsweisen folgen einer der beiden logischen Möglichkeiten, die in der vorangegangenen Analyse dargelegt wurden. Um anzudeuten, wie dies stattfand, werden wir kurz auf vier Momente in der politisch-philosophischen Tradition des Westens Bezug nehmen, in denen Bilder des Herrschers auftraten, die Universalität und Partikularität auf verschiedene Weise miteinander kombinierten. Wir werden uns nacheinander auf Platons Philosophenkönig, auf Hobbes Souverän, auf Hegels Erbmonarchen und auf Gramscis hegemoniale Klasse beziehen.

Bei Platon ist die Situation unzweideutig. Es gibt keine mögliche Spannung oder keinen Antagonismus zwischen dem Universellen und dem Partikularen. Weit davon entfernt, ein leerer Ort zu sein, ist das Universelle der Ort jeder möglichen Be-

deutung und absorbiert das Partikulare. Für ihn gibt es allerdings nur *eine* Artikulation der partikularen Identitäten, die die essentielle Form der Gemeinschaft aktualisieren. Das Universelle wird nicht von außen »gefüllt«, sondern ist die Fülle seiner eigenen Herkunft und drückt sich in allen Aspekten sozialer Organisation aus. Hier kann es keine »ontologische Differenz« zwischen der Fülle der Gemeinschaft und den tatsächlichen politischen und sozialen Arrangements geben. Nur *eine* Art des sozialen Arrangements, die sich bis über die winzigsten Aspekte des sozialen Lebens ausdehnt, ist mit dem kompatibel, was die Gemeinschaft in ihrer letzten Instanz ist. Andere Formen sozialer Organisation können natürlich faktisch existieren, aber sie haben nicht den Status alternativer Formen, zwischen denen man den Umständen entsprechend auswählen muß. Sie sind nur degenerierte Formen, reine Korruption des Seins, Ergebnis einer Verstandestrübung. Insofern es wahres Wissen gibt, realisiert nur einer bestimmte Form sozialer Organisation das Universelle. Und wenn Herrschen eine Frage des Wissens und nicht der praktischen Klugheit ist, kann nur der Träger dieses Wissens, der Philosoph, das Recht auf Herrschaft haben. *Ergo*: ein Philosophenkönig.
Mit Hobbes stehen wir augenscheinlich an der Platon diametral gegenüberliegenden Seite. Wer das Wissen um das Sein der Gemeinschaft *vor* jeder politischen Entscheidung besitzt, ist bei weitem kein Souverän. Dessen Entscheidungen sind die einzige Quelle sozialer Ordnung. Hobbes ist sich dessen wohl bewußt, was wir die »ontologische Differenz« genannt haben. Insoweit die Anarchie des Naturzustands die Gesellschaft mit radikaler Unordnung bedroht, wird die Vereinheitlichung des Willens der Gemeinschaft im Willen des Herrschers (oder besser: der Wille des Herrschers als einziger einheitlicher Wille, den die Gemeinschaft haben kann) insofern zählen, als sie Ordnung durchsetzt, welche Inhalte diese auch immer haben mag. Jede Ordnung wird besser sein als radikale Unordnung. Etwas kommt hier einer kompletten Gleichgültigkeit gegenüber dem *Inhalt* der sozialen Ordnung nahe, die vom Herrscher durchgesetzt wird. Es entspricht einer ausschließlichen Konzentration auf die *Funktion* des letzteren: Ordnung als sol-

che zu sichern. »Ordnung« wird sicherlich zu einem leeren Ort, aber es gibt bei Hobbes keine hegemoniale Theorie der vorübergehenden Formen seiner Ausfüllung: Der Souverän, der »sterbliche Gott«, füllt den leeren Platz ein für allemal.

So stehen Platon und Hobbes anscheinend an den diametral gegenüberliegenden Enden des theoretischen Spektrums. Für Platon ist das Universelle der *einzige* volle Ort; für Hobbes ist es der einzige leere Ort, der durch den Willen des Souveräns ausgefüllt werden muß. Wenn wir die Angelegenheit aber etwas genauer betrachten, werden wir sehen, daß diese Differenz zwischen ihnen davon überschattet wird, was sie tatsächlich teilen, nämlich dem Partikularen keinerlei Eigendynamik gegenüber dem vollen/leeren Platz des Universellen zu überlassen. Im ersten Fall muß das Partikulare in seinem eigenen Körper eine Universalität aktualisieren, die es transzendiert; im zweiten Fall hat sich das Partikulare gleichfalls, wenn auch durch künstliche Mittel, vom Bereich der Partikularitäten gelöst und wurde zum nicht mehr herauszufordernden Gesetz der Gemeinschaft.

Für Hegel stellt sich das Problem anders. Da für ihn der Partikularismus jeder Stufe auf einer höheren Ebene *aufgehoben*[8] ist, kann das Problem der Unvereinbarkeit zwischen partikularem Inhalt und universaler Funktion nicht wirklich aufkommen. Doch das Problem des leeren Ortes taucht im Verhältnis zu dem Moment auf, in dem die Gemeinschaft sich selbst als Totalität *bezeichnen* muß – das ist der Moment ihrer *Individualität.* Diese Signifikation wird, wie wir wissen, durch den konstitutionellen Monarchen erzielt, dessen physischer Körper eine rationale Totalität repräsentiert, die sich absolut von diesem Körper unterscheidet. (Die Repräsentation bei Hegel von etwas, das keinen eigenen Inhalt hat, durch etwas anderes, das sein exaktes Gegenteil ist, wurde oft von Slavoj Žižek betont, der eine Reihe weiterer Beispiele hinzufügte, wie etwa die Annahme aus der *Phänomenologie des Geistes,* der »Geist ist ein Knochen«). Aber dieses Verhältnis, in dem ein physischer Inhalt in seiner puren Entfremdung von jeglichem spirituellen Inhalt diesen repräsentieren kann, hängt vollständig davon ab, ob die Gemeinschaft durch sukzessive Aufhebungen ihrer partiellen Inhalte die höchste Rationalitätsform, die in ihrer Sphäre erreichbar ist, erzielt hat. Denn zu solch einer völlig rationalen Gemeinschaft kann kein *Inhalt* mehr hinzugefügt werden, und es bleibt nur – als Bedingung ihrer Vollständigkeit – *die Signifikation des Erreichens dieser funktionalen Rationalität*. Aus diesem Grund kann der rationale Monarch kein Wahlmonarch sein: er muß ein Erbmonarch sein. Würde er gewählt, müßten *Gründe* für seine Wahl gegeben werden, und dieser Argumentationsprozeß würde bedeuten, daß die Rationalität der Gesellschaft nicht unabhängig vom Monarchen erreicht worden wäre und letzterer eine größere Rolle ausfüllen müßte als eine bloß zeremonielle Repräsentationsfunktion.

Zuletzt Gramsci. Die hegemoniale Klasse kann nur zu einer solchen werden, indem sie einen partikularen Inhalt mit einer Universalität verknüpft, die sie transzendiert. Wenn wir sagen, wie Gramsci es tat, daß die Aufgabe der italienischen Arbeiterklasse in der Erfüllung der Aufgaben nationaler Einigung besteht, die sich die Italiener seit den Zeiten Machiavellis gestellt haben, also in der Vervollständigung des historischen Projekts des *Risorgimento*, dann gibt es eine doppelte Bezugsordnung. Auf der einen Seite ein konkretes politisches Programm – das der Arbeiter – als unterschieden von jenen anderer politischer Kräfte; aber auf der anderen Seite wird dieses Programm – das heißt, das Set von Forderungen und politischen Vorschlägen – als historisches Vehikel einer Aufgabe präsentiert, die es überschreitet: die Einheit der italienischen Nation. Wenn nun diese »Einheit der italienischen Nation« ein konkreter Inhalt wäre, spezifizierbar in einem bestimmten Kontext, dann könnte er sich nicht über eine Periode von Jahrhunderten ausdehnen und verschiedene historische Kräfte ins Leben rufen. Wenn dies *dennoch* geschehen kann, dann deshalb, weil »Einheit der italienischen Nation« nur der Name oder das Symbol eines Mangels ist. Genau weil es ein *konstitutiver* Mangel ist, gibt es keinen Inhalt, der *a priori* dazu bestimmt wäre, ihn zu füllen. So ist er gegenüber den diversesten Artikulationen offen. Aber das bedeutet, daß die »richtige« Artikulation, welche die Verknüpfung zwischen universaler Aufgabe und konkreten historischen Kräften ein für allemal fixieren würde, nie gefunden werden wird – und daß alle partiellen Siege immer vor dem Hintergrund einer ultimativen und unüberwindbaren Unmöglichkeit stattfinden werden.

Aus dieser Perspektive betrachtet, kann das gramscianische Projekt als doppelte Verschiebung *vis-à-vis* Hegel und Hobbes verstanden werden. In einer Hinsicht ist es stärker hobbesianisch als hegelianisch, denn insofern Gesellschaft und Staat weniger selbst-strukturiert sind als bei Hegel, nehmen sie eine Dimension politischer Konstitution an, in der die Repräsentation der Einheit der Gemeinschaft nicht von ihrer Konstruktion getrennt ist. Es gibt einen Rest von Partikularität, der nicht von der Repräsentation dieser Einheit eliminiert werden kann (Einheit = Individualität im Hegelschen Sinn). Die Gegenwart dieses Rests macht eine hegemoniale Relation aus. Die hegemoniale Klasse steht irgendwo zwischen dem Hegelschen Monarchen und dem Leviathan. Aber es kann mit gleichem Recht gesagt werden, daß Gramsci stärker hegelianisch ist als hobbesianisch, insofern das politische Moment in seiner Analyse ein Bild sozialer Krise voraussetzt, das viel weniger radikal ist als jenes von Hobbes. Gramscis »organische Krisen« reichen – im Sinn ihres Grades sozialer Strukturierung – lange nicht an Hobbes Naturzustand heran. In gewisser Hinsicht kann die Abfolge hegemonialer Regime als eine Serie »partieller Verträge« gesehen werden – partiell, weil die Menschen, da Gesellschaft strukturierter ist als bei Hobbes, nur unter mehr Auflagen dem politischen Vertrag beitreten können. Partiell aber auch, weil sie aus dem gleichen Grund mehr Veranlassung haben, den Souverän zu ersetzen.

Diese letzten Punkte erlauben es uns, zu unserer früheren Diskussion bezüglich heutiger partikularistischer Kämpfe zurückzukehren und sie der politisch-philosophischen Tradition einzuschreiben. So wie wir Gramscis Problematik durch die Verschiebungen präsentiert haben, die er gegenüber den beiden Zugängen einführt, die wir durch Hobbes und Hegel symbolisiert haben, könnten wir die politischen Alternativen, die multikulturellen Kämpfen offen stehen, durch ähnliche Verschiebungen *vis-à-vis* Gramscis Zugang darstellen. Die erste und offensichtlichste Verschiebung besteht darin, eine Gesellschaft zu konzipieren, die partikularistischer und fragmentierter und dem Eintritt in vereinheitlichte hegemoniale Artikulationen weniger zugänglich ist als jene Gramscis. Die zweite ist, daß die Orte, von denen aus die Artikulation stattfindet – für Gramsci waren das Orte wie die Partei oder der Staat (in einem erweiterten Sinn) –, ebenfalls pluraler sein und weniger wahrscheinlich eine Kette totalisierender Effekte generieren werden. Der Rest an Partikularismus, der jeder hegemonialen Zentralität inhärent ist, wird größer aber auch pluraler. Das hat nun gemischte Effekte aus Sicht demokratischer Politik. Stellen wir uns ein jakobinisches Szenario vor. Es gibt nur einen öffentliche Raum, auch nur einen Ort der Macht, der aber leer ist, und eine Vielzahl politischer Kräfte können letzteren einnehmen. In gewisser Hinsicht können wir sagen, daß dies eine ideale Situation für die Demokratie ist, denn der Ort der Macht ist leer. Damit können wir den demokratischen Prozeß als eine partielle Artikulation der leeren Universalität der Gemeinschaft und des Partikularismus der politischen Kräfte konzipieren, die sie vorübergehend inkarnieren. Das ist wahr, doch genau weil der universale Ort leer ist, kann er von jeder Kraft eingenommen werden – und nicht notwendigerweise von demokratischen. Wie man sehr gut weiß, ist das eine der Wurzeln des gegenwärtigen Totalitarismus (Lefort).

Wenn andererseits der Ort der Macht nicht einzigartig ist, wird der Rest, wie wir gesagt haben, schwerer wiegen, und die Möglichkeit der Konstruktion eines gemeinsamen öffentlichen Raums durch eine Serie äquivalentieller Effekte, die quer durch Communities schneiden, wird deutlich geringer sein. Das zeitigt zwiespältige Resultate. Einerseits sind Gemeinschaften geschützter, insofern ein jakobinischer Totalitarismus weniger wahrscheinlich ist. Doch andererseits fördert dies, aus Gründen, die bereits herausgestrichen wurden, die Beibehaltung des *status quo*. Wir können uns unschwer ein modifiziertes hobbesianisches Szenario vorstellen, in dem das Gesetz Gemeinschaften – nicht länger Individuen – in ihrer Privatsphäre respektiert, während die wichtigsten Entscheidungen über die Zukunft der Gemeinschaft als ganzer dem Neo-Leviathan überantwortet bleiben – zum Beispiel einer quasi-omnipotenten Technokratie. Um zu verstehen, daß dies keineswegs ein unrealistisches Szenario ist, müssen wir nur an Samuel Huntington denken und allgemeiner an heutige korporatistische Ansätze.

Die andere Alternative ist komplexer, aber sie ist die einzige, denke ich, die mit einer wirklich demokratischen Politik vereinbar ist. Sie akzeptiert ganz und gar die plurale und fragmentierte Natur heutiger Gesellschaften. Doch statt in diesem partikularistischen Moment zu verharren, sucht sie diese Pluralität äquivalentiellen Logiken einzuschreiben, die die Konstruktion neuer öffentlicher Räume ermöglichen. Differenz und Partikularismen sind die notwendigen Ausgangspunkte, aber aus ihnen heraus ist es möglich, den Weg für eine relative Universalisierung von Werten zu öffnen, welche die Basis für eine populare Hegemonie bilden können. Diese Universalisierung und ihr offener Charakter verurteilt mit Sicherheit jede Identität zu einer unvermeidbaren Hybridisierung, doch Hybridisierung führt nicht notwendigerweise zum Niedergang aufgrund von Identitätsverlust: Sie kann auch zur Ermächtigung neuer Identitäten durch die Eröffnung neuer Möglichkeiten führen. Nur eine konservative Identität, die in sich geschlossen ist, könnte Hybridisierung als Verlust erfahren. Aber eine demokratisch-hegemoniale Möglichkeit muß das konstitutiv kontextualisierte/dekontextualisierte Terrain ihrer Konstitution anerkennen und die politischen Möglichkeiten voll ausnützen, die diese Unentscheidbarkeit eröffnet.

All dies läuft letztlich darauf hinaus, daß das Partikulare sich nur vollständig realisiert, wenn es sich konstant offen hält und konstant sein Verhältnis zum Universellen redefiniert.

In der Mitte von *Marx' Gespenster* verknüpft Derrida das Konzept der Produktion mit jenem des Traumas und spricht von der »gespenstig-spektrale[n] Spiritualisierung, die in jeder *techne* am Werk ist« (157).[9] Er knüpft diese Annahme unmittelbar an Freuds Bemerkungen bezüglich der drei Traumata, die dem Narzißmus des dezentrierten Menschen beigebracht wurden: das psychologische Trauma, das sich aus der psychoanalytischen Entdeckung des Unbewußten ableitet, das biologische Trauma, das aus Darwins Entdeckung der menschlichen Abstammung resultiert, und das kosmologische Trauma, das von der kopernikanischen Revolution herkommt. Derrida fügt die dezentrierenden Effekte des Marxismus hinzu, der ihm zufolge die anderen drei akkumuliert und zusammenfügt:

> »Das Jahrhundert des ›Marxismus‹ wird das Jahrhundert einer wissenschaftlich-technischen und effektiven Dezentrierung der Erde gewesen sein, und nicht nur der Erde, sondern auch des Geo-Politischen, des *anthropos* in seiner onto-theologischen Identität oder in seinen genetischen Eigenschaften, des *ego cogito* – und des Begriffs des Narzißmus selbst, dessen Aporien das ausdrückliche Thema der Dekonstruktion sind (...).« (158-9)

So schreibt sich Dekonstruktion einer säkularen Bewegung der Dezentrierung ein, zu der Marx selbst gehört. An verschiedenen Punkten in *Marx' Gespenster* insistiert Derrida in der Tat, daß Dekonstruktion entweder unvorstellbar oder irrelevant wäre, wäre sie nicht mit dem Geist der Tradition eines bestimmten Marxismus verbunden. Und doch ist Dekonstruktion nicht *nur* Marxismus. Sie ist eine bestimmte Operation, die im Korpus des Marxismus ausgeführt wird, die Auffindung eines Gebiets der Unentscheidbarkeit in Marx' Texten, das in Derridas Begriff von der Opposition zwischen *Geist* und *Gespenst*, zwischen *Ontologie* und *Hantologie* umschrieben wird. Die Ausführung dieser dekonstruktiven Operation – der die letzten beiden Kapitel des Buches gewidmet sind – ist weit von einer rein akademischen Übung entfernt: Die eigentliche

Möglichkeit von Gerechtigkeit – aber auch von Politik – steht auf dem Spiel. Ohne die konstitutive Dislokation, die alle Hantologie bewohnt – und die Ontologie zu verbergen versucht –, existierte keine Politik, nur eine programmierte, prädeterminierte Reduktion des anderen auf das selbe:

> »Leichtfüßig geht man vom Ungefügten, aus den Fugen Geratenen (*désajuste*) zum Ungerechten (*injuste*) über. Das ist unser Problem: Wie ist der Übergang vom *désajustement* (einem eher technisch-ontologischen Wert, der eine Vorhandenheit betrifft) zu einer *injustice* zu rechtfertigen (*á justifier*), die nicht mehr ontologisch wäre? Und wenn das *désajustement* im Gegenteil die Bedingung der Gerechtigkeit (*justice*) wäre? Und wenn dieses doppelte Register sein Geheimnis *justament* in dem verdichtete, was Hamlets Worten: ›*The time is out of joint*‹ ihre unerhörte Kraft gibt?« (41)

Eine doppelte Logik in Marx' Werk zu finden, in den Marxschen Texten eine doppelte Geste zu entdecken, die von der Theorie ermöglicht wird, zugleich aber nicht in einer glaubwürdigen Synthese kontrolliert werden kann, all das erscheint ziemlich bekannt. Seit Ende des neunzehnten Jahrhunderts war diese Dualität, die Marx' Werk tief eingeschrieben ist, Objekt zahlloser Analysen. Die Dualität von oder Opposition zwischen ökonomischem Determinismus und ethischer Orientierung des Sozialismus, zwischen Ökonomismus und dem Primat der Politik, sogar zwischen »wissenschaftlichen« und »ideologischen« Komponenten der Theorie waren nicht nur wiederkehrende Themen in marxistischen Diskussionen, sondern die eigentlichen Probleme, die eine Geschichte des Marxismus ermöglichten. Und doch glich keine dieser scheinbaren Reformulierungen der Terme eines breit wahrgenommenen Dualismus den anderen. Wir haben es nicht mit einer rein nominalistischen Operation der Umbenennung zu tun: die Verschiebung, die diese Reformulierungen auslösen, die Logiken des Sozialen, die sie implizieren, und vor allem die politischen Strategien, die sie ermöglichen, unterscheiden sich radikal.

Derrida verortet die Genealogie seiner Intervention nicht in den marxistischen Texten. Das ist bedauerlich, unter anderem weil die Spezifik, Originalität und das Potential seiner Intervention nicht ausreichend ans Licht kommen. Im folgenden werde ich versuchen, einige dieser spezifischen Merkmale – wie auch deren Originalität gegenüber anderen vergleichbaren Versuchen – herauszuarbeiten. Zu diesem Zweck werde ich mich auf das beziehen, was, wie ich denke, die beiden zentralen Punkte in Derridas Buch sind: die Logik des Gespensts (die Hantologie) und die Kategorie des Messianismus.

DIE LOGIK DES GESPENSTS

> »Oder vielmehr ist das Gespenst (...) eine paradoxe Verleiblichung, das Leib-Werden, eine bestimmte leibliche Erscheinungsform des Geistes. Es wird vielmehr zu einem ›etwas‹, das schwer zu benennen bleibt: weder Seele noch Leib, und doch beides zugleich. Denn der Leib und die Phänomenalität sind das, was dem Geist seine gespenstische Erscheinung verleiht, doch sogleich in der Erscheinung verschwindet, im Kommen selbst des Wiedergängers oder der Wiederkehr des Gespenstes. Es gibt Entschwundenes (*disparu*) in der Erscheinung (*apparition*).«

Anachronismus ist für Spektralität essentiell: das Gespenst, das alle Spekularität unterbricht, desynchronisiert Zeit. Die eigentliche Essenz der Spektralität ist in der Unentscheidbarkeit zwischen Fleisch und Geist zu finden: Es ist nicht einfach Körper – denn in diesem Fall gäbe es gar keine Spektralität –, noch ist es reiner Geist – denn die Passage durch das Fleisch ist zentral:

> »Damit es Spuk gebe, bedarf es einer Rückkehr zum Leib, aber zu einem abstrakteren Leib denn je. Der spektrogene Prozeß antwortet also auf eine paradoxe Verleiblichung. Wenn die Idee oder der Gedanke einmal von ihrem Substrat abgelöst sind, zeugt man Gespenster, indem man ihnen *einen Leib gibt.*« (200)

Von diesem Punkt an macht Derrida eine klassisch dekonstruktive Bewegung: Da das Gespenst zwischen den beiden Extremen von Körper und Geist unentscheidbar bleibt, werden diese Extreme selbst von dieser Unentscheidbarkeit kontaminiert. Nachdem er in Marx' Warenanalyse gezeigt hat, wie die Konstitution des Tauschwerts von einer spektralen Logik abhängt, schließt Derrida, daß diese Logik im Gebrauchswert ebenfalls nicht abwesend ist:

> »Besagter Gebrauchswert besagten ordinären sinnlichen Dings, die schlichte *hyle*, das Holz des hölzernen Tisches, von dem Marx annimmt, daß er noch nicht zu ›tanzen‹ begonnen hat – seine Form selbst, die sein *hyle* formt, muß ihn zumindest der Iterabilität, der Substitution, dem Tausch und dem Wert versprochen und, wie gering auch immer, eine Idealisierung angerissen haben, die es erlaubt, ihn durch mögliche Wiederholungen hindurch als denselben zu identifizieren usw. So wenig, wie es einen reinen Gebrauch gibt, gibt es einen *Gebrauchswert*, den die Möglichkeit des Tauschs und des Handels (wie auch immer man sie nennen will, den Sinn selbst, den Wert, die Kultur, den Geist [!], die Bedeutung, die Welt, das Verhältnis zum anderen und zuvor schon die schlichte Form und die Spur des anderen) nicht im voraus schon in ein *Außer Gebrauch* eingeschrieben hat – eine überbordende Bedeutung, die sich nicht auf das Nutzlose reduzieren läßt.« (251-2)

Und wenn der Geist etwas ist, dessen Unsichtbarkeit seine eigene Sichtbarkeit produzieren muß, wenn die eigentliche Konstitution des Geistes die Sichtbarkeit des Unsichtbaren erfordert, dann wird nichts schwieriger, als eine strikte Trennung zwischen Geist und Gespenst aufrechtzuerhalten. Sobald dieser Punkt einmal erreicht ist, sind die Schlußfolgerungen schnell gezogen. Wir finden bei Marx eine Hantologie, ein Argument bezüglich Spektralität im eigentlichen Herzen der Konstitution des sozialen Bandes. Sobald Zeit »aus den Fugen« ist, sobald Dislokation die Identität jeder Gegenwart mit sich selbst korrumpiert, stehen wir vor einem konstitutiven Anachronismus, der an der Wurzel jeder Identität liegt. Jedes »Leben« entsteht aus einer grundlegenderen Tod/Leben-Dichotomie –nicht »Leben« als unkontaminierte Gegenwart, sondern *survie* ist die Bedingung jeder Gegenwart. Marx versuchte allerdings die Kritik der Hantologie aus der Perspektive einer Ontologie. Wenn das Gespenst die Wurzel des sozialen Bandes in der bürgerlichen Gesellschaft bewohnt, wird deren Transzendenz, die Ankunft einer Zeit, die nicht länger »aus den Fugen« ist, die Realisierung einer Gesellschaft, die mit sich vollständig versöhnt ist, den Weg zu einem »Ende der Ideologie«

eröffnen – das heißt, zu einer rein »ontologischen« Gesellschaft, die nach der Vollendung des proletarischen Millenniums auf Hantologie als ihre Vergangenheit zurückblicken wird. Und da Hantologie Politik inhärent ist, wird die Transzendenz der Spaltung zwischen Sein und Erscheinen das Ende von Politik bedeuten. (Wir könnten das Argument tatsächlich in Saint-Simonsche Begriffe fassen: Der Übergang von der Herrschaft der Menschen zur Administration der Dinge.) Wenn »Ontologie« – völlige Versöhnung – aber, wie die dekonstruktive Lektüre zeigt, unerreichbar, Zeit konstitutiv »aus den Fugen« und das Gespenst die Bedingung der Möglichkeit jeder Gegenwart ist, dann wird Politik ebenfalls konstitutiv für das soziale Band. Wir könnten vom Gespenst sagen, was Groucho Marx über Sex sagte: Es wird uns eine Weile erhalten bleiben. Die Kontamination der Gegenwart durch das Gespenst kann aus zwei Perspektiven betrachtet werden, die in einem doppelten Genitiv enthalten sind. Es gibt erstens Marx' Gespenster, insofern Marx selbst – eine Abkürzung für Kommunismus – uns heute als Horizont heimsucht, welcher die Möglichkeit seines finalen Exorzismus durch die scheinbar triumphierenden kapitalistischen »Demokratien« entgegensteht (hier ist die wesentliche Referenz Fukuyama). Aber da sind auch Marx' Gespenster, die Marx selbst heimsuchten und ihn davon abhielten, eine nicht-heimgesuchte Ontologie zu entwickeln. Der Grund, den wir damit erreichen – der einer Gegenwart, die nie mit sich selbst identisch ist –, ist das eigentliche Terrain dieser phantasmatischen, anessentiellen Praxis, die wir Politik nennen.

Was läßt sich über diese derridianische Sequenz sagen? Eine – sowohl zeitlich wie logisch – erste Bemerkung wäre, daß ich nichts gegen sie einzuwenden habe. Die dekonstruktive Operation ist einwandfrei, die von ihr eröffneten Horizonte sind weitreichend, und die Intertextualität, in der sie stattfindet, ist hochgradig erhellend. Dennoch gibt es, wie in jeder Dekonstruktion, die diesen Namen verdient, eine Vielzahl von Richtungen, in die man voranschreiten kann, und ich möchte einen Moment innehalten, um diese Pluralität zu betrachten. Meine eigenen Arbeiten haben der Dekonstruktion marxistischer Texte breiten Raum eingeräumt, und ich könnte *prima facie* das, was ich die Logik der Hegemonie genannt habe – die stillschweigend marxistische Kategorien dekonstruiert -, mit der Logik des Gespensts verbinden, wie sie Derrida beschrieben hat. Andere haben in letzter Zeit ebenfalls »Dekonstruktion« mit »Hegemonie« verknüpft. Simon Critchley zum Beispiel:

> »Gegen die störende Tendenz, innerhalb Marx' Ontologie das Politische dem Sozio-Ökonomischen unterzuordnen, was in den Ökonomismus der Zweiten Internationale überführt wurde, kann Derridas Argument für eine Logik der Spektralität im Marxismus angebunden werden an die Forderung nach der Irreduzierbarkeit des Politischen, verstanden als jener Moment, in dem die sedimentierten Bedeutungen des Sozio-Ökonomischen herausgefordert werden. Ernesto Laclaus Radikalisierung Gramscis folgend ließe sich die Logik der Spektralität mit der Logik der Hegemonie verbinden; d. h., wenn man – wie man muß – die kommunistische eschatologische ›A-Theodizee‹ der unweigerlich in Revolution kulminierenden ökonomischen Widersprüche zurückweist, dann ist Politik und politisch-kulturell-ideologische Hegemonisierung für die Möglichkeit radikaler Veränderung unerläßlich.«[10]

Ich zögere allerdings, solch eine scheinbar offensichtliche Annäherung voll zu unterstützen. Obwohl es keine Inkompatibilität zwischen Hegemonie und der Spektrallogik aus Sicht der letzteren gibt, setzt die Logik der Hegemonie zwei über Spektralität hinausführende Schritte voraus, von denen ich mir nicht sicher bin, ob Derrida sie mitvollziehen würde:

1. Spektralität setzt, wie wir gesehen haben, ein unentscheidbares Verhältnis zwischen Geist und Fleisch voraus, das seinerseits diese beiden Pole kontaminiert. Sie setzt in diesem Sinne eine geschwächte Form von Inkarnation voraus. Geschwächt, da eine vollständige Inkarnation – eine Inkarnation im christlichen Sinn – das Fleisch in ein rein transparentes Medium verwandelt, durch das wir eine *gänzlich* spirituelle Realität ohne Verbindung zu ihrem inkarnierenden Körper sehen können. Die Vermittlung Gottes errichtet insofern diese Verknüpfung zwischen Geist und Fleisch, als Er sich in unendlicher Distanz von beiden befindet. So transformiert der Man-

gel an natürlicher Verbindung zwischen beiden Polen das Fleisch in das Medium, durch das sich der Geist zeigt. Zugleich aber ist es dieser Mangel an Verbindung, der die Kontamination des einen durch den anderen verhindert. Ohne Zweifel kann diese christlicher Polarität ihrerseits dekonstruiert werden, aber der Punkt ist, daß diese Dekonstruktion nicht über den Zusammenbruch der Grenze zwischen Geist und Gespenst stattfinden wird. Denn im Gespenst ist das Verhältnis zwischen Geist und Fleisch viel enger: Es gibt keine göttliche Vermittlung, die die essentielle Heterogenität der beiden Pole sanktionieren und überwinden würde. Eine hegemoniale Relation ist nun eine, in der ein bestimmter Körper sich als Inkarnation eines bestimmten Geistes präsentiert. Die hegemoniale Relation ist mit Sicherheit spektral: Ein bestimmter Körper will seine partikularen Merkmale als Ausdruck von etwas präsentieren, das seine eigene Partikularität übersteigt. Der Körper ist ein unentscheidbarer Punkt, an dem Universalität und Partikularität verwechselt werden, aber die Tatsache, daß andere Körper um diese Inkarnation streiten, daß sie alternative Formen der Materialisierung desselben »Geistes« sind, legt eine Art von Autonomisierung des letzteren nahe, die nicht allein aus der puren Logik der Spektralität erklärt werden kann.

2. Woraus besteht diese Autonomisierung? Das ist unser zweiter Schritt. Erinnern wir uns, daß kein Schritt, der aus der Logik der Spektralität heraus gemacht wird, in Widerspruch zu letzterer stehen kann, sondern jeder Schritt sie im Gegenteil voraussetzen muß. Wenn die Autonomisierung des »Geistes« in der Spektralität stattfinden soll, kann Autonomie nicht die Identifikation mit sich selbst bedeuten, nicht Selbst-Repräsentation, denn das würde genau eine rigide Grenze zwischen »Geist« und »Gespenst« wiederherstellen. Aber Autonomie hat keine volle Identität zur Voraussetzung: Sie kann aus einer konstitutiven Unmöglichkeit entstehen, einer absoluten Grenze, deren Repräsentationsformen notwendig inadäquat sein werden. Gehen wir von einer Situation generalisierter sozialer Unordnung aus: in solch einer Situation wird »Ordnung« zum Namen einer abwesenden Fülle, und wenn diese Fülle

konstitutiv unerreichbar ist, kann sie keinen eigenen Inhalt haben, keine Form der Selbst-Repräsentation. »Ordnung« wird damit autonom gegenüber jeder partikularen Ordnung, insofern sie der Name einer abwesenden Fülle ist, die keine konkrete soziale Ordnung erzielen kann (dasselbe kann von ähnlichen Begriffen wie »Revolution«; »Volkseinheit« etc. gesagt werden). Diese Fülle ist jedoch als das gegenwärtig, was abwesend ist, und muß folglich auf irgendeine Weise repräsentiert werden. Ihre Repräsentationsmittel werden nun konstitutiv inadäquat sein, denn sie können nur partikulare Inhalte sein, die unter bestimmten Umständen die Funktion der Repräsentation der unmöglichen Universalität der Gemeinschaft übernehmen. Genau dieses Verhältnis, in dem ein bestimmter partikularer Inhalt seine eigene Partikularität überflutet und zur Inkarnation der abwesenden Fülle der Gesellschaft wird, nenne ich eine hegemoniale Relation. Wie wir sehen können, setzt sie die Logik des Gespenstes voraus: Die Fülle des »Geistes« kann, da er keinen eigenen Inhalt besitzt, nur durch seine parasitäre Anbindung an irgendeinen partikularen Körper erreicht werden; aber dieser Körper wird von seiner eigenen Partikularität subvertiert und deformiert, insofern er zur Verkörperung der Fülle wird. Das bedeutet *inter alia*, daß die anachronistische Sprache von Revolutionen, auf die sich Marx bezieht und die Derrida analysiert, unvermeidlich ist: Die alte Revolution ist in der neuen gegenwärtig, nicht in ihrer Partikularität, sondern in ihrer universalen Funktion als *eine* Revolution, als die Inkarnation des revolutionären Prinzips an sich. Und die Marxische Hoffnung auf eine revolutionäre Sprache, die nur die Gegenwart ausdrückt, in der der »Inhalt« die »Phraseologie« überwindet, richtet sich auf eine reine Unmöglichkeit. Wenn die Fülle der Revolution – wie jede Fülle – unerreichbar ist, wird immer eine Trennung zwischen dem revolutionären Inhalt und der Fülle einer reinen revolutionären Gründung bestehen, und diese Trennung wird *sine die* die Logik der Spektralität und die Spaltung zwischen »Phraseologie« und »Inhalt« wiederholen.

Bislang haben wir den Versuch gemacht, den Typus des Schrittes aufzuzeigen, den ich über die Logik der Spektralität hinaus machen würde. Aber wie ich sagte, ist das nicht der einzige Schritt, der sich machen läßt. Die Schritte, die aus der Logik der Spektralität zu einer hegemonialen Logik führen, werden von der ersten Logik sicherlich ermöglicht, aber sie sind keine notwendigen Nebenfolgen, die aus ihr abgeleitet sind.

Aber welche politischen Konsequenzen zieht Derrida selbst aus seiner Dekonstruktion der Texte Marxens? Obwohl diese Konsequenzen in seinem Buch nicht vollständig entwickelt sind, können wir eine gewisse Ahnung von der Richtung, die Derrida einschlägt, bekommen, wenn wir zu unserem zweiten Thema schreiten: der Frage des Messianischen.

DIE FRAGE DES MESSIANISCHEN

Zitieren wir nochmals Derrida. Nachdem er angedeutet hat, daß Marxismus und Religion dieselbe formale Struktur einer messianischen Eschatologie aufweisen, schreibt er:

> »Wenn sie ihnen gemeinsam ist – abgesehen von den Unterschieden des Inhalts [aber keine von ihnen kann natürlich diese *epoche* des Inhalts akzeptieren, die wir hier indes für einen Wesenszug des Messianischen im allgemeinen halten, für einen Wesenszug des Messianischen als dem Denken des anderen und des kommenden Ereignisses] -, dann ist es auch so, daß ihre formale Struktur der Verheißung sie übersteigt oder ihnen vorausliegt. Und was ebenso irreduzibel auf jede Dekonstruktion, ebenso undekonstruierbar bleibt wie die Möglichkeit der Dekonstruktion selbst, das ist vielleicht eine bestimmte Erfahrung der emanzipatorischen Verheißung; das ist vielleicht sogar die Formalität eines strukturellen Messianismus, eines Messianismus sogar, einer Idee der Gerechtigkeit – die wir immer noch vom Recht und selbst von den Menschenrechten unterscheiden – und einer Idee der Demokratie – die wir von ihrem aktuellen Begriff und ihren Prädikaten, wie sie heute bestimmt werden, unterscheiden.« (100-1)

Hier faßt Derrida Themen zusammen, die er in Gänze in »Gesetzeskraft« entwickelte.[11] Diese Themen und Konzepte erfordern allerdings, daß sie wieder in die verschiedenen diskursiven Kontexte eingeführt werden, in denen sie ursprünglich formuliert wurden. Erstens, weil diese Kontexte untereinander bemerkenswert divergieren, und zweitens, weil die hohe Metaphorizität mancher der eingesetzten Kategorien – wie des Messianischen – zu einer ungerechtfertigten Assoziation dieser Kategorien mit den konkreten historischen Phänomenen führen kann, auf die sie üblicherweise angewendet werden. Auf dem begrenzten Raum, der mir hier zu Verfügung steht, kann ich dieser Aufgabe nicht in angemessener Weise nachkommen, aber bringen wir zumindest ein paar Spezifikationen an. Unter dem »Messianischen« sollten wir nichts verstehen, was *direkt* mit wirklichen messianischen Bewegungen – der Gegenwart oder der Vergangenheit – verbunden wäre, sondern vielmehr etwas, das zur allgemeinen Struktur von Erfahrung gehört. Es ist an die Idee der »Verheißung« geknüpft. Das bedeutet nicht diese oder jene partikulare Versprechung, sondern das in einer originären Öffnung hin auf den anderen, auf das Unvorhersehbare, auf das reine *Ereignis*, das durch keinen aprioristischen Diskurs gemeistert werden kann, implizite Versprechen. Solch ein Ereignis ist eine Unterbrechung des normalen Gangs der Dinge, eine radikale Dislokation. Das führt zum Bereich der »Gerechtigkeit«, der mit einer absoluten Singularität verknüpft ist, die nicht von der Allgemeinheit des Gesetzes absorbiert werden kann. Der Graben zwischen Recht und Gerechtigkeit kann nicht geschlossen werden. Die Existenz dieses Grabens ist es, die Dekonstruktion ermöglicht. Dekonstruktion und Gerechtigkeit – oder besser: Dekonstruktion als Gerechtigkeit – kann nicht dekonstruiert werden. Die Dekonstruktion des Gesetzes – und darum dreht sich Politik letztendlich – ist aufgrund dieser Struktur der Erfahrung möglich, in der das Messianische, die Verheißung und Gerechtigkeit sich wechselseitig implizierende Kategorien sind.

Auf Basis dieser Prämissen elaboriert Derrida sein Konzept einer »kommenden Demokratie« (*democratie à venir*). Dieses ›*à venir*‹ involviert keinerlei teleologische Annahmen – nicht einmal die begrenzten einer regulativen Idee –, sondern einfach die fortgesetzte Verpflichtung, das Verhältnis zum anderen offen zu lassen. Eine Öffnung, die immer *im Kommen* ist, denn der andere, dem gegenüber man sich öffnet, ist nie in irgendeiner aprioristischen Kalkulation gegeben. Um zusammenzufassen: Der Messianismus, von dem wir sprechen, ist einer ohne Eschatologie, ohne ein vorgegebenes heiliges Land, ohne bestimmten Inhalt. Es ist einfach die Struktur des Versprechens, das jeder Erfahrung inhärent ist, und dessen mangelnder Inhalt – ein Resultat der radikalen Öffnung gegenüber dem Ereignis, dem anderen – eigentliche Bedingung von Gerechtigkeit ist und Bedeutung nur der kommenden Demokratie verleiht. Singularität als Terrain der Gerechtigkeit involviert die radikale Unentscheidbarkeit, die Entscheidung möglich macht:

> »Es handelt sich also darum, eine andere Geschichtlichkeit zu denken [...] eine andere Eröffnung der Ereignishaftigkeit als Geschichtlichkeit, die es erlaubte, nicht darauf zu verzichten, sondern im Gegenteil den Zugang zu einem affirmativen Denken des messianischen und emanzipatorischen Versprechens als Versprechen zu eröffnen: als *Versprechen* und nicht als onto-theologisches oder teleo-eschatologisches Programm oder Vorhaben. [...] Aber an einem gewissen Punkt schulden das Versprechen und die Entscheidung, das heißt die Verantwortlichkeit, ihre Möglichkeit der Prüfung der Unentscheidbarkeit, die immer ihre Bedingung bleiben wird.« (124)

Was können wir über die verschiedenen theoretischen Operationen sagen, die Derrida ausgehend von dieser begrifflichen Konzeption durchführt? Ich denke, wir können hier drei Ebenen unterscheiden. Die erste bezieht sich auf die Dekonstruktion des Konzepts des Messianismus, das wir aus der religiösen aber auch marxistischen Tradition geerbt haben. Diese Dekonstruktion schreitet voran, indem sie den kontingenten Charakter der Artikulationen aufzeigt, die sich in den tatsächlichen historischen Messianismen verdichteten. Wir können die teleologischen und eschatologischen Dimensionen aufgeben, wir können sogar die tatsächlichen Inhalte der historischen Messianismen aufgeben, aber was wir nicht aufgeben können, ist das »Versprechen«, denn es ist der Struktur aller Erfahrung eingeschrieben. Dies ist, wie wir gesehen haben, keine Versprechung von irgendetwas Konkretem; es ist eine Art »Existenzial«, insofern es jede Präsenz davon abhält, sich um sich selbst zu schließen. Wenn wir das an die Relationen

Gesetz/Gerechtigkeit, Unentscheidbarkeit/Entscheidungen anbinden, können wir die allgemeine Bewegung der theoretisch-politischen Intervention Derridas sehen, die darin besteht, die historisch-politischen Formen auf das primäre Terrain ihrer Öffnung gegenüber dem radikal Heterogenen zurückzuverweisen. Dies ist das Terrain der konstitutiven Unentscheidbarkeit, einer Erfahrung des Unmöglichen, die paradoxerweise Verantwortung, Entscheidung, Gesetz und – schließlich – das Messianische selbst in seinen aktualen historischen Formen möglich macht. Ich stimmte dieser Bewegung vollständig zu.

Derridas Argument endet hier allerdings nicht. Aus dieser ersten Bewegung (aus Gründen, die noch deutlich werden, halte ich dieses »aus« absichtlich vage, unentschieden zwischen seiner derivativen und der bloß sequentiellen Bedeutung) kommt es zu einer Art ethisch-politischen Engführung, durch die alle bislang erwähnten Dimensionen im Projekt einer kommenden Demokratie zusammenlaufen, die an den klassischen Begriff der »Emanzipation« geknüpft ist. Derrida bleibt standfest bei seiner Behauptung, er wolle letztere in keiner Weise in Frage stellen. Aber wir müssen die Bedeutung einer solchen Position sehr sorgfältig abwägen, denn der klassische Emanzipationsbegriff ist nichts anderes als ein weiterer Name für den eschatologischen Messianismus, den Derrida zu dekonstruieren versucht.

Verschiedene Aspekte müssen hier auseinandergehalten werden. Wenn Derrida mit der Wiederaufnahme des klassischen Emanzipationsbegriffs auf nichts anderes hinauswill als auf seine spezifische Wiederaufnahme des Messianismus – das heißt, auf die Dekonstruktion der teleo-ontologischen Paraphernalia des letzteren und die Betonung des Moments der »Verheißung« –, dann würde ich ihm sicherlich zustimmen, in diesem Fall aber wird die klassische Idee der Emanzipation (selbst wenn wir aus ihr ein ultimativ nicht dekonstruierbares Moment beibehalten) zutiefst transformiert. Ich halte es für einigermaßen irreführend, diese Operation eine Verteidigung des klassischen Emanzipationsbegriffs zu nennen. Aber der klassische Emanzipationsbegriff ging – zweiter Aspekt – über die formale Struktur der Verheißung hinaus. Er war auch Kristallisationspunkt und Synthese einer Reihe von Inhalten wie etwa der Eliminierung ökonomischer Ausbeutung und aller Formen der Diskriminierung, der Behauptung der Menschenrechte, der Konsolidierung bürgerlicher und politischer Freiheiten, usw. Derrida will dieses Erbe verständlicherweise nicht zurückweisen, und es wäre schwierig, ihm in dessen Verteidigung nicht zu folgen. Die Schwierigkeit ist aber, daß im klassischen Emanzipationsbegriff die Verteidigung und Gründung all dieser Inhalte eng mit der teleologischen Eschatologie verknüpft war, die Derrida dekonstruiert. Wenn er also weiterhin zu den Ergebnissen seiner Dekonstruktion stehen und zugleich diese Inhalte verteidigen will, stehen ihm, da der Grund der letzteren nicht länger eine eschatologische Artikulation sein kann, nur zwei Wege offen: Entweder zu zeigen, daß diese Inhalte aus der »Verheißung« als einer generellen Struktur der Erfahrung abgeleitet werden können, oder zu demonstrieren, daß diese Inhalte in etwas gegründet werden können, das weniger ist als solch eine generelle Struktur – wobei in diesem Fall die »Verheißung« an sich der tatsächlichen Natur dieser Inhalte gegenüber gleichgültig ist.

Es gibt schließlich einen dritten Aspekt, der unterschieden werden muß. Die vorangegangenen Unterscheidungen müssen vor dem Hintergrund des wirklichen Angriffziels von Derridas Diskussion in *Marx' Gespenster* gelesen werden: Dies ist der vorherrschende *common sense* (den er durch seine brillante Kritik an Fukuyama illustriert), demzufolge der Zusammenbruch der kommunistischen Regime zum Eintritt der Menschheit in ihr letztes Stadium geführt haben soll, in dem alle menschlichen Bedürfnisse befriedigt werden und keine messianische Erfüllung der Zeit mehr zu erwarten ist. Derrida reagiert auf diesen neuen dominanten Konsens und seine hegelo-kojève'sche Begründung, indem er auf der empirischen Ebene den Graben zwischen der historischen Realität und dem selbstzufriedenen Selbstbild des Westens aufzeigt und auf der theoretischen Ebene die Ungereimtheiten der Idee eines Endes der Geschichte. Was Derrida damit letztlich sagt, ist, daß isolierte Forderungen, Plagen, Ungerechtigkeiten, etc.

keine empirischen Rückstände eines historischen Stadiums sind, das – in allen essentiellen Gesichtspunkten – überwunden worden wäre, sondern daß sie im Gegenteil Symptome eines fundamentalen toten Punkts gegenwärtiger Gesellschaften sind, der isolierte Forderungen zu irgendeiner Form phantasmatischer Artikulation zwingt, die in neuen Formen politischer Reaggregation resultieren wird. Letztere werden über Derridas kurze Anspielungen auf die historischen Grenzen der »Parteiform« und auf eine sich in Gründung befindliche »Neue Internationale« hinaus nicht spezifiziert. Dennoch ist klar, daß jeder Fortschritt in der Formulierung einer Theorie politischer Reaggregation entscheidend davon abhängt, wie der Übergang von der allgemeinen Struktur der Erfahrung – der Verheißung – zu den Inhalten des klassischen Emanzipationsprojekts konzipiert wird.

Das ist die dritte Ebene, auf der das Argumente von *Marx' Gespenster* bedacht werden kann: Im Sinne des Verknüpfungstypus, den es zwischen der Verheißung als (post-)transzendentalem oder (post-)ideologischem (Nicht-)Grund und den ethischen und politischen Inhalten eines emanzipatorischen Projekts errichtet. Das ist die Ebene, auf der ich die Argumente von *Marx' Gespenster* weniger überzeugend finde. Denn hier kann leicht ein logisch illegitimer Argumentationsschritt vollzogen werden. Ich behaupte nicht notwendigerweise, daß Derrida diesen Schritt vollzieht, aber jedenfalls wird er von vielen Verteidigern der Dekonstruktion vollzogen, und die Ambivalenz von Derridas Texten könnte ihn in gewisser Weise nahelegen. Der illegitime Argumentationsschritt besteht in der Annahme, aus der Unmöglichkeit einer in sich selbst geschlossenen Präsenz, aus einer »ontologischen« Bedingung, in welcher die Offenheit gegenüber dem Ereignis, dem Heterogenen, dem radikal anderen konstitutiv ist, würde sich irgendeine Art ethischer Imperativ notwendig ergeben, sich der Heterogenität des anderen gegenüber offen zu halten und verantwortlich zu erweisen. Dieser Schritt ist aus zwei Gründen illegitim. Zuerst, weil die Verheißung, wenn sie ein für jede Erfahrung konstitutives »Existenzial« ist, es immer schon vor jeder ethischen Engführung präsent ist. (Es ist wie voluntaristische Argument, das von Ortega y Gasset kritisiert wurde: einerseits wird behauptet, das Leben sei konstitutiv unsicher; andererseits wird der Imperativ *Vivere periculosamente* ausgegeben, als hätte man irgendeine Wahl). Aber was wichtiger ist, aus der Tatsache, daß ultimative Schließung und Präsenz unmöglich ist, folgt kein ethischer Imperativ, die Offenheit zu »kultivieren« oder sogar sich einer demokratischen Gesellschaft zu verschreiben. Letzteres kann, denke ich, sicherlich aus einer dekonstruktiven Perspektive verteidigt werden, aber diese Verteidigung kann nicht logisch aus konstitutiver Offenheit abgeleitet werden – etwas muß dem Argument hinzugefügt werden. Genau aufgrund der konstitutiver Offenheit inhärenten Unentscheidbarkeit können ethisch-politische Schritte gesetzt werden, die sich von denen einer Demokratie »im Kommen« unterscheiden oder ihr sogar entgegenstehen. Um ein Beispiel zu geben. Da es ultimative Unentscheidbarkeit gibt und in Folge keine immanente Tendenz der Struktur hin zu Schließung und voller Präsenz, muß Schließung von außen *artifiziell* hergestellt werden. Auf diese Weise könnte man von dekonstruktiven Prämissen ausgehend zu einem Projekt des Totalitarismus kommen. Natürlich wäre das totalitäre Argument genauso ein *non sequitur* wie das Argument für Demokratie: ausgehend von einer Situation struktureller Unentscheidbarkeit ist jede Richtung gleichermaßen möglich. Bislang haben wir unser Argument bezüglich der Nicht-Beziehung zwischen struktureller Unentscheidbarkeit und ethischer Engführung vorgestellt, indem wir bei der »ontologischen« Seite begannen. Wenn wir aber zur »normativen« Seite wechseln, sind die Schlußfolgerungen erstaunlich ähnlich. Gehen wir einmal dem Argument zuliebe davon aus, daß Offenheit der Heterogenität gegenüber eine *ethische* Erfordernis ist. Nimmt man diese Behauptung für bare Münze, wird man sich zu dem Schluß gezwungen sehen, den anderen als *verschieden* akzeptieren zu müssen, *weil* er verschieden ist, was auch immer der Inhalt dieser Heterogenität sein mag. Dies ähnelt weniger einem ethischen Imperativ als ethischem Nihilismus. Und wenn man das Argument reformulieren würde und sagen, Offenheit gegenüber dem anderen müsse nicht notwendigerweise passive Akzeptanz, sondern könne vielmehr aktives Engagement bedeuten, was einschließt, ihn zu kritisieren, zu attackieren oder sogar zu töten, dann beginnt das Argument eigentümlich hohl zu erscheinen: Was sonst tun die Menschen die ganze Zeit, und zwar ohne Bedürfnis nach ethischen Imperativen?

Und doch glaube ich, daß Dekonstruktion wichtige Konsequenzen für sowohl Ethik als auch Politik *besitzt.* Diese Konsequenzen basieren aber auf der Fähigkeit der Dekonstruktion, hinab auf den Grund ihres eigenen Radikalismus zu gehen und sich nicht in all die Probleme einer Levinas'schen Ethik zu verwickeln (deren offenes Ziel, Ethik als *erste* Philosophie zu präsentieren, von Beginn an jeder Dekonstruktion verdächtig erscheinen sollte). Ich sehe die Lage folgendermaßen: Unentscheidbarkeit sollte buchstäblich als jene Bedingung genommen werden, aus der sich keine Handlung mit Notwendigkeit ableitet. Das bedeutet, daß wir sie nicht zur notwendigen Quelle *irgendeiner* konkreten Entscheidung im ethischen oder politischen Raum machen sollten. In einer ersten Bewegung weitet Dekonstruktion Unentscheidbarkeit – also das, was Entscheidung erforderlich macht – auf immer weitere und tiefere Gebiete der sozialen Verhältnisse aus. Aufgabe der Dekonstruktion ist es aus dieser Perspektive, das Moment der Entscheidung, das jedem *sedimentierten* Ensemble sozialer Verhältnisse zugrunde liegt, zu *reaktivieren.* Die politische und ethische Signifikanz dieser ersten Bewegung ist, daß sie – indem sie das Gebiet struktureller Unentscheidbarkeit erweitert – auch das Gebiet der Verantwortung erweitert, d. h. der Entscheidung. (In Derridaschen Begriffen: Die Erfordernisse der Gerechtigkeit werden dem Recht gegenüber zunehmend komplexer und vielschichtiger.)

Aber diese erste Bewegung wird unmittelbar von einer Bewegung entgegengesetzter Natur ausbalanciert, die für Dekonstruktion ebenfalls essentiell ist. Unentscheidbarkeit als endlosen Abgrund zu verstehen, der jeder selbstgenügsamen Präsenz unterliegt, würde immer noch zu viel vom Bild des »Grundes« bewahren. Die Dualität Unentscheidbarkeit/Entscheidung ist etwas, das schlicht zur Logik jedes strukturellen

Arrangements gehört. Ent-Gründung ist in diesem Sinne auch Teil einer Operation der Gründung, außer daß diese Gründung etwas nicht länger auf einen Grund zurückverweist, der als Ableitungsprinzip fungieren würde, sondern vielmehr dieses etwas dem Terrain der Unentscheidbarkeiten einschreibt (Iteration, Re-mark, Differenz, etc.), die seine Entstehung ermöglichen. Um auf unser Problem zurückzukommen, so geht es nicht mehr darum, einen Grund zu finden, von dem aus ein ethischer Imperativ *abgeleitet* werden könnte (noch weniger geht es darum, aus Unentscheidbarkeit selbst einen solchen Grund zu machen). Wir leben als *Bricoleure* in einer pluralen Welt und müssen in einem unvollständigen Regelsystem Entscheidungen treffen (unvollständig bedeutet hier unentscheidbar), und manche dieser Regeln sind ethische. Aufgrund dieser konstitutiven Unvollständigkeit müssen Entscheidungen getroffen werden, aber da wir es mit Unvollständigkeit und nicht mit totaler Enteignung zu tun haben, kommt es nie zum Problem einer *totalen* ethischen Gründung – entweder durch die Offenheit gegenüber der Andersheit des anderen oder durch irgendein ähnliches metaphysisches Prinzip. »Die Zeit ist aus den Fugen«, aber deshalb gibt es nie einen Beginn – oder ein Ende – von Zeit. Demokratie muß nicht – und kann auch nicht – radikal gegründet werden. Wir können uns einer demokratischeren Gesellschaft nur durch eine Pluralität von Demokratisierungsakten nähern. Die Vollendung der Zeit kommt nie – wie Derrida sehr genau weiß. Nicht einmal als regulative Idee.

Das stellt uns allerdings vor ein Problem: Wie sollen wir in diesem Rahmen Emanzipation denken? Welche Art kollektiver Aggregation steht uns offen, nachdem wir uns einmal vom klassischen eschatologischen Modell von Emanzipation verabschiedet haben? Dieses Thema werde ich zum Abschluß diskutieren, und ich werde es anschneiden, indem ich Derridas Intervention innerhalb der Tradition der Marxismuskritik und –reformulierung lokalisiere.

Derrida argumentiert zwingend, daß man nur aus einer Tradition heraus denkt, und er zeigt, daß dieses Denken nur möglich ist, wenn man sein Verhältnis zu dieser Vergangenheit als kritische Rezeption versteht. Nun, die Rezeption des Marxismus seit der Jahrhundertwende drehte sich aus meiner Sicht um die Diskussion zweier zentraler und miteinander verwandter Themen: (1) Wie lassen sich (wenn dies überhaupt möglich ist) die verschiedenen widersprüchlichen Aspekte von Marx' Denken miteinander vereinen – wie in Derridas Version, die das »Ontologische« und das »Phantasmatische« verbindet; (2) wie lassen sich die Reaggregationsformen politischer Willen und sozialer Forderungen denken, nachdem die Arbeiterklasse nicht mehr mit solcher Offensichtlichkeit als emanzipatorischer Akteur identifiziert werden kann. Es ist meine Überzeugung, daß die dekonstruktivistische Intervention eine zentrale Wende für die Verbindung dieser beiden Themen darstellt. Um das zu zeigen, wollen wir die allgemeinen Linien der wesentlichen klassischen Neuformulierungsversuche des Marxismus rekapitulieren:

1. Eine erste Tendenz stellt die Akzentuierung der ontologischen Dimension (in Derridas Sinn) von Marx' Denken dar. Die absolute Versöhnung der Gesellschaft mit sich selbst wird das Ergebnis der Elimination aller Formen gestörter Repräsentation sein. Letztere wird die Konsequenz der proletarischen Revolution sein. Diese Tendenz kann in einer vulgärmaterialistischen Version (zum Beispiel Plechanow) oder in einer scheinbaren »Überbauversion«, die um den Begriff des »falschen Bewußtseins« aufgebaut ist (wie bei Lukács), gefunden werden. Hier gibt es keine Reaggregation kollektiver Willen (der revolutionäre Akteur ist die Arbeiterklasse), und menschliche Emanzipation wird in ihren Inhalten von einer vollentwickelten Eschatologie fixiert.

2. Die verschiedenen Formen des »ethischen« Sozialismus, die bei Bernstein oder manchen Strömungen des Austro-Marxismus gefunden werden können. Das gemeinsame Merkmal all dieser Tendenzen ist die Rückkehr zu einem Kantischen Dualismus. Hier wird die ontologische Dimension schwächer: die

»notwendigen Gesetze der Geschichte« werden unberechenbarer, der Akteur der Emanzipation wird kontingenter und unbestimmter und das *Endziel*[12] verliert viel an seiner eschatologischen Präzision. Dennoch wird die Determinanz, die auf der Ebene einer objektiven Geschichte verloren gegangen ist, auf der Ebene einer ethischen regulativen Idee wiedergefunden. Das Moment der politischen Entscheidung ist genauso abwesend wie in der marxistischen Orthodoxie.

3. Die Sorel-Gramsci-Tradition; hier gewinnt die phantasmatische Dimension endgültig die Oberhand. Die Verankerung sozialer Repräsentationen im ontologischen Kerngestein einer objektiven Geschichte beginnt sich aufzulösen. Die Klasseneinheit ist für Sorel eine mythische Einheit. Für Gramsci wird die Einheit eines kollektiven Willens aus der konstitutiven Rolle einer organischen Ideologie resultieren. Geschichte wird zu einem offenen und kontingenten Prozeß, der keine tiefere, ihm unterliegende Realität mehr wiederspiegelt. Zwei Aspekte sind für uns bedeutsam: (a) Die Verknüpfung zwischen konkreten materiellen Kräften und der Funktion, die sie im klassischen marxistischen Schema ausfüllen, wird lose und unbestimmt. »Kollektiver Wille«, »organische Ideologie«, »hegemoniale Gruppe«, usw. werden zu leeren Formen, die von jedem vorstellbaren politischen und sozialen Inhalt ausgefüllt werden können. Sie sind mit Sicherheit in einer Dialektik der Emanzipation verankert, aber da letztere nicht notwendig an irgendeinen partikularen Inhalt gebunden ist, wird sie zu so etwas wie einem »Existenzial« historischen Lebens und ist nicht länger die Ankündigung eines konkreten Ereignisses. Ist dies nun nicht so etwas wie eine Dekonstruktion des eschatologischen Messianismus: die Autonomisierung der messianischen Verheißung von den Inhalten, an die es in »real existierenden« Messianismen geknüpft ist? (b) Die Unterscheidung zwischen dem Ethischen und dem Politischen verschwimmt. Der Moment des Ethisch-Politischen wird als eine Einheit präsentiert. Dem kann natürlich eine hegelianische Interpretation gegeben werden, aber ich behaupte, daß es in Gramscis Intervention in Wirklichkeit um eine Politisierung der Ethik geht, insofern die Institutionsakte des sozialen Bandes kontin-

gente Akte der Entscheidung sind, die Machtverhältnisse zur Voraussetzung haben. Dies gibt »Hegemonie« als der Logik, die jede politische Intervention regiert, ein »ontologisches« Primat.

Ich habe genug gesagt, um zu verdeutlichen, daß sich Dekonstruktion – für mich – nur dann der marxistischen Tradition einschreiben und als Moment ihrer Wendung/Vertiefung/Überwindung präsentieren kann, wenn sie diese zuletzt angesprochene Tendenz ausweitet und radikalisiert. Meine optimistische Lektüre von *Marx' Gespenster* ist, daß es einen Schritt in Richtung dieser Aufgabe darstellt. Den Stolperstein dabei sehe ich – was zumindest Derrida betrifft – darin, daß die vorhin angesprochene Ambivalenz zwischen Unentscheidbarkeit als einem Terrain der Radikalisierung von Entscheidung und Unentscheidbarkeit als Quelle eines ethischen Imperativs immer noch über Derridas Texten schwebt. Ist diese Ambivalenz jedoch einmal überwunden, kann Dekonstruktion zu einem der mächtigsten Werkzeuge strategischen Denkens werden.

Dieses Neudenken von Politik in dekonstruktiver Weise kann (wenn wir von der marxistischen Tradition ausgehen) drei Arten von Effekten produzieren. Wenn wir zuerst in Begriffen der dritten Tendenz im Marxismus denken, dann können wir deren Kategoriensystem weit über jene intellektuellen Werkzeuge, zu denen Sorel und Gramsci Zugang hatten, hinaus ausdehnen und neuformen,. Diese Neuformung in Begriffen der Logik der *différance* kann den Weg zu stark verfeinerten Formen strategischen Denkens öffnen.

Zweitens, die Logiken hegemonialer Reaggregation sind in der heutigen Welt ernsteren Herausforderungen ausgesetzt als zu Gramscis Zeiten. Unsere Gesellschaften sind weit weniger homogen als jene, in denen die marxistischen Modelle formuliert wurden, und die Konstitution kollektiver Willen findet auf Terrains statt, die von weitaus komplexeren Machtverhältnissen gekreuzt werden – *inter alia* augrund der Entwicklung von Massenmedien. Die Auflösung der Metaphysik der Präsenz ist keine rein intellektuelle Operation. Sie ist der ganzen Erfahrung vergangener Dekaden tief eingeschrieben. In Folge dessen sieht sich Dekonstruktion der Herausforderung gegenüber, das marxistische Modell dieser komplexen Erfahrung heutiger Gesellschaften einzuschreiben.

Zuletzt kann die Dekonstruktion von Marx' Texten zu einer dritten, enorm wichtigen Aufgabe beitragen: den Marxismus selbst und jede seiner diskursiven Komponenten als partielles Moment der weiteren Geschichte emanzipatorischer Diskurse neu einzufügen. Derrida hat ganz recht, die gegenwärtige Amnesie in Bezug auf die marxistische Tradition zu bekämpfen. Aber wir sollten nicht den umgekehrten Fehler begehen und glauben, die Geschichte des Marxismus würde mit der Geschichte emanzipatorischer Projekte überlappen. Tatsächlich suchen uns immer wieder weit mehr Gespenster als nur jene von Marx heim. Benjamins Engel sollte zu einem Symbol werden, das uns dauernd an unsere komplexe und vielschichtige Tradition erinnert. Ich kann mich erinnern, daß es während meiner Kindheit in Argentinien in den Kinos mit durchgehenden Vorstellungen eine Ankündigung gab, die sagte: »Die Vorstellung beginnt, sobald Sie eintreffen«. Nun, ich denke, »Emanzipation« ist das Gegenteil: Sie ist eine Vorstellung, zu der wir immer zu spät kommen und die uns schmerzhaft dazu zwingt, ihre mythische und unmögliche Herkunft zu erraten. Wir müssen dennoch diese unmögliche Aufgabe übernehmen, die – neben anderen Dingen –Dekonstruktion ihre Bedeutung gibt.

Macht und Repräsentation

Ziel dieses Essays ist es, einige der Konsequenzen zu erkunden, die sich – sowohl für politische Theorie als auch für politisches Handeln – aus dem ergeben, was man unser »postmodernes Wissen« genannt hat. Es herrscht heute das weitverbreitete Gefühl, daß die Erschöpfung der Großerzählungen der Moderne, das Verschwimmen der Grenzen der öffentlichen Räume, die Operation der Logik der Unentscheidbarkeit, die kollektives Handeln aller Bedeutung zu berauben scheint, daß all dies zu einem allgemeinen Rückzug aus dem Politischen führt. Ich möchte diese Behauptung ausleuchten und dazu von der Untersuchung einiger der fundamentalen Annahmen des modernen Zugangs zur Politik ausgehen. Vom Gesichtspunkt der *Bedeutung* jeder signifikanten politischen Intervention gab es in der Moderne die allgemeine Überzeugung, daß erstere auf der Ebene des Grundes des Sozialen stattfinden müsse – das heißt, daß Politik in der Lage sei, eine *radikale Transformation* des Sozialen zu bewerkstelligen. Solch eine Transformation konnte zum Beispiel verstanden werden als ein gründender revolutionärer Akt, als eine geordnete Reihe bürokratischer Maßnahmen, die von einer aufgeklärten Elite ausgingen, oder als ein einzelner Akt, welcher der Operation jener Mechanismen den Weg öffnen würde, deren automatische Entwicklung zur Produktion eines »Gesellschaftseffekts« ausreichte. Es stellt sich außerdem die Frage nach dem *Rahmen*, der das konzeptuelle Erfassen solch einer politischen Intervention ermöglicht. Dieser wurde durch den Begriff der *sozialen Totalität* bereitgestellt und durch die Serie kausaler Verbindungen, die notwendig aus ihm folgten. Wenn wir Machiavelli und Hobbes, wie bemerkt wurde[13], als entgegengesetzte Pole der modernen Politikauffassung verstehen – wobei der erste seine Analyse auf eine Theorie strategischer Kalkulation *innerhalb* des Sozialen konzentriert und der zweite auf die Mechanismen, die Gesellschaft als eine Totalität produzieren –, dann ist es der Hobbes'sche Zugang, der den Mainstream der modernen politischen Theorie bestimmte.

Das führt uns zu einem dritten Merkmal politischen Handelns, wie es im modernen Zeitalter konzipiert wurde: seine radikale *Repräsentierbarkeit*. Es hätte nicht anders kommen können; wenn es einen Grund des Sozialen gibt, der Bedingung der Intelligibilität des Sozialen ist, und wenn in Folge Gesellschaft nur als eine Serie von Effekten verstanden werden kann, das heißt als Totalität, dann muß eine Handlung, deren Bedeutung sich aus solch einem Grund und solch einer Totalität ableitet, sich selbst gegenüber vollständig transparent sein und daher mit grenzenloser Repräsentierbarkeit ausgestattet. Auch mußten diese Transparenz und Repräsentierbarkeit notwendigerweise auf den *Akteur* der historischen Transformation übergehen. Ein begrenzter historischer Akteur konnte nur insofern eine universelle Aufgabe erfüllen, als ihm der Zugang zur Bedeutung seiner Aktionen verwehrt blieb, als sein Bewußtsein ein »falsches« war. Wie aber sowohl Hegel als auch Marx wußten, ist eine soziale Totalität, der es des Spiegels ihrer eigenen Repräsentation ermangelt, eine unvollständige soziale Totalität und folglich überhaupt keine soziale Totalität. Nur die vollständige Versöhnung zwischen Substanz und Subjekt, zwischen Sein und Wissen, kann die Distanz zwischen dem Vernünftigen und dem Wirklichen auslöschen. In diesem Fall ist Repräsentation aber ein notwendiges Moment in der Selbstkonstitution der Totalität, und letztere wird nur dann erreicht, wenn die Unterscheidung zwischen Handlung und Repräsentation aufgegeben wird. Nur ein grenzenloser historischer Akteur – eine »universale Klasse« – kann diese Aufgabe verwirklichen. Diese zweifache Bewegung, durch die der Grund durch eine universale Klasse zum Subjekt wird, die alle »Entfremdung« in den Formen der Repräsentation abschafft und durch die das Subjekt zum Grund wird, in dem alle äußeren, vom Objekt gesetzten Hindernisse abgeschafft werden, steht im Zentrum der modernen Sicht von Geschichte und Gesellschaft.

Diese vier Merkmale treffen in einem fünften zusammen, das vielleicht als der wahre Horizont des modernen Zugangs zur Politik verstanden werden kann: Sobald die letzte Fundierung von Politik gänzlich sichtbar gemacht wurde, wird Macht zu einem reinen Phänomen des Scheins. Die Gründe für diese Reduktion sind klar: Wenn eine soziale Gruppe Macht über eine andere ausübt, wird diese Macht von der zweiten Gruppe als irrational erfahren werden; wenn aber Geschichte ein rein rationaler Prozeß ist, muß die Irrationalität der Macht bloßer Schein sein. In diesem Fall gehört die historische Rationalität entweder zum Diskurs der dominanten Gruppen – und die Rufe der Unterdrückten sind der notwendige aber verzerrte Ausdruck eine höheren Rationalität, die, als Bedingung ihrer eigenen Möglichkeit, ein Gebiet der Opazität erzeugt; oder die Diskurse der Unterdrückten tragen ihrerseits die Saat einer höheren Rationalität in sich – wobei ihre völlige Realisierung die Auslöschung jeder Opazität (und damit jeder Macht) beinhaltet. Im ersten Fall sind Zwang und Opazität durchaus gegenwärtig; aber da die Macht der ersten Gruppe völlig rational ist, kann der Widerstand der Macht nicht äußerlich sein, sondern muß innerhalb der Macht selbst liegen; in diesem Fall kann der Zwang und die Opazität des rohen Faktums der Herrschaft nur die notwendige Oberflächenform sein, durch die die Rationalität der Macht Form annimmt. Wenn ein Herrschaftssystem rational ist, kann sein unterdrückerischer Charakter nur Schein sein. Das konfrontiert uns mit zwei Alternativen: Entweder die Sicht der dominanten Gruppe ist vollständig rational, in diesem Fall ist die Gruppe ein grenzenloser historischer Akteur, oder die Sicht sowohl der dominanten als auch der dominierten Gruppen ist partiell und begrenzt, dann gehen die Attribute voller Rationalität automatisch auf den historischen Analytiker über. Der wichtige Punkt ist, daß in beiden Fällen die Realität der Macht und die Repräsentierbarkeit von Geschichte in inversem Verhältnis zueinander stehen.

Diese Unterscheidungsmerkmale von Moderne sind so tief in unseren üblichen Formen der Wahrnehmung von Gesellschaft und Geschichte verankert, daß rezente Versuche, sie in Frage zu stellen (was in sehr allgemeinen Begriffen als »Postmoderne« bezeichnet wurde), der Tendenz Auftrieb verliehen haben, ihre pure Abwesenheit durch eine simple Negation ihres Inhalts zu ersetzen, eine Negation, die auf dem intellektuellen Terrain verbleibt, das ihre positiven Merkmale beschrieben haben. Somit kann die Negation der Existenz eines Grundes, aus dem heraus alle sozialen Inhalte eine präzise Bedeutung erfahren würden, leicht zur Annahme überdehnt werden, Gesellschaft sei gänzlich sinnlos; die Befragung der Universalität der Akteure historischen Wandels führt sehr oft zur Behauptung, jede historische Intervention sei gleichermaßen hoffnungslos begrenzt; und die Demonstration der Opazität des Repräsentationsprozesses wird üblicherweise mit der Behauptung gleichgesetzt, Repräsentation sei überhaupt nicht möglich. Es ist natürlich einfach zu zeigen, daß – in einem fundamentalen Sinn – diese nihilistischen Positionen weiterhin das intellektuelle Terrain bewohnen, von dem sie sich distanzieren wollen. Um zum Beispiel anzunehmen, etwas sei bedeutungslos, muß man von einer sehr klassischen Konzeption von Bedeutung ausgehen und nur hinzufügen, daß sie abwesend ist. In einem entscheidenderen Sinn aber läßt sich zeigen, daß diese scheinbar radikalen Umkehrungen ihre Überzeugungskraft, so groß sie auch immer sein mag, nur durch eine klar erkennbare Inkonsistenz erzielen. Wenn ich schließe – wie ich es später in diesem Text tun werde –, daß kein reines Repräsentationsverhältnis herstellbar ist, da aufgrund der Essenz des Repräsentationsprozesses der Repräsentant zur Identität des Repräsentierten beitragen muß, dann kann dies nicht ohne Inkonsistenz in die Behauptung überführt werden, Repräsentation sollte als Konzept aufgegeben werden. Denn in diesem Fall blieben uns nur die nackten, selbstgenügsamen Identitäten des Repräsentierten und des Repräsentanten, was genau die Annahme wäre, die die ganze Kritik des Repräsentationsbegriffs in Frage gestellt hat. Gleichermaßen kann die Kritik am Begriff der Universalität in der Idee eines universalen Akteurs nicht in die Annahme der uniformen Begrenztheit aller Akteure überführt werden – denn dann könnten wir uns fragen: begrenzt in Bezug auf was? Und die Antwort kann nur lauten, in Bezug auf eine Struktur, die gleichermaßen *alle* Akteure begrenzt und in diesem Sinne die Rolle einer wahren Universalität annimmt. Schließlich erfordert etwas, damit es radikal bedeutungslos ist, die kontrastive Präsenz einer voll ausgebildeten Bedeutung. Bedeutungslosigkeit entsteht aus Bedeutung – oder wie in einem Satz behauptet wurde, der genau dasselbe aussagt: Bedeutung entsteht aus Nicht-Bedeutung. Gegen solche Denkbewegungen, die im Terrain der Moderne verbleiben, indem sie deren fundamentalen Sätze umkehren, möchte ich eine Alternativstrategie vorschlagen: Statt die Inhalte der Moderne zu invertieren, sollten wir das Terrain *dekonstruieren*, das die Alternative Moderne/Postmoderne möglich macht. Das heißt, statt in einer Polarisierung zu verbleiben, deren Optionen ausschließlich von den Grundkategorien der Moderne bestimmt werden, sollten wir zeigen, daß letztere keinen essentiell vereinheitlichten Block konstituieren, sondern die sedimentierten Resultate einer Reihe von kontingenten Artikulationen sind. Die Reaktivierung der Intuition des kontingenten Charakters dieser Artikulationen wird damit insofern zu einer Erweiterung von Horizonten führen, als andere – gleichermaßen kontingente – Artikulationen ebenso ihre Möglichkeiten zeigen. Das beinhaltet auf der einen Seite ein neues Verhältnis zur Moderne: nicht einen radikalen Bruch mit ihr, sondern eine neue Modulation ihrer Themen; nicht eine Aufgabe ihrer Grundsätze, sondern deren Hegemonisierung aus einer anderen Perspektive. Das beinhaltet andererseits auch eine Expansion des Felds der Politik anstelle ihres Rückzugs – eine Erweiterung des Felds struktureller Unentscheidbarkeit, die den Weg für eine Verbreiterung des Felds politischer Entscheidungen öffnet. An dieser Stelle zeigen »Dekonstruktion« und »Hegemonie« ihre Komplementarität als zwei Seiten einer einzigen Operation. Es sind diese zwei Seiten, die ich nun diskutieren werde.

Ich möchte beginnen, indem ich auf einen der Gründungstexte der Dekonstruktion zurückkomme: die Analyse des Verhältnisses zwischen Sinn und Wissen bei Husserl (die »formalistische« und die »intuitionistische« Seite seines Zugangs), wie sie von Derrida in *Die Stimme und das Phänomen* dargestellt wird. Husserl emanzipiert in einer ersten Bewegung Sinn von der Notwendigkeit der Erfüllung mit der Intuition eines Objekts. Das heißt, er emanzipiert Sinn von Wissen. Ein Begriff wie »viereckiger Kreis« macht tatsächlich Sinn: es ist solch ein Sinn, der mir zu sagen erlaubt, er würde sich auf ein unmögliches Objekt beziehen. Folglich erfordern Sinn und Objekterfüllung einander nicht unbedingt. Derrida schließt vielmehr, daß – wenn Bedeutung nicht strikt von Wissen unterschieden werden kann – die Essenz von Sinn besser gezeigt wird, wenn solche eine Erfüllung nicht stattfindet. Doch in einer zweiten Bewegung schließt Husserl sofort die Möglichkeiten, die dieser Bruch zwischen Wissen und Sinn gerade eröffnet hatte:

> »Anders gesagt: das wahre und eigentliche Be-deuten ist das Wahr-reden-Wollen. Diese subtile Verschiebung ist eine Zurücknahme des *Eidos* ins *Telos* und der Sprache ins Wissen. Ein Diskurs erfüllt seine Entelechie nur dann, wenn er wahr ist. Man kann wahrlich *sprechen* (bien parler), der ›Kreis sei viereckig', man kann aber nur *wahr* sprechen (parler bien), wenn man sagt, daß dem nicht so ist. Schon die erste Proposition ist nicht ohne Sinn. Und man würde sich irren, nähme man an, daß dieser Sinn *nicht* die Wahrheit *erwartet.* Er erwartet die Wahrheit freilich nicht, indem er auf sie wartet, sondern indem er ihr vorausgeht, sie antizipiert. *In Wahrheit* hat nämlich das Telos, das eine für ›später‹ versprochene Erfüllung ankündigt, den Sinn als Gegenstandsbeziehung schon vorher erschlossen.«[14]

Der wichtige Punkt – das dekonstruktive Moment der Analyse Derridas – besteht darin, daß es unentscheidbar wird, ob Sinn Wissen untergeordnet werden wird oder nicht, sobald »Sinn« und »Objektintuition« miteinander nicht mehr in teleologischer Weise verknüpft sind. In dieser Hinsicht unterscheidet sich der von Joyce verfolgte Weg, wie Derrida unterstreicht, wesentlich von jenem Husserls. Wenn aber Sinn von Husserl Wissen untergeordnet wird und diese Unterordnung nicht von der Essenz von Sinn erzwungen ist, kann sie nur das Ergebnis einer Intervention sein, die gegenüber Sinn kontingent ist. Sie ist das Ergebnis dessen, was Derrida eine »ethisch-theoretische Entscheidung« von Seiten Husserls nennt. Wir können sehen, wie die Vergrößerung des Felds struktureller Unentscheidbarkeit, die durch die dekonstruktive Intervention erzielt wurde, zugleich das von der Entscheidung zu füllende Terrain erweitert hat. Eine kontingente Intervention, die in einem unentscheidbaren Terrain stattfindet, ist nun genau das, was wir als *hegemoniale* Intervention bezeichnet haben.

Verfolgen wir dieses Verhältnis wechselseitiger Implikation zwischen Dekonstruktion und Hegemonie im Detail. Was die dekonstruktive Bewegung gezeigt hat, ist nicht die tatsächliche *Trennung* von Bedeutung und Wissen, denn die beiden sind in Husserls Text eng verbunden – dessen Einheit in der Tat aus der doppelten Notwendigkeit resultiert, daß Sinn Wissen sowohl *untergeordnet* als auch von ihm *differenziert* sein muß. So zeigt die dekonstruktive Intervention erstens die *Kontingenz* einer Verbindung und zweitens die Kontingenz einer *Verbindung*. Das hat eine wichtige Konsequenz für unser Argument. Würde nur die Dimension der Kontingenz unterstrichen, hätten wir bloß den synthetischen Charakter der Verbindung zwischen zwei Identitäten behauptet, von denen beide in sich gänzlich konstituiert wären und für diese Konstitution nichts außerhalb ihrer selbst benötigten. Wir wären in einem Terrain reiner Verstreuung. Dies wäre eine neue und widersprüchliche Form des Essentialismus, wenn man davon ausgeht, daß jede der monadischen Identitäten an und für sich definiert werden sollte (erstes Extrem), und daß, da Verstreuung dennoch eine Form der *Relation* zwischen Objekten ist, sie ein Terrain erfordert, das als Grund oder Ermöglichungsbedingung dieser Verstreuung operiert (zweites Extrem) – wobei im zweiten Fall die Identitäten letztlich nicht monadisch sein könnten. Diese Verbindung zu etwas anderem ist somit absolut notwendig für die Konstitution jeder Identität, und diese Verbindung muß von kontingenter Natur sein. In diesem Fall gehört es zur Essenz eines etwas, kontingente Verbindungen zu besitzen, und Kontingenz wird deshalb ein notwendiger Bestandteil der Essenz dieses etwas. Das führt uns zu den folgenden Schlußfolgerungen. Wenn es ein essentielles Merkmal einer Substanz ist, Akzidentien zu besitzen – oder wenn das Kontingente ein essentieller Bestandteil des Notwendigen ist –, dann bedeutet das, daß jeder Struktur eine notwendige Unentscheidbarkeit eingeschrieben ist (wobei ich unter »Struktur« eine komplexe Identität verstehe, die von einer Pluralität von Momenten konstituiert ist). Denn die Struktur erfordert die kontingenten Verbindungen als notwendigen Bestandteil ihrer Identität, doch diese Verbindungen – genau *weil* sie kontingent sind – können von keinem Punkt in der Struktur logisch abgeleitet werden. Die Tatsache, daß nur einer der möglichen Wege beschritten, nur eine der möglichen kontingenten Verbindungen aktualisiert wird, ist innerhalb der Struktur unentscheidbar. Die »Strukturiertheit« der Struktur kann, insofern sie die Aktualisierung einer Reihe kontingenter Verbindungen ist, die Quelle dieser Verbindungen nicht in sich selbst finden. Das ist der Grund, warum in Derridas Analyse Husserls ethisch-theoretische *Entscheidung* als ein essentielles Element für die Unterordnung der Bedeutung unter das Wissen ins Bild gerückt werden muß. Eine *externe* Quelle eines bestimmten Sets struktureller Verbinden werden wir *Kraft* nennen.[15]

Das ist genau der Punkt, an dem Dekonstruktion und Hegemonie sich kreuzen. Wenn Dekonstruktion die Rolle der Entscheidung aus der Unentscheidbarkeit der Struktur heraus entdeckt, dann erfordert Hegemonie, als eine Theorie der in einem unentscheidbaren Terrain getroffenen Entscheidung, daß der kontingente Charakter der in diesem Terrain existierenden Entscheidungen vollständig von der Dekonstruktion aufgezeigt wird. Die Kategorie der Hegemonie entstand, um über den politische Charakter sozialer Verhältnisse in einer theoretischen Arena nachzudenken, die den Zusammenbruch der marxistischen Konzeption der »dominanten Klasse« erfahren hatte – verstanden als notwendiger und immanenter Effekt einer vollständig konstituierten Struktur. Die hegemonialen Artikulationen wurden von Anfang an als kontingente, prekäre und pragmatische Konstruktionen konzipiert. Das ist der Grund, warum es bei Gramsci ein fortgesetztes Bemühen darum gibt, mit der Identifikation von sozialen Akteuren mit objektiven sozialen Positionen in der Struktur zu brechen. Sein Begriff eines »kollektiven Willens« versucht genau, diesen Bruch herbeizuführen, insofern er die kollektiven Willen als instabile soziale Akteure mit ungenauen und dauernd neudefinierten Grenzen konzipiert, die durch die kontingente Artikulation einer Vielzahl sozialer Identitäten und Relationen konstituiert sind. Die zwei zentralen Merkmale einer hegemonialen Intervention sind in diesem Sinne der *kontingente* Charakter der hegemonialen Artikulationen und ihr *konstitutiver*

Charakter, insofern sie soziale Verhältnisse in einem primären Sinn instituieren, unabhängig von irgendeiner apriorischen sozialen Rationalität.

Das stellt uns allerdings vor zwei Probleme. Das erste hängt mit der externen Instanz zusammen, die die Entscheidung trifft. Würde das nicht bedeuten, über den Begriff des Subjekts einen neuen Essentialismus einzuschmuggeln? Würde es nicht bedeuten, eine objektive Schließung der Struktur durch eine subjektive Schließung durch die Intervention des Akteurs zu ersetzen? Das zweite Problem betrifft die Sichtbarkeitsbedingungen der Kontingenz der Struktur. Aus Gründen, die in einem Moment deutlich werden, müssen diese beiden Probleme nacheinander und in der gerade vorgestellten Reihenfolge angegangen werden.

Was den ersten Punkt betrifft, so scheint es offensichtlich, daß die Angelegenheit nicht auf Basis der simplen Annahme gelöst werden kann, das Kunststück würde von einem Subjekt vollbracht werden, das um sein Projekt herum die verstreuten Elemente einer dislozierten Struktur reartikuliert. Es gibt in der Tat ein viel komplexeres Verhältnis zwischen Subjekt und Struktur, als es diese simplistische Version dessen, was eine hegemoniale Artikulation einschließt, vermuten lassen würde. Denn es stellt sich die offensichtliche Frage: Was ist das Subjekt und was das Terrains einer Konstitution? Wenn wir schnelle *deus ex machina*-Lösungen vermeiden wollen, muß diese Frage beantwortet werden. Eine erste Antwort im Sinn eines wohlerzogenen und »aufgeklärten« Marxismus würde lauten: Es gibt ein primäres Terrain, auf dem soziale Akteure konstituiert werden – die Produktionsverhältnisse –, und ein sekundäres, auf dem die verstreuten und zu hegemonisierenden operieren. Auf diese Weise sind wir in der besten beider Welten: Wir können die volle Rolle handlungsfähiger Akteure übernehmen, um die Arbeit der Artikulation zu erledigen, ohne in einen altmodischen Subjektivismus zu verfallen; wir können die Idee eines fundamentalen Akteurs des historischen Wandels beibehalten, ohne die vielförmige und reiche Varietät sozialen Lebens zurückweisen zu müssen; wir können dem fesselnden Spiel historischer Kontingenz freien Lauf lassen, wohlwissend, daß wir die disziplinarischen Mittel in der Hand haben, um sie – »in letzter Instanz« – zurück auf den harten Boden struktureller Zwänge zu bringen. Was für eine schöne und geordnete kleine Welt! Der Nachteil dieses Bildes besteht natürlich darin, daß wir, wenn die Trennung zwischen den beiden Ebenen überhaupt irgendeine Gültigkeit haben soll, von der Totalität Rechnung ablegen müssen, in der die Trennung stattfindet; und wenn es solch eine Totalität gibt, kann Kontingenz keine wahre Kontingenz sein. Denn wenn die *Grenzen* des Kontingenten notwendig sind, dann sind diese Grenzen Teil der kontingenten Identität. Wenn umgekehrt die notwendigen Grenzen Grenzen der kontingenten Variation sind, ist die Gegenwart dieser Variation absolut notwendig für die Existenz der Grenzen, und in diesem Fall wird, wie wir bereits vorhin gezeigt haben, Kontingenz notwendig. Die Welt ist am Ende wilder und unvorhersehbarer als die ordentlichen Pläne unseres spießigen Marxisten.

Mischen wir also die Karten und beginnen das Spiel von neuem. Das hegemoniale Subjekt kann auf keinem Terrain abseits jener Struktur konstituiert werden, zu der es gehört. Wenn allerdings das Subjekt eine bloße Subjektposition in der Struktur wäre, dann wäre letztere vollständig geschlossen und es gäbe überhaupt keine Kontingenz – und keinen Grund, überhaupt etwas zu hegemonisieren. Unser Problem ist das folgende: Hegemonie bedeutet *kontingente* Artikulation; Kontingenz bedeutet *Externalität* der artikulierenden Kraft *vis-à-vis* der artikulierten Elemente, und diese Externalität kann nicht als eine tatsächlich Trennung der Ebenen innerhalb einer voll konstituierten Totalität verstanden werden, denn das wäre überhaupt keine Externalität. Wie können wir also eine Externalität, die innerhalb der Struktur erscheint, auf eine Weise denken, die sie nicht zum Resultat einer positiven Differenzierung ihrer konstitutiven Ebenen macht? Das kann nur geschehen, wenn die Struktur nicht völlig mit sich versöhnt ist, wenn sie von einem originären Mangel bewohnt wird, von einer radikalen Unentscheidbarkeit, die dauernd von Entscheidungsakten überwunden werden muß. Genau diese Akte sind es, die das *Subjekt* konstituieren, welches nur als ein Wille existieren kann, der die Struktur transzendiert. Da dieser Wille keinen Konstitutionsort außerhalb der Struktur haben wird, sondern das Ergebnis des Scheiterns der Selbstkonstitution der Struktur sein wird, kann er nur durch Akte von Identifikation geformt werden. Wenn ich mich mit etwas identifizieren muß, dann deshalb, weil ich von Anfang an keine volle Identität besitze. Diese Identifikationsakte können nur als Resultat des Mangels in der Struktur gedacht werden und werden die permanente Spur des Mangels tragen. Kontingenz zeigt sich auf diese Weise: als die inhärente Distanz der Struktur zu sich selbst. (Dies ist in der Tat die Matrix aller Sichtbarkeit und aller Repräsentation: Ohne diese Distanz wäre kein Sehen möglich).

Das führt uns zum zweiten Problem: Was sind die Bedingungen für die Sichtbarkeit der Kontingenz der Struktur? Ein Teil der Frage ist tatsächlich schon beantwortet worden: Insofern kein spezifischer Inhalt dazu *prädeterminiert* ist, den strukturellen Spalt auszufüllen, ist es der Konflikt zwischen verschiedenen Inhalten in ihrem Versuch, die ausfüllende Rolle zu übernehmen, der die Kontingenz der Struktur sichtbar machen wird. Aber das führt zu einer weiteren Konsequenz, die für unser Argument entscheidender ist. Die Sichtbarkeit des kontingenten Charakters des Inhalts, der die Struktur schließt, erfordert, daß solch ein Inhalt als indifferent gegenüber dem strukturellen Spalt gesehen wird, und in diesem Fall als gleichberechtigt gegenüber anderen möglichen Inhalten. Das bedeutet wiederum, daß der konkrete Inhalt seiner Rolle als Füller des Spalts in der Struktur rein äußerlich ist – das ist genau, woraus die Kontingenz besteht. Aber in diesem Fall wird der konkrete Inhalt, der die Ausfüllung übernimmt, konstitutiv gespalten sein: einerseits wird er sein eigener buchstäblicher Inhalt sein; andererseits wird er – sofern er eine Funktion erfüllt, die gegenüber dieser Kontrolle kontingent ist – eine allgemeine Füllfunktion übernehmen, die unabhängig von jedem partikularen Inhalt ist. Diese zweite Funktion habe ich in einem anderen Text die *allgemeine Form der Fülle* genannt.[16] Somit würde die vollständige Antwort auf unser zweites Problem lauten: Die Sichtbarkeitsbedingung der Kontingenz der

Struktur ist die Sichtbarkeit des Spalts zwischen der allgemeinen Form der Fülle und dem konkreten Inhalt, der diese Form inkarniert. In einer Situation großer Unordnung, wird die Notwendigkeit irgendeiner Ordnung dringlicher als ihr konkreter Inhalt; und je verallgemeinerter die Unordnung, desto größer wird die Distanz zwischen diesen beiden Dimensionen, desto indifferenter wird die Bevölkerung gegenüber dem konkreten Inhalt der politischen Formen, welche die Dinge zurück zu einer bestimmten Normalität bringen.[17]

Wir können nun einige allgemeine Schlußfolgerungen bezüglich dieser Spaltung ziehen. Es ist leicht einzusehen, daß die Spaltung, wäre eine totale Schließung der Struktur erreichbar, überwunden würde und, in diesem Fall, die allgemeine Form der Fülle der Struktur immanent sein würde. Es wäre unmöglich, sie vom konkreten – buchstäblichen – Inhalt der Struktur zu unterscheiden. Nur wenn die Fülle als das wahrgenommen wird, an was es der Struktur mangelt, können allgemeine Form und konkreter Inhalt unterschieden werden. In diesem Fall hätten wir offensichtlich eine simple Dualität: Auf der einen Seite die (teilweise destrukturierte) Struktur und auf der anderen die verschiedenen und – wie wir gesehen haben – teilweise äquivalenten Versuche, die strukturellen Leerstellen zu füllen und neue restrukturierende Diskurse und Praktiken einzuführen. Diese Form der Darstellung arbeitet allerdings mit einem Kunstgriff, durch den etwas von großer Bedeutung überdeckt wird. Betrachten wir die Angelegenheit mit aller Sorgfalt. Alles hängt vom Status der Kategorie der »Äquivalenz« ab, die wir eingeführt haben, um eine der Dimensionen des Verhältnisses zwischen den verschiedenen Diskursen, die die strukturelle Leerstelle zu füllen versuchen, zu charakterisieren. Was ist die Ermöglichungsbedingung solch einer Äquivalenz? Denken wir an das bekannte Beispiel von Menschen, die in der Nähe eines Wasserfalls wohnen. Ihr ganzes Leben lang hören sie das Krachen des Wasserfalls – das heißt, das Geräusch ist ein permanenter Hintergrund, dessen sie sich normalerweise nicht bewußt sind. Sie hören den Lärm *tatsächlich* nicht. Würde aber der Wasserfall aus irgendeinem Grund eines Tages plötzlich zu fließen aufhören, dann würden sie das zu hören beginnen, was streng genommen nicht gehört werden kann: Stille. Nehmen wir nun an, diese Stille würde von Geräuschen anderen Ursprungs unterbrochen, die der Wasserfall vorher unhörbar gemacht hatte. Alle diese Geräusche werden eine gespaltene Identität besitzen: Einerseits werden sie *spezifische* Geräusche sein; andererseits werden sie die *äquivalentielle* Identität haben, die Stille zu brechen. Die Geräusche sind nur äquivalent, weil Stille herrscht; aber die Stille ist nur hörbar als Mangel an einer früheren Fülle.

Das Beispiel übersieht allerdings eine Dimension des gemeinschaftlichen Mangels: Dieser wird als Verlust erfahren, während ich gegenüber der An- oder Abwesenheit des Geräuschs des Wasserfalls ausgesprochen gleichgültig sein kann. Deshalb wird der soziale Mangel als Unordnung gelebt, als Desorganisation, und Identifikationen werden als Versuche existieren, ihn zu überwinden. Wenn aber soziale Verhältnisse diskursive Verhältnisse sind, symbolische Verhältnisse, die sich durch Signifikationsprozesse konstituieren, dann muß das Scheitern dieses Konstitutionsprozesses, die Präsenz des Mangels in der Struktur, selbst signifiziert werden. Die Frage ist also, ob es spezifische Formen der Präsenz dieses Mangels gibt. Zeigt sich die Spaltung zwischen konkretem Inhalt und allgemeiner Form der Fülle auf spezifische Weise? Die Antwort ist ja, und ich werde behaupten, daß die allgemeine Form der Fülle sich durch die diskursive Präsenz gleitender Signifikanten zeigt, die konstitutiv sind – das heißt, sie sind nicht das Resultat kontingenter Bedeutungsambivalenzen, sondern der Notwendigkeit, den Mangel zu signifizieren (die abwesende Fülle in der Struktur). Stellen wir uns einen politischen Diskurs vor, der behauptet, »Labour sei besser in der Lage, die *Einheit des britischen Volkes* zu garantieren, als die Tory-Partei«. In einem solchen Satz, der in politischen Auseinandersetzungen oft zu finden ist, haben wir eine Entität – »Einheit des britischen Volkes« –, die sich qualitativ von den beiden anderen – Labour und Tories – unterscheidet. Erstens muß diese Einheit zuallererst errichtet werden, so daß sie im Unterschied zu den beiden anderen Entitäten nicht tatsächlich existiert, sondern der Name einer abwesenden Fülle ist. Aber zweitens wäre die Art politischer Einheit, die Labour und die Tories jeweils zustande brächten, substantiell verschieden, so daß, würde der Term *Einheit* eine konkrete Entität auf der gleichen Ebene mit den beiden politischen Kräften bedeuten, der Satz fast tautologisch wäre – er würde dem Satz gleichkommen: »Labour ist fähiger als die Tories, eine Labour-Art von Einheit des britischen Volkes zu garantieren«. Aber offenbar wollte der ursprüngliche Satz *das* nicht sagen. So liefern auf der einen Seite die verschiedenen politischen Kräfte den konkreten Inhalt der Einheit, ohne den die Einheit nicht existieren könnte, während auf der anderen Seite keine dieser alternativen konkreten Inhalte dieser Einheit völlig erschöpft ist. »Einheit« ist ein gleitender Signifikant, da seine Signifikate nur durch die konkreten Inhalte fixiert werden, die von den antagonistischen Kräften zu Verfügung gestellt werden. Doch zugleich ist dieses Gleiten keineswegs rein kontingent und den Umständen geschuldet, denn ohne es wären politische Auseinandersetzungen unmöglich: das politische Leben wäre ein Dialog unter Gehörlosen, in dem nur miteinander unvereinbare Behauptungen gewechselt würden. Die grundlegende Spaltung, die vorhin erwähnt wurde, findet die Form ihrer diskursiven Präsenz durch diese Produktion leerer Signifikanten, die die allgemeine Form der Fülle repräsentieren. In einem anderen Essay habe ich gezeigt,[18] daß eine Behauptung wie »den Faschisten gelang die Revolution, während die Kommunisten scheiterten« im Italien der frühen 1920er Jahre nur dann irgendeinen Sinn machte, wenn der Signifikant »Revolution« ein leerer war, der das Gefühl der Bevölkerung repräsentierte, die alte, vom Risorgimento her kommende Ordnung sei obsolet und eine radikale Neugründung des italienischen Staates notwendig.

Betrachten wir ein letztes Beispiel. In einem Artikel, der vor einigen Jahren publiziert wurde,[19] kritisierte Quentin Skinner die Art, in der Stuart Hampshire einen imaginären Dialog zwischen einem Liberalen und einem Marxisten darstellte.[20] Hampshire zufolge dreht sich die Meinungsverschiedenheit um die Bedeutung des Begriffs *politisch*: der Marxist gibt ihm eine extensive Anwendung, während die liberale Verwendung sehr viel eingeschränkter ist. Für Skinner dreht sich der Disput jedoch um viel mehr als um die Bedeutung des Begriffs, ist doch völlig unklar, warum unvereinbare Bedeutungen, die einem Term attribuiert werden, ein Kriterium zur Bevorzugung einer der beiden Terme etablieren könnten. Und er schließt:

> »Wenn der Marxist den Liberalen genuin davon überzeugen will, seine politische Einsicht zu teilen oder zumindest anzuerkennen, muß er im Grunde zwei Argumente führen. Eines ist natürlich, daß der Begriff politisch angemessen auf eine Bandbreite von Aktionen angewendet werden kann, wo der Liberale nie daran gedacht hätte, ihn anzuwenden. Aber der andere Punkt, in dem die Anwendung des Begriffs das Beigeben des Liberalen erzwingt, ist, daß dies nicht einer Meinungsverschiedenheit bezüglich der Bedeutung des Begriffs geschuldet ist, sondern vielmehr der Tatsache, daß der Liberale eine Person ist, die in Sachen politischer Sensitivität und politischen Bewußtseins mit Scheuklappen versehen ist.«[21]

Ich stimme Skinners zwei Punkten zu, aber ich möchte etwas hinzufügen betreffend der Art des dialogischen Prozesses, den die beiden Operationen beinhalten. Den Liberalen zu überzeugen, daß der Begriff *politisch* auf eine ganze Bandbreite von Aktionen angewendet werden kann, die er vorher nicht eingeschlossen hat, kann nur gelingen, wie Skinner selbst herausstreicht, wenn der Marxist mit einiger Plausibilität behaupten kann, daß er den Begriff in seiner *anerkannten* Bedeutung verwendet. Wenn nun der Liberale nicht der Auffassung ist, daß die anerkannte Bedeutung die Art von Situationen einschließt, auf die sich der Marxist bezieht, dann kann das aus zwei Gründen so sein: entweder aufgrund eines *logischen* Irrtums oder, plausibler, aufgrund seiner Scheuklappen in Sachen »politischer Sensitivität und politischen Bewußtseins«. Skinners beide Punkte unterscheiden sich daher nicht wirklich. Die Anwendung eines Begriffs auf einen neuen Bereich von Aktionen auf Basis einer anerkannten Bedeutung erfordert als *sine qua non*-Bedingung eine *Neubeschreibung* einer gegebenen Situation. Und zwar in Begriffen, die den Mangel an politischer Sensitivität beheben. Das bringt uns aber nicht viel weiter. Denn warum würde eine Neubeschreibung überhaupt anerkannt werden? Wenn jemand absolut glücklich mit und gut eingerichtet in einer Beschreibung *A* ist, hat er oder sie keinerlei Grund, zu einer anderen Beschreibung *B* überzuwechseln. Der einzige Weg aus dieser Sackgasse ist der folgende: die Beschreibung *B* soll keine voll ausgebildete Beschreibung *A* ersetzen, sondern eine Beschreibung der Situation liefern, die in Begriffen des alten Paradigmas zunehmend unbeschreibbar geworden war. Das heißt, der Überzeugungsprozeß kann nur funktionieren, indem er sich vom Mangel an Überzeugung zur Überzeugung bewegt, nicht von einer Überzeugung zur anderen. Das bedeutet, daß die Funktion einer neuen Sprache darin besteht, einen Mangel zu füllen. Hampshire hat also darin recht, daß es keine Wahlmöglichkeit zwischen zwei separaten Gedankenwelten gibt; aber Skinner hat auch recht, wenn er behauptet, daß sich der Disput nicht nur um die Bedeutung des Begriffes dreht, sondern um weitere Neubeschreibungen. Wenn wir übereinkamen, daß es Bedingung einer erfolgreichen Neubeschreibung ist, daß sie nicht nur eine alte ersetzt, sondern auch einen Mangel füllt, der sich in der allgemeinen Beschreibbarkeit einer Situation geöffnet hat, dann wird eine gültige Neubeschreibung eine gespaltene Identität haben. Einerseits wird sie ihr eigener Inhalt sein, andererseits wird sie das Prinzip von Beschreibbarkeit an sich verkörpern – also das, was wir die allgemeine Form der Fülle genannt haben. Ohne diese zweite Ordnung von Signifikation, ohne die Hegemonisierung der allgemeinen Form von Beschreibbarkeit durch eine konkrete Beschreibung, wären wir in Hampshires »separaten Gedankenwelten« und zwischen politischen Diskursen wäre keine Interaktion möglich.

Damit hätten wir einige Elemente, um unsere Eingangsfrage zu beantworten: Wie kann der historische Horizont der Moderne überschritten werden, ohne in die Falle einer ausschließenden Alternative Moderne/Postmoderne zu tappen, in welcher der rein negative Charakter der Inhalte des zweiten Pols bedeutet, daß jene des ersten ungestört weiterherrschen? Wie über einen Nihilismus hinausgehen, dessen eigentliche Logik genau das reproduziert, was sie eigentlich in Frage stellen will? Wir werden argumentieren, daß es erstens die auf den vorangegangenen Seiten diskutierte strukturelle Unentscheidbarkeit ist, die, wenn sie mit all ihren radikalen Konsequenzen akzeptiert wird, eine Überschreitung der Moderne und ihres nihilistischen Spiegelbilds ermöglicht; und zweitens, daß diese Überschreitung der Moderne nicht in der Aufgabe all ihrer Inhalte besteht, sondern eher im Verlust ihrer Dimension als Horizont (eine Kategorie, die ich erklären muß). Ich werde diesen ersten Punkt in Verbindung mit der Operation der Logiken von Repräsentation und Macht in gegenwärtigen Gesellschaften diskutieren und werde später auf die Frage der Krise des grundlegenden Horizonts der Moderne zurückkommen.

Zuerst Repräsentation: Was beinhaltet ein Repräsentationsprozeß? Im wesentlichen die *fictio iuris*, daß jemand an einem Ort anwesend ist, von dem er oder sie materiell abwesend ist. Die Repräsentation ist der Prozeß, durch den ein anderer – der Repräsentant – den Repräsentierten »substituiert« und zugleich »verkörpert«. Die Bedingungen für eine perfekte Repräsentation würden dann erfüllt werden, scheint es, wenn die Repräsentation ein direkter Übertragungsprozeß des Willens des Repräsentierten wäre, wenn der Repräsentationsakt gegenüber diesem Willen völlig transparent wäre. Das setzt voraus, daß der Wille vollständig konstituiert ist und die Rolle des Repräsentanten sich in seiner Vermittlungsfunktion erschöpft. Somit muß die Opazität, die jeder Substitution und jeder Verkörperung inhärent ist, auf ein Minimum reduziert werden; der Körper, durch den die Inkarnation stattfindet, muß nahezu unsichtbar sein. Das ist jedoch der Punkt, an dem die Schwierigkeiten beginnen. Denn die Bedingungen einer perfekten Repräsentation herrschen weder auf der Seite des Repräsentanten noch auf der Seite des Repräsentierten – und das hat nichts mit dem empirisch Erreichbaren zu tun, sondern ist ein Ergebnis der eigentlichen Logik, die dem Repräsentationsprozeß inhärent ist. Was den Repräsentierten betrifft: Wenn er oder sie überhaupt repräsentiert werden muß, ist dies das Resultat der Tatsache, daß seine oder ihre Grundidentität in einem Ort *A* konstituiert ist und Entscheidungen, die diese Identität tangieren können, in einem Ort *B* getroffen werden. In diesem Fall ist seine oder ihre Identität aber unvollständig, und das Verhältnis von Repräsentation – weit davon entfernt, sich auf eine vollständig konstituierte Identität zu beziehen – ist ein *Supplement*, das zur Konstitution dieser Identität notwendig ist. Das zentrale Problem ist festzustellen, ob dieses Supplement einfach vom Ort *A abgeleitet* werden kann, wo die ursprüngliche Identität des Repräsentierten konstituiert worden war, oder ob es sich um eine völlig *neue* Hinzufügung handelt, wobei die Identität des Repräsentierten transformiert und durch den Repräsentationsprozeß verbreitert worden wäre. Ich bin der Überzeugung, daß immer letzteres der Fall ist. Nehmen wir ein sehr einfaches Beispiel, in dem der Beitrag des Repräsentanten zur Konstitution des »Interesses«, repräsentiert zu werden, scheinbar minimal ist: Ein Vertreter, der eine Gruppe von Bauern repräsentiert, deren wichtigstes Interesse es ist, das Preisniveau von landwirtschaftlichen Erzeugnissen zu halten. Selbst in diesem Fall geht die Rolle des Repräsentanten bei weitem über die simple Übertragung von vorgegebenen Interessen hinaus. Denn das Terrain, auf dem dieses Interesse repräsentiert werden muß, ist das nationaler Politik, wo noch viele andere Dinge vorgehen. Selbst etwas so scheinbar einfaches wie die Bewahrung landwirtschaftlicher Preise erfordert daher Prozesse von Verhandlung und Artikulation mit einer ganzen Reihe von Kräften und Problemen, die weit über das hinausgehen, was von Ort *A* aus denkbar und ableitbar ist. Der Repräsentant *schreibt* ein Interesse also einer komplexen Wirklichkeit *ein*, die sich von jener unterscheidet, in der das Interesse ursprünglich formuliert wurde, und indem er dies tut, konstruiert und transformiert er dieses Interesse. Aber der Repräsentant transformiert damit auch die Identität des Repräsentierten. Der ursprüngliche Spalt in der Identität des Repräsentierten, der von einem Supplement gefüllt werden mußte, das der Repräsentationsprozeß beibrachte, öffnet eine konstitutiv und irreduzibel unentscheidbare Bewegung in zwei Richtungen. Es gibt eine Opazität, eine essentielle Unreinheit im Repräsentationsprozeß, die zugleich dessen Ermöglichungs- und Verunmöglichungsbedingung ist. Auf den »Körper« des Repräsentanten läßt sich aus essentiellen Gründen nicht verzichten. Eine Situation perfekter Übermittlung und Rechenschaftspflicht in einem transparenten Medium würde überhaupt keine Repräsentation involvieren.

Die Idee perfekter Repräsentation beinhaltet daher eine logische Unmöglichkeit – aber das bedeutet nicht, daß Repräsentation *gänzlich* unmöglich wäre. Das Problem ist vielmehr, daß Repräsentation der Name eines unentscheidbaren Spiels ist, das eine Vielzahl sozialer Verhältnisse organisiert, dessen Operationen aber nicht in einen rational erfaßbaren und letztlich eindeutigen Mechanismus fixiert werden können. Repräsentation ist sehr oft in Demokratietheorien für die Schwierigkeiten kritisiert worden, die sie einer Rechenschaftspflicht bereitet, die in einer demokratischen Gesellschaft für wesentlich erachtet wird. Aber viele Versionen dieser Kritik stehen auf schwachen Beinen. Nur in der Möglichkeit, daß der Wille einer Wählerschaft von ihren Repräsentanten ignoriert oder verletzt werden könnte, eine Gefahr zu sehen, ist einäugig. Es gibt natürlich viele Fälle, in denen solch ein Wille ignoriert wird, und viele Fälle systematischer Verzerrung. Aber was diese Kritik ignoriert, ist die Rolle des Repräsentanten für die Konstitution dieses Willens. Wenn es, wie ich gesagt habe, eine Spaltung in der Identität des Repräsentierten gibt, die zu ihrer Überbrückung den Repräsentationsprozeß benötigt, dann trifft einfach nicht zu, daß es zu demokratischer verwalteten Gesellschaften führt, wenn die sozialen Bereiche, in denen Repräsentationsmechanismen operieren, reduziert werden. Wir leben in Gesellschaften, in denen wir immer weniger in der Lage sind, uns auf eine einzige oder primäre Ebene zu beziehen, auf der die grundlegende Identität sozialer Akteure konstituiert wird. Das bedeutet einerseits, daß soziale Akteure immer mehr zu »multiplen Formen des Selbst« werden, zu nur lose integrierten und instabilen Identitäten. Und es bedeutet andererseits, daß es eine Proliferation jener Punkte in der Gesellschaft gibt, von denen aus Entscheidungen, die ihr Leben betreffen, gefällt werden. In Folge ist die Notwendigkeit, die »Orte des Mangels auszufüllen«, nicht länger ein »Supplement«, das einer grundlegenden Konstitutionsebene der Identität der Akteure hinzugefügt werden muß, sondern sie wird zu einem *primären* Terrain. Die konstitutive Rolle von Repräsentation in der Formation des Willens, die in stabileren Gesellschaften zum Teil verdeckt war, wird nun vollständig sichtbar. Die Ebene der Nationalstaaten kann zum Beispiel als Ebene operieren, auf der die Diskurse der Repräsentanten Formen von Artikulation und Einheit unter ansonsten fragmentierten Identitäten vorschlagen. Das bedeutet, daß wir dem Rahmen des repräsentativen Prozesses nicht entkommen können; und daß demokratische Alternativen konstruiert werden müssen, die die Punkte multiplizieren, von denen aus und um die herum Repräsentation operiert – statt ihre Reichweite und ihr Operationsgebiet einzugrenzen.

Wir haben gesehen, was eine Situation beinhaltet, in der der Diskurs des Repräsentanten den Spalt in der Identität des Repräsentierten ausfüllen muß: Der Diskurs wird die Doppelrolle spielen, von der ich vorher gesprochen habe: sowohl partikularer Füller als auch Symbol der Füllfunktion. Aber das bedeutet, daß der Spalt zwischen den beiden Seiten dieser Dualität sich in den heutigen Gesellschaften notwendigerweise verbreitern und die Rolle der »Repräsentanten« immer zentraler und konstitutiver wird. Ist das wirklich so schlecht? Entfernen wir uns durch diesen sich vergrößernden Spalt tatsächlich zunehmend von der Möglichkeit demokratisch regierter Gesellschaften? Ich glaube nicht. Die Situation ist vielmehr umgekehrt. In einer Situation, in der konkreter Inhalt und allgemeine Form der Fülle nicht unterschieden werden können – das heißt, in einem geschlossenen Universum, in dem keine Repräsentation erforderlich ist –, wäre demokratischer Wettstreit unmöglich. Die Transparenz einer vollständig erreichten Identität wird zur automatischen Quelle aller Entscheidungen. Das ist die Welt der Homerischen Helden. Aber wenn es in der Identität sozialer Akteure einen Mangel gibt, dann wird die Ausfüllung dieses Mangels notwendigerweise die Spaltung zwischen Inhalt und Funktion der Ausfüllung generieren. Und da letztere nicht notwendigerweise mit irgendeinem Inhalt assoziiert ist, wird es zwischen den verschiedenen Inhalten einen Wettstreit um die Inkarnation der eigentlichen Form der Fülle geben. Eine demokratische Gesellschaft ist nicht etwa jene, in welcher der »beste« Inhalt unherausgefordert dominiert, sondern vielmehr eine, in der kein Ziel ein für allemal erreicht ist und es immer die Möglichkeit der Herausforderung gibt. Wenn wir zum Beispiel an das Wiedererwachen des Nationalismus und all jener Formen ethnischer Identitäten im heutigen Osteuropa denken, dann könnten wir leicht einsehen, daß die Gefahr für Demokratie in der Schließung dieser Gruppen um voll-konstituierte Identitäten besteht, was nur deren reaktionärste Tendenzen verstärken und die Bedingungen für eine permanente Konfrontation mit anderen Gruppen erzeugen wird. Im Unterschied dazu kann die Integration dieser Nationen in größere Ensembles – wie die EU – die Basis für eine demokratische Entwicklung legen, indem sie die Spaltung von sich selbst erfordert, die Notwendigkeit, außerhalb seiner selbst repräsentiert zu sein, um ein eigentliches Selbst zu werden. Demokratie gibt es nur, insofern der positive Wert einer dislozierten Identität anerkannt wird. Der Begriff *Hybridisierung*, der treffenderweise von Homi Bhabha und anderen vorgeschlagen wurde, kann hier zum Einsatz kommen. Aber in diesem Fall besteht die Bedingung einer demokratischen Gesellschaft in konstitutiver Unabgeschlossenheit – was natürlich die Unmöglichkeit einer ultimativen Gründung beinhaltet. Wir können sehen, daß dies eine »Entgründung« ist, die der perversen und sterilen Moderne/Nihilismus-Dichotomie entkommt: Sie konfrontiert uns nicht mit der Alternative zwischen An- und Abwesenheit eines Grundes, sondern mit der nicht endenden Suche nach etwas, das seiner eigenen Unmöglichkeit einen positiven Wert geben muß.

Wir sind in derselben Situation, wenn wir über Macht sprechen. Der traditionelle Begriff einer emanzipierten Gesellschaft ist der einer völlig rationalen Gesellschaft, in der Macht gänzlich eliminiert wurde. Aber wie wir gesehen haben, muß Macht der rationalistischen Gesellschaftskonzeption, auf welcher der Emanzipationsbegriff basiert, als reiner Schein gelten. Das konfrontiert uns mit einer antinomischen Situation. Wenn Emanzipation als ein *wirkliches* Ereignis möglich sein soll – das heißt, wenn sie einen ontologischen Status und nicht nur den gelebten Inhalt des falschen Bewußtseins der Menschen besitzen soll –, muß Macht ebenfalls wirklich sein.

Wenn aber Macht wirklich ist, müssen Macht und dasjenige, was sich von ihr emanzipiert, im Verhältnis radikaler Exteriorität stehen – ansonsten würde es ein rationales Glied zwischen Macht und Emanzipation geben, und Emanzipation wäre keine wirkliche. Die Schwierigkeit liegt in der Tatsache, daß ein Verhältnis radikaler Exteriorität zwischen zwei Kräften eine *kontingente* Verbindung ist und folglich, wenn Emanzipation Macht durch einen kontingenten Prozeß des Kampfes eliminiert, selbst Macht sein muß. Könnte man aber nicht sagen, daß Macht, sobald sie von Emanzipation zerstört wurde, nicht länger Macht sei? Nein, denn volle Transparenz und Rationalität können logisch nicht von der Opazität ausgehen, die einem kontingenten Machtakt inhärent ist. Nur wenn der Umsturz von Macht Ausdruck einer höheren Rationalität war, die ihn in einen *notwendigen* Schritt transformierte, wäre Emanzipation durch und durch rational. In diesem Fall wäre sie, wie wir gesehen haben, nicht länger Emanzipation. Die eigentliche Bedingung von Emanzipation – ihr radikaler Bruch mit Macht – ist somit zugleich, was Emanzipation unmöglich macht, da sie ununterscheidbar von Macht wird. Daraus folgt allerdings nicht die nihilistische Konsequenz, daß Emanzipation unmöglich ist und nur Macht übrigbleibt, denn wir sind ja zu dem Schluß gekommen, daß Macht die eigentliche Bedingung von Emanzipation ist. Wenn jede Emanzipation sich als Macht konstituieren muß, wird es eine Pluralität von Mächten geben – und in Folge eine Pluralität kontingenter und partieller Emanzipationen. Wir stehen vor der Machiavellischen Situation eine Pluralität von Kämpfen *innerhalb* des Sozialen, nicht vor einem Akt radikaler Neugründung, die zur Quelle des Sozialen würde. Was verschoben wurde, ist die logisch unmögliche Idee einer radikalen Dichotomie, durch die Emanzipation zu einem Synonym der Eliminierung von Macht wird. Wie im Fall der Unreinheit, die dem Repräsentationsprozeß inhärent ist, sollte die Dimension von Macht, die in jeder sozialen Identität unauslöschbar und konstitutiv ist, aber nicht als eine Bürde verstanden werden, sondern als die Quelle eines neuen historischen Optimismus. Denn wäre eine totale Eliminierung von Macht erreichbar, würden soziale Relationen völlig transparent, Differenz würde unmöglich und *Freiheit* würde zu einem überflüssigen Begriff werden. Wir hätten tatsächlich das Ende der Geschichte erreicht.

Das bringt mich zu meinem letzten Punkt. Wie sind mit unserer heutigen Erfahrung Zeugen des Endes der Moderne als Horizont, doch nicht notwendigerweise des Endes der partikularen Ziele und Forderungen, die ihren Inhalt ausmachten. Wir nennen *Horizont*, was zu ein und demselben Zeitpunkt die Grenzen und das Terrain der Konstitution jedes möglichen Objekts errichtet – und folglich jedes »Jenseits« verunmöglicht. Vernunft für die Aufklärung, Fortschritt für den Positivismus, die kommunistische Gesellschaft für den Marxismus – dies sind nicht die Namen von Objekten innerhalb eines bestimmten Horizonts, sondern die des Horizonts selbst. In diesem Sinn sind die Hauptmerkmale der modernen Politikkonzeption, die ich am Beginn meines Textes betont habe, fest in den wesentlichen Dimensionen der Moderne – verstanden als fundamentaler Horizont – verwurzelt. Um nun die zentralen Schlußfolgerungen meiner Argumentation zu generalisieren, könnte ich behaupten, daß die Krise dieses Horizonts, die von vielerlei Seite diagnostiziert wurde, weit davon entfernt ist, zu einer allgemeinen Implosion des Sozialen und zu einem Rückzug von Partizipation in öffentlichen Räumen zu führen. Stattdessen erzeugte sie zum erstenmal die Möglichkeit einer radikal politischen Gesellschaftskonzeption. Kommen wir kurz auf unsere fünf Merkmalen zurück und sehen, in welcher Weise die »postmoderne« Wende uns hilft, Politik von ihren beschränkenden modernen Fesseln zu befreien.

Radikale Transformation zuerst: Wenn diese Transformation auf der Ebene eines rational erfaßbaren Grundes des Sozialen stattfinden soll, dann ist die Transformation das Werk der Vernunft und nicht unseres. Eine Rationalität, die uns transzendiert, determiniert völlig, was geschehen wird, und unsere einzige mögliche Freiheit läge im Bewußtsein der Notwendigkeit. Unter diesem Aspekt kann eine universelle Klasse nur ein unbegrenzter historischer Akteur sein, der die Subjekt/Objekt-Dualität abschafft. Wenn es aber keinen Grund des Sozialen gibt, wird jede historische Intervention das Werk begrenzter historischer Akteure sein. Diese Begrenztheit wird allerdings durch eine neue Freiheit, die soziale Akteure gewinnen, wenn sie die Erschaffer ihrer eigenen Welt werden, mehr als aufgewogen. Das Ergebnis ist, daß der Begriff radikaler Transformation verschoben wird: Sein radikaler Charakter wird ihm durch die Überdeterminierung partieller Veränderungen, die er beinhaltet, gegeben, nicht durch unsere Operation auf der Ebene eines fundamentalen Grundes. Das erklärt, warum das zweite und vierte Merkmal, das wir im modernen Zugang zur Politik aufgefunden hatten, ebenfalls verschoben wird. Die Kategorie »sozialer Totalität« kann mit Sicherheit nicht aufgegeben werden, denn insofern jede soziale Handlung auf einem überdeterminierten Terrain stattfindet, »totalisiert« sie in bestimmtem Ausmaß die sozialen Verhältnisse; aber Totalität wird nun zum Namen eines Horizonts, nicht eines Grundes. Und aus denselben Gründen versuchen soziale Akteure, ihre Begrenzungen zu überschreiten, aber insoweit die Idee eines grenzenlosen sozialen Akteurs aufgegeben wurde, kann diese Überschreitung nur der pragmatische Prozeß der Konstruktion hochgradig überdeterminierter sozialer Identitäten sein. Wie steht es um Repräsentierbarkeit? Es ist klar, daß totale Repräsentierbarkeit, wenn es keinen ultimativen rationalen Grund des Sozialen gibt, unmöglich ist. In diesem Fall könnten wir aber von »partiellen« Repräsentationen sprechen, die innerhalb ihrer Grenzen mehr oder weniger adäquate Bilder der Welt liefern. Wenn radikale Kontingenz das Terrain des Grundes eingenommen hat, wird jede soziale Bedeutung eine soziale Konstruktion sein – und keine intellektuelle Reflektion dessen, was die Dinge »an sich« sind. Die Konsequenz ist, daß in diesem »Interpretationskrieg« Macht – weit davon entfernt, nur Schein zu sein – konstitutiv für alle soziale Beziehungen wird.

Drei Schlüsse lassen sich aus den vorangegangenen Entwicklungen ziehen. Der erste ist, daß Politik, bei weitem nicht auf den Überbau beschränkt, die Rolle dessen einnimmt, was wir eine *Ontologie des Sozialen* nennen können. Wenn Politik das Ensemble der auf einem unentscheidbaren Terrain – einem Terrain, in dem Macht konstitutiv ist – getroffenen Entscheidungen ist, dann kann das Soziale nur in den sedimentierten Formen einer Macht bestehen, welche die Spuren ihrer eigenen Kontingenz verwischt hat. Die zweite Schlußfolgerung ist, daß die Bewegung von der Moderne zur Postmoderne, wenn sie auf der Ebene ihrer intellektuellen und sozialen Horizonte stattfindet, nicht notwendigerweise zum Zusammenbruch aller Objekte und Werte führt, die im Horizont der Moderne beheimatet waren, sondern vielmehr zu deren Reformulierung aus einer unterschiedlichen Perspektive. Die universalen Werte der Aufklärung müssen zum Beispiel nicht aufgegeben werden, sondern sollten stattdessen als pragmatische soziale Konstruktionen und nicht als Ausdruck einer notwendigen Vernunfterfordernis dargestellt werden. Schließlich zeigen die vorangegangenen Überlegungen, denke ich, die Richtung an, in welche sich die Konstruktion eines postmodernen sozialen Imaginären bewegen sollte: Sie sollte auf die positiven kommunitären Werte hinweisen, die aus der Begrenztheit historischer Akteure folgen, aus der Kontingenz sozialer Verhältnisse und aus jenen politischen Arrangements, durch die Gesellschaft den Umgang mit ihrer eigenen Unmöglichkeit organisiert.

Gemeinschaft und ihre Paradoxien: Richard Rortys »Liberales Utopia«

Anti-Fundationalismus [*anti-foundationalism*] hat bislang eine Vielzahl intellektueller und kultureller Effekte produziert, doch wenige davon haben sich auf das Terrain der Politik bezogen. Es ist eines der Verdienste des Werks von Richard Rorty, eine solche Verbindung nachdrücklich und überzeugend versucht zu haben. In seinem Buch *Kontingenz, Ironie, Solidarität* präsentierte er ein exzellentes Bild der intellektuellen Transformation des Westens während der letzten beiden Jahrhunderte und zeichnete auf dieser Basis die wesentlichen Linien eines sozialen und politischen Arrangements, das er ein »liberales Utopia« nannte. Nicht daß Rorty versuchen würde, seinen (post-)philosophischen Zugang als eine theoretische Gründung seines politischen Vorschlags zu präsentieren – ein Versuch (den Rorty zurückweist), der einfach innerhalb eines anti-fundationalistischen Diskurses das Terrain der verlorenen Fundierung »wiederbesetzen« würde. Eher ist es so, daß Anti-Fundationalismus zusammen mit einer Vielzahl anderer Narrative und kultureller Interventionen das intellektuelle Klima erzeugt hat, in dem bestimmte soziale und politische Arrangements denkbar werden.

Obwohl ich durchaus mit den meisten von Rortys philosophischen Argumenten und Positionen übereinstimme, werde ich in diesem Kapitel zu zeigen versuchen, daß sein Begriff eines »liberalen Utopia« eine Reihe von Unzulänglichkeiten aufweist, die nur überwunden werden können, wenn die liberalen Merkmale von Rortys Utopia in den breiteren Rahmen dessen gestellt werden, was wir »radikale Demokratie«[22] genannt haben.

I

Fassen wir zuerst die wichtigsten Punkte in Rortys Argument zusammen. Zu Beginn des Buches stellt er seine primäre These in folgenden Begriffen vor:

> »Dieses Buch versucht zu zeigen, wie es aussieht, wenn wir die Forderung nach einer Theorie, die das Öffentliche und das Private vereint, aufgeben und uns damit abfinden, die Forderungen nach Selbsterschaffung und nach Solidarität als gleichwertig, aber für alle Zeit inkommensurabel zu betrachten. Es zeichnet eine Gestalt, die ich ›liberale Ironikerin‹ nenne. Meine Definition des ›Liberalen‹ übernehme ich von Judith Shklar, die sagt, Liberale seien die Menschen, die meinen, daß Grausamkeit das schlimmste ist, was wir tun. ›Ironikerin‹ nenne ich eine Person, die der Tatsache ins Gesicht sieht, daß ihre zentralen Überzeugungen und Bedürfnisse kontingent sind – nenne ich jemanden, der so nominalistisch und historisch ist, daß er die Vorstellung aufgegeben hat, jene zentralen Überzeugungen und Bedürfnisse bezögen sich zurück auf eine Instanz jenseits des raum-zeitlichen Bereiches. Liberale Ironiker sind Menschen, die zu diesen nicht auf tiefste Gründe rückführbaren Bedürfnissen auch ihre eigenen Hoffnungen rechnen, die Hoffnungen, daß Leiden geringer wird, daß die Demütigung von Menschen durch Menschen vielleicht aufhört.«[23]

Das Milieu, in dem diese Ziele erreichbar sind, ist das einer postmetaphysischen Kultur.

Dem spezifisch politischen Argument hinsichtlich der Kontingenz der Gemeinschaft gehen zwei Kapitel zur »Kontingenz der Sprache« und zur »Kontingenz des Selbst« voraus, die seinen Hintergrund abgeben. Rorty weist darauf hin, daß vor zweihundert Jahren zwei wesentliche Veränderungen im intellektuellen Leben Europas stattfanden: Das zunehmende Bewußtsein davon, daß Wahrheit eher fabriziert als gefunden wird – was die utopische Politik der Neuformung sozialer Verhältnisse ermöglichte –, und die romantische Revolution, die zu einer Sicht von Kunst eher im Sinne von Selbsterschaffung als im Sinn der Imitation von Realität führte. Diese Veränderungen vereinigten ihre Kräfte und erlangten nach und nach kulturelle Hegemonie. Der deutsche Idealismus war ein erster Versuch, die intellektuellen Konsequenzen aus dieser Transformation zu ziehen, scheiterte aber letztlich, da er die Idee, daß nichts eine zu repräsentierende innere Natur hätte, mit der äußerst verschiedenen Idee verwechselte, die raum-zeitliche Welt sei ein Produkt des menschlichen Geistes. Was tatsächlich hinter diesen verschwommenen Intuitionen der romantischen Periode liegt, ist die wachsende Einsicht, daß es keine intrinsische Natur des Wirklichen gibt, daß das Wirkliche jedoch je nach den Sprachen, mit denen es beschrieben wird, unterschiedlich aussehen wird – und daß es keine Metasprache oder neutrale Sprache gibt, die uns eine Entscheidung zwischen konkurrierenden Sprachen erster Ordnung erlauben würde. Philosophische Argumentationen entwickeln sich nicht durch eine interne Dekonstruktion einer These, die in einem bestimmten Vokabular präsentiert wird, sondern vielmehr durch die Präsentation eines konkurrierenden Vokabulars:

> »Interessante Philosophie ist nur selten eine Prüfung der Gründe für und wider eine These. Gewöhnlich ist sie explizit oder implizit Wettkampf zwischen einem erstarrten Vokabular, das hemmend und ärgerlich geworden ist, und einem neuen Vokabular, das erst halb Form angenommen hat und die vage Versprechung großer Dinge bietet.«[24]

An diesem Punkt läßt Rorty, seiner Methode treu, einfach die alte Sprachkonzeption fallen und macht sich auf zu einer Neubeschreibung durch Donald Davidsons Sprachphilosophie. Diese weist die Idee, Sprache würde ein Medium entweder von Repräsentation oder Expression konstituieren, zurück und ähnelt der Wittgensteinschen Konzeption alternativer Vokabulare im Sinne alternativer Werkzeuge. Mary Hesses »metaphorische Neubeschreibungen« und Harald Blooms »starker Dichter« werden in diesem Zusammenhang ebenfalls zitiert. Nachdem er die Kontingenz der Sprache gezeigt hat, wendet sich Rorty dem Selbst zu. Hier sind die wesentlichen Helden Nietzsche und (besonders) Freud. Für Nietzsche ist es nur der Dichter, der die Kontingenz des Selbst vollständig wahrnimmt.

> »Anders gesagt, faßt die abendländische philosophische Tradition menschliches Leben als einen Triumph auf, insofern es aus der

> Welt von Zeit, Erscheinung und idiosynkratischer Meinung ausbricht in eine andere Welt – die Welt der bleibenden Wahrheit. Nietzsche hält im Gegensatz dazu nicht die Grenzüberschreitung zwischen Zeit und zeitloser Wahrheit, sondern die Überschreitung der Grenze zwischen dem Alten und dem Neuen für entscheidend. Für ihn ist ein menschliches Leben siegreich, insofern es überkommenen Beschreibungen der Kontingenzen seiner Existenz entrinnt und neue findet. Das ist der Unterschied zwischen dem Willen zur Wahrheit und dem Willen zur Selbstüberwindung. Es ist der Unterschied zwischen dem Verständnis von Erlösung als Herstellen der Verbindung zu etwas, das größer und dauerhafter ist als man selbst, und Erlösung in der Beschreibung Nietzsches: ›Alles »Es war« umzuschaffen in ein »So wollte ich es!«‹.«[25]

Aber es ist Freud, der im Prozeß der Entgöttlichung des Selbst den wichtigsten Schritt voran repräsentiert. Er zeigte die Weise, in der all die Merkmale unseres Bewußtseins auf die Kontingenz unserer erzieherische Entwicklung zurückgeführt werden können.

> »Er macht die Allgemeinheit des Moralgefühls rückgängig, läßt es so idiosynkratisch sein wie die Erfindungen der Dichter. Damit erlaubt er uns, das moralische Bewußtsein als genauso historisch bedingt, ebenso sehr als Produkt der Zeit und des Zufalls zu sehen wie das politische oder ästhetische Bewußtsein.«[26]

Trotz der vielen Punkte, die sie gemeinsam haben, ist Freud, Rorty zufolge, nützlicher als Nietzsche, da er zeigt, daß der konformistische Bürger nur an der Oberfläche einfältig ist, vor der psychoanalytischen Erkundung, während Nietzsche »die große Mehrheit der Menschen auf den Status sterbender Tiere herabsetzt«[27].

Zuletzt erreichen wir die Kontingenz der Gemeinschaft, die detaillierter verhandelt werden sollte, denn sie betrifft das Hauptthema des Kapitels. Rorty stößt hier auf eine Anfangsschwierigkeit: Er fühlt sich sowohl liberaler Demokratie verbunden als auch Anti-Fundationalismus, doch das Vokabular, in dem erstere ursprünglich präsentiert wurde, ist jenes des Rationalismus der Aufklärung. In den darauffolgenden zwei Kapiteln versucht er die These zu verteidigen, daß, obwohl dieses Vokabular essentiell für die liberale Demokratie in ihren

Anfangsstadien war, es heute zu einem Hindernis für ihren weiteren Fortschritt und ihre Konsolidierung geworden ist. Das läßt ihn in dem Bemühen zurück, das demokratische Ideal auf nicht-rationalistische und nicht-universalistische Weise zu reformulieren.

Rorty beginnt, indem er die möglichen Vorwürfe des Relativismus und Irrationalismus aus dem Weg räumt. Er zitiert Schumpeter mit den Worten: »Die Einsicht, daß die Geltung der eigenen Überzeugungen nur relativ ist, und dennoch unerschrocken für sie einzustehen, unterscheidet den zivilisierten Menschen vom Barbaren«; und er inkludiert Isaiah Berlins Kommentar zu dieser Passage: »Mehr als das zu verlangen ist vielleicht ein tiefes, unheilbares metaphysisches Bedürfnis; wenn man aber zuläßt, daß dieses Bedürfnis das Handeln bestimmt, so ist das ein Symptom für ebenso tiefe und gefährlichere moralische und politische Unreife.«[28] Schließlich wird Michael Sandel in das Bild gebracht, um gegen diese Behauptungen aufzutreten: »Und wenn die eigenen Überzeugungen nur relativ gültig sind, warum dann unerschrocken für sie einstehen?«[29]

Damit ist die Relativismusdebatte in ihren klassischen Zügen eröffnet. Rorty tritt in diese Debatte ein, indem er versucht, aus Relativismus ein Nicht-Thema zu machen. Er beginnt, indem er zwei Begriffe absoluter Gültigkeit zurückweist: jenen, der als absolut gültig das identifiziert, was für alle und jeden gültig ist – denn in diesem Fall könnte es kein einziges interessantes Statement geben, das absolut gültig wäre; und jenen, der es mit solchen Statements identifiziert, die für alle rechtfertigbar sind, die nicht korrumpiert sind – denn dies setzt eine Trennung der menschlichen Natur (Gott/Tier) voraus, die letztlich mit Liberalismus unvereinbar ist. Die einzige Alternative ist, als Konsequenz daraus, die Gegenüberstellung von rationalen und irrationalen Überredungsformen auf die Grenzen eines Sprachspiels zu beschränken, worin es möglich ist, die Gründe von Überzeugungen von den Ursachen von Überzeugungen zu unterscheiden, die nicht rational sind. Dies läßt allerdings die Frage nach der Rationalität des Wechsels von Vokabularen offen, und da es keinen neutralen Grund gibt, von dem aus man zwischen ihnen unterscheiden könnte, sieht es so aus, als hätten alle wichtigen Paradigmen-, Metaphern-, oder Vokabularwechsel Ursachen aber keine Gründe. Das würde jedoch implizieren, daß alle großen intellektuellen Bewegungen wie das Christentum, die Wissenschaft Galileos oder die Aufklärung irrationale Ursprünge hätten. Das ist der Punkt, an dem Rorty schlußfolgert, daß die Nützlichkeit einer Beschreibung in den Begriffen der Opposition rational/irrational verschwindet. Davidson – den Rorty an diesem Punkt zitiert – bemerkt, daß wir schließlich viele Dinge »irrational« nennen werden, die wir wertschätzen (die Entscheidung, ein bestimmtes Begehren zu unterdrücken, wird zum Beispiel aus der Sicht des Begehrens selbst irrational erscheinen), sobald ein Rationalitätsbegriff auf interne Kohärenz beschränkt wird (sollte die Verwendung des Begriffs nicht ebenfalls beschränkt werden). Wenn Davidson und Hesse recht haben, sind Metaphern Ursachen und keine Gründe für Wechsel in Einstellungen, aber das macht sie nicht »irrational«; es ist der eigentliche Begriff der Irrationalität, der in Frage gestellt werden muß. Die Konsequenz ist, daß die Frage der Gültigkeit essentiell offen und kontroversiell ist. Nur eine Gesellschaft, in der ein System von Tabus und eine rigide Abgrenzung der Ordnung der Subjekte durchgesetzt wurde und von allen akzeptiert wird, wird der konversationellen Natur von Geltung entkommen. Aber das ist genau die Art Gesellschaft, die mit Liberalismus strikt unvereinbar ist:

> »Für die Idee einer liberalen Gesellschaft ist es von zentraler Bedeutung, daß alles erlaubt ist, sofern es um Worte im Gegensatz zu Werken, um Überzeugungskraft im Gegensatz zu Gewalt geht. Diese Aufgeschlossenheit sollte nicht deshalb gehegt und gepflegt werden, weil, wie die Bibel sagt, die Wahrheit groß ist und siegen wird, auch nicht, weil, wie Milton meint, in freiem und offenem Kampf die Wahrheit immer gewinnen wird. *Eine Gesellschaft ist dann liberal, wenn sie sich damit zufriedengibt, das ›wahr‹ zu nennen, was sich als Ergebnis solcher Kämpfe herausstellt.* Deshalb erweist man einer liberalen Gesellschaft einen schlechten Dienst, wenn man versucht, sie mit ›philosophischen Grundlegungen‹ auszustatten. Denn der Versuch, solche Grundlagen zu liefern setzt eine natürliche Ordnung der Themen und Argumente voraus, die

den Ergebnissen von Auseinandersetzungen zwischen alten und neuen Vokabularen übergeordnet ist und sie kassiert.«[30]

Diese Frage des Verhältnisses zwischen Fundationalismus (Rationalismus) und Liberalismus wird von Rorty in Form einer überzeugenden Kritik an Horkheimer und Adornos *Dialektik der Aufklärung* behandelt. Er akzeptiert deren Sicht, daß die von Aufklärung in Bewegung gesetzten Kräfte die Überzeugungen der Aufklärung selbst unterminiert haben, aber er akzeptiert deren Schlußfolgerungen nicht, daß in Folge daraus Liberalismus gegenwärtig intellektuell und moralisch Bankrott sei. Rorty zufolge werden die Vokabulare, die über die Einführung eines historischen Prozesses oder einer historischen Bewegung wachten, nie von ihnen akzeptiert, wenn sie ihre Reife erreichen. Aus seiner Sicht ist ironisches Denken einer voll ausgebildeten liberalen Gesellschaft weitaus angemessener als Rationalismus.
Der Dichter und der utopische Revolutionär, die in Rortys Erzählung zentrale historische Akteure sind, spielen die Rolle jener, die »gegen Aspekte dieser Gesellschaft protestieren, die Verrat an dem Bild übern, das sie von sich selbst hat«. Und er fügt in einer zentralen Passage hinzu:

»Diese andere Vorstellung scheint den Unterschied zwischen Revolutionär und Reformer auszulöschen. Man kann aber den *Idealfall* einer liberalen Gesellschaft als einen definieren, in dem dieser Unterschied ausgelöscht *ist*. Eine Gesellschaft ist dann liberal, wenn ihre Ideale durch Überzeugung statt durch Gewalt, durch Reform statt Revolution, durch freie, offene Begegnungen gegenwärtiger sprachlicher und anderer Praktiken mit Vorschlägen für neue Praktiken durchgesetzt werden. Da heißt aber, eine liberale Gesellschaft hat kein Ideal außer Freiheit, kein Ziel außer der Bereitwilligkeit, abzuwarten, wie solche Begegnungen ausgehen, und sich dem Ausgang zu fügen. Sie verfolgt keine andere Absicht als die, Dichtern und Revolutionären das Leben leichter zu machen und darauf zu achten, daß sie ihrerseits anderen das Leben nur durch Worte, nicht durch Taten erschweren. Große Dichter und Revolutionäre ernennt diese Gesellschaft deshalb zu ihren Helden, weil sie erkennt, daß sie ist, was sie ist, die Moralität hat, die sie hat, die Sprache spricht, die sie spricht, nicht weil sie damit so weit wie möglich dem Willen Gottes oder der Natur des Menschen entspricht, son-

> dern weil bestimmte Dichter und Revolutionäre in der Vergangenheit so sprachen, wie sie sprachen.«[31]

Rorty bringt die Figur des liberalen Ironikers in den Fokus, indem er ihn mit Foucault (einem Ironiker, der kein Liberaler ist) und mit Habermas (einem Liberalen, der kein Ironiker ist) vergleicht. Im Fall von Foucault gibt es eine ausschließliche Betonung von Selbstrealisierung, Selbstgenuß. Foucault ist nicht willens, die Vorteile und Verbesserungen liberaler Gesellschaften in Betracht zu ziehen, da es ihm viel mehr um die Formen geht, in denen diese Gesellschaften immer noch diesen Prozeß der Selbsterschaffung präsentieren. Sie haben sogar in vielerlei Hinsicht stärkere Kontrollen über ihre Mitglieder verhängt, die prä-modernen Gesellschaften noch unbekannt waren. Rortys hauptsächlicher Einspruch gegen Foucault besteht darin, daß es aus seiner Sicht nicht notwendig ist, ein neues »wir« zu erschaffen; »wir Liberalen« ist genug. Mit Habermas ist die Situation genau umgekehrt. Für ihn ist es wesentlich, daß das Selbstbild einer demokratischen Gesellschaft ein Element des Universalismus hat, das durch einen Prozeß herrschaftsfreier Kommunikation erzielt werden kann. Er versucht – wenn auch durch einen radikalen Umbau – eine Brücke zur rationalistischen Fundierung der Aufklärung offenzuhalten. So ist Rortys Meinungsverschiedenheit mit Foucault essentiell politisch, während die mit Habermas rein philosophisch ist.

Schließlich sollten wir für unsere Zwecke zwei mögliche Einwände gegen Rortys liberales Utopia betrachten, die er zu beantworten versucht. Der erste ist, daß die Aufgabe der metaphysischen Gründung liberaler Gesellschaften sie ihrer sozialen Bindekraft berauben wird, die für die Beibehaltung freier Institutionen unabdingbar ist. Der zweite ist, daß es – aus psychologischer Sicht – nicht möglich ist, ein liberaler Ironiker zu sein und zugleich keinerlei metaphysische Überzeugungen bezüglich der menschlichen Natur zu haben. Rortys Antwort auf den ersten Einwand ist, daß Gesellschaft nicht durch irgendwelche philosophischen Fundamente zusammengehalten wird, sondern durch gemeinsame Vokabulare und gemeinsame Hoffnungen. Derselbe Einwand wurde in der Vergangenheit bezüglich der desaströsen sozialen Effekte erhoben, die sich aus dem Verlust des religiösen Glaubens der Massen hätten ergeben sollen, und die Prophezeiung hat sich als falsch herausgestellt. Ironiker waren grundsätzlich elitär und haben wenig zur Verbesserung der Gemeinschaft beigetragen. Die Neubeschreibung, an der sie mitarbeiten, führt regelmäßig zu Attacken auf die am stärksten hochgehaltenen Werte der Bevölkerung und zu ihrer Entwürdigung. Hinzu kommt, daß Metaphysiker, obwohl sie ebenfalls an Neubeschreibungen teilhaben, den Vorteil gegenüber Ironikern besitzen, daß sie den Menschen geben, was von seiner Natur her Wahrheit beansprucht: Einen neuen Glauben, dem sie anhängen können. Doch hier sagt Rorty, daß die Hauptschwierigkeit darin liegt, daß die Menschen von den ironischen Philosophen etwas erlangen, was Philosophie nicht geben kann: Antworten auf Fragen wie »Warum nicht grausam sein?« oder »Warum freundlich sein?«. Die Erwartung, daß eine *theoretische* Antwort gegeben werden kann, ist einfach das Ergebnis eines metaphysischen Nachhinkens. In der post-philosophischen Ära sind es die Narrative, die die Funktion erfüllen, solche Werte zu erzeugen:

> »In einer ironistischen Kultur dagegen gibt man diese Aufgabe den Disziplinen, die sich auf eine dichte Beschreibung des Idiosynkratischen und Privaten spezialisiert haben. Diese Arbeiten müssen vor allem Romane und Ethnographien leisten, die den Leser für die Schmerzen derer, die unsere Sprache nicht sprechen, sensibilisieren – erwartet hatte man diese Leistung von den Beweisen für eine allen gemeinsame menschliche Natur.«[32]

II

Ich fühle mich in Übereinstimmung mit großen Teilen von Rortys Analyse, besonders mit seinem Pragmatismus und mit seiner Darstellung der Gegenwartstheorie. Ich unterschreibe sicherlich seine Zurückweisung jeglicher metaphysischen Gründung der sozialen Ordnung und seine Kritik an Habermas. Schließlich unterstütze ich ebenfalls seine Verteidigung des liberal-demokratischen Frameworks. Dennoch glaube ich, daß es in seinem »liberalen Utopia« etwas gibt, das einfach nicht funktioniert. Und ich denke, daß dies keine Frage des Details oder der Unabgeschlossenheit ist, sondern eine interne Inkonsistenz seiner »Idealgesellschaft«.

Beginnen wir mit der Charakterisierung der liberalen Gesellschaft als einer Form von Sozialarrangement, in dem Zwang von Überzeugen ersetzt wird. Meine Hauptschwierigkeit ist, daß ich zwischen diesen beiden keine so klare Unterscheidung feststellen kann wie das Rorty tut. In einer Hinsicht ist die Unterscheidung natürlich deutlich: In der Überzeugung gibt es ein Element des Konsenses, das es im Fall von Zwang nicht gibt. Aber die Frage, die bleibt, ist: In welchem Ausmaß gibt es in Überzeugungskraft/Konsens nicht auch eine Zutat von Zwang? Was bedeutet Überzeugungskraft? Außer im Extremfall, wenn wir jemandem etwas auf eine algorithmische Weise beweisen, sind wir in eine Operation verwickelt, in der jemand zum Wechsel seiner Meinung veranlaßt wird, ohne daß irgendeine ultimative rationale Fundierung vorhanden wäre. Rorty beschränkt sehr richtig die Domäne der Vernunft auf das Innere partikularer Sprachspiele, aber die Schwierigkeit setzt sich fort, denn Sprachspiele sind keine absolut geschlossenen Universen. Entscheidungen müssen in ihnen getroffen werden, die aus Sicht des Regelsystems, das die Struktur des Spiels definiert, unentscheidbar sind. Ich stimme Rorty/Davidson darin zu, daß die Anerkennung dieser Tatsache es nicht rechtfertigt, die Entscheidung als irrational zu beschreiben; und die ganze Unterscheidung zwischen rational und irrational ist von geringem Nutzen. Doch worauf ich hinweisen will, ist etwas anderes: Eine Entscheidung zu treffen, wird unter diesen Umständen unvermeidlich ein Element des Zwanges beinhalten. Nehmen wir Davidsons Beispiel einer Person, die sich reformieren will und sich entscheidet, ein Begehren zu unterdrücken – zum Beispiel ein Alkoholiker, der sich zur Entscheidung durchringt, mit dem Trinken aufzuhören. Aus der Sicht des Begehrens gibt es nur Unterdrückung – das heißt Zwang. Und dieses Argument kann verallgemeinert werden. Betrachten wir verschiedene mögliche Situationen:

Situation A:
Ich bin mit der Notwendigkeit konfrontiert, zwischen verschiedenen Handlungsmöglichkeiten zu wählen, und die Struktur des Sprachspiels, das ich spiele, verhält sich diesen gegenüber indifferent. Nachdem ich die Situation evaluiert habe, schließe ich, daß es keinen offensichtlichen Kandidaten für meine Entscheidung gibt, aber ich treffe dennoch *eine* Wahl. Es ist klar, daß ich in diesem Fall die alternativen Handlungsmöglichkeiten unterdrückt habe.

Situation B:
Ich möchte jemanden überzeugen, seine Meinung zu ändern. Da die Überzeugung, die ich ihm einprägen will, nicht die hegelianische Wahrheit der genau entgegengesetzten Überzeugung ist, die er tatsächlich hat, möchte ich seine Überzeugung nicht *entwickeln*, sondern ich möchte ihre Existenz *auslöschen*. Wiederum Zwang. Nehmen wir an, daß meine Bemühungen Erfolg haben. In diesem Fall ist er zu meiner Überzeugung *bekehrt* worden. Aber das Element von Zwang ist immer da. Was ich getan habe, ist nur eines: Meinen Freund davon zu überzeugen, mir in der Vernichtung seiner Überzeugung behilflich zu sein. Folglich beinhaltet Überzeugung strukturell Zwang.

Situation C:
Es gibt zwei Handlungsoptionen und zwei Gruppen, die sich uneinig sind, welcher sie folgen sollen. Da beide Handlungsoptionen in der Struktur der Situation gleichermaßen möglich sind, kann der *Widerstreit* [*différend*] nur durch Zwang gelöst werden. Natürlich wird dieses Element von Gewalt auf sehr verschiedene Weise aktualisiert werden: entweder dadurch, daß eine Gruppe die andere überzeugt (und wir sind zurück in Situation *B*); oder durch ein Regelsystem, das von beiden Teilen akzeptiert wird, um den Widerstreit beizulegen (durch eine Abstimmung zum Beispiel); oder durch die *ultima ratio*. Aber der entscheidende Punkt ist, daß das Element von Zwang in allen Fällen präsent sein wird.

In Rortys bevorzugter Gesellschaft, ist die dritte Lösung von Situation *C* deutlich ausgeschlossen, aber das stellt immer noch verschiedene Schwierigkeiten dar. Es ist einfach nicht möglich, Gewalt und Überzeugungskraft einander gegenüberzustellen, da Überzeugung *eine* Form von Zwang ist. Die Diskussion verschiebt sich daher hin zu einer Analyse der Weise, in der Zwang in der Gesellschaft organisiert ist, und zur Frage, welche Typen von Zwängen in einer liberalen Gesellschaft akzeptabel sind. Das zweite Problem ist, daß das Element physischen Zwanges selbst in der freiesten aller Gesellschaften nicht eliminiert werden kann. Ich zweifle daran, daß Rorty Überzeugskraft als eine adäquate Methode des Umgangs mit einem Vergewaltiger vertreten würde. Und Streiks oder Sit-ins von Studenten – die absolut legitime Aktionen in einer freien Gesellschaft sind – versuchen ihre Ziele nicht nur durch Überzeugungskraft zu erreichen, sondern auch dadurch, daß sie ihren Antagonisten dazu zwingen, Gewalt nachzugeben. Natürlich gibt es viele Fälle dazwischen.

Aus den gleichen Gründen tendiere ich dazu, mit der Unterscheidung zwischen Reform und Revolution auf andere Weise umzugehen als Rorty. Aus meiner Sicht besteht das Problem darin, das Terrain zu verschieben, das die Unterscheidung möglich gemacht hat. Denn das klassische Ideal der Revolution involviert nicht nur die Dimension von Gewalt, die Rorty unterstreicht, sondern auch die Idee, daß diese Gewalt auf ein sehr spezifisches Ziel hin ausgerichtet sein muß, das darin bestand, der sozialen Ordnung eine *neue Fundierung* zu geben. Nun, aus dieser Sicht bin ich ein Reformist. Nicht etwa, weil meine sozialen Bestrebungen bescheiden wären, sondern weil ich nicht glaube, daß Gesellschaft als solche so etwas wie eine Fundierung hat. Kein Zweifel, Rorty würde mir in diesem Punkt zustimmen. Selbst die Ereignisse, die in der Vergangenheit Revolutionen *genannt wurden*, waren nur die Überdetermination einer Vielzahl von Reformen, die weite Aspekte der Gesellschaft abdeckten – aber in keiner Weise ihre Totalität. Die Idee, die ganze Gesellschaft auf den Kopf zu stellen, macht keinen Sinn. (Was nicht bedeutet, daß nicht viele häßliche Dinge durch den Versuch, diese unmögliche Operation auszuführen, begangen wurden.) Aber wenn ich auf der einen Seite versuche, Revolution in Reform neu zu verorten, bin ich auf der anderen Seite sehr dafür, die Dimension von Gewalt in der Reform neu einzuführen. Eine Welt, in der Reform ohne Gewalt stattfindet, ist keine Welt, in der ich leben wollte. Sie könnte entweder eine absolut eindimensionale Gesellschaft sein, in der 100 Prozent der Bevölkerung jeder einzelnen Reform zustimmen, oder eine, in der die Entscheidungen von einer Armee von Sozialingenieuren getroffen würden, mit Rückendeckung durch den Rest der Bevölkerung. Jede Reform beinhaltet die Veränderung des *status quo*, und in den meisten Fällen wird das existierende Interessen verletzen. Der Prozeß der Reform ist ein Prozeß von Kämpfen, kein Prozeß einer leisen, stückweisen, technokratischen Konstruktion. Und daran ist nichts zu bedauern. Erst in diesem aktiven Prozeß des Kampfes werden menschliche Fähigkeiten – neue Sprachspiele – erschaffen. Könnten wir uns zum Beispiel vorstellen, wie die Identität der Arbeiter ausgesehen hätte ohne die aktiven Kämpfe, an denen sie während der Anfangsstadien der industriellen Gesellschaft teilhatten? Mit Sicherheit hätten sich viele Fähigkeiten der Arbeiter, die wesentlich für den Demokratisierungsprozeß der westlichen Gesellschaften wurden, nicht entwickelt. Und das gleiche kann natürlich von jeder anderen sozialen Kraft gesagt werden. Daher schließt das radikal-demokratische »Utopia«, das ich Rortys liberalem entgegensetzen würde, Antagonismus und soziale Teilung nicht aus, sondern versteht sie im Gegenteil als konstitutiv für das Soziale.

So hat Rorty aus meiner Sicht sein Argument auf bestimmten Polarisierungstypen – Überzeugung/Zwang, Reform/Gewalt-Revolution – aufgebaut, die nicht nur simplistisch sind, sondern auch inkonsistent, da die Rolle der Guten die Rolle der Bösen (in ersteren) voraussetzt. Jede Theorie der Macht in demokratischen Gesellschaften muß eine Theorie der Machtformen sein, die mit Demokratie verträglich sind, und nicht eine der Eliminierung von Macht. Und das ist nicht das Ergebnis irgendeiner bestimmten Fortdauer einer Form von Beherrschung, sondern Ergebnis der unumgänglichen Tatsache, daß

Gesellschaft – wie Rorty sehr genau weiß – nicht wie ein Puzzle strukturiert ist und es folglich unmöglich ist, die Kollision verschiedener Forderungen und Sprachspiele zu vermeiden. Nehmen wir den Fall rezenter Pornographiedebatten in Amerika. Verschiedene feministische Gruppen haben argumentiert, Pornographie würde Frauen verletzten – etwas, dem ich völlig zustimme. Aber manche dieser Gruppen gingen soweit, Gesetze einzufordern, die es jeder Frau erlaubt hätten, die Herausgeber pornographischen Materials oder pornographischer Werbung vor Gericht zu bringen. Das hat den Einwand hervorgebracht – den ich ebenfalls teile –, daß dies ein Klima der Einschüchterung erzeugen würde, das die Freiheit der Meinungsäußerung berühren könnte. Wo soll zum Beispiel die Linie zwischen Pornographie und künstlerischen Äußerungen gezogen werden?

Offensichtlich muß eine Balance zwischen antagonistischen Forderungen errichtet werden. Aber es ist wichtig zu betonen, daß diese Balance nicht das Resultat der Entdeckung eines Punkts sein wird, an dem beide Forderungen miteinander harmonieren werden – in diesem Fall wären wir wieder bei der Puzzle-Theorie. Nein, der Antagonismus der beiden Forderungen ist, in diesem Kontext, unauslöschbar, und die Balance besteht in der Begrenzung ihrer Effekte, so daß eine Art soziales Gleichgewicht – etwas ganz anderes als eine rationale Harmonisierung – gefunden werden kann. Aber in diesem Fall wird der Antagonismus, obwohl sozial reguliert und kontrolliert, in einer Form weiterbestehen, die »Stellungskrieg« genannt werden könnte. Jeder Pol des Konflikts wird eine gewisse Macht haben und eine gewisse Gewalt über den anderen Pol ausüben. Der paradoxe Nebeneffekt dieser Schlußfolgerung ist, daß die Existenz von Gewalt und Antagonismus die eigentliche Bedingung einer freien Gesellschaft ist. Der Grund dafür ist, daß Antagonismus aus der Tatsache resultiert, daß das Soziale keine Pluralität von Effekten ist, die von einem vorgegebenen Zentrum ausstrahlen, sondern daß es pragmatisch und von vielen Startpunkten aus konstruiert ist. Aber genau weil es eine ontologische Möglichkeit von Zusammenstößen und Unebenheit gibt, können wir von Freiheit sprechen. Nehmen wir an, wir würden zur entgegengesetzten Hypothese stoßen, die im klassischen Emanzipationsbegriff enthalten ist – das heißt, eine Gesellschaft, in der Gewalt und Antagonismus *gänzlich* eliminiert wurden. In dieser Gesellschaft können wir nur die spinozistische Freiheit des Bewußtseins der Notwendigkeit genießen. Dies ist ein erstes Paradox einer freien Gemeinschaft: was die Bedingung ihrer Möglichkeit konstituiert, konstituiert zur selben Zeit die Bedingung ihrer Unmöglichkeit (Gewalt). Einzelne Formen der Unterdrückung können eliminiert werden, aber Freiheit existiert nur, insofern die Verwirklichung totaler Freiheit ein sich immer zurückziehender Horizont ist. Eine vollständig freie Gesellschaft und eine vollständig determinierte Gesellschaft wären, wie ich anderswo argumentiert habe, exakt dasselbe. Ich denke, daß der Grund, warum Rorty sich dieser Antinomien nicht gänzlich bewußt ist, in seiner ungenügenden Theorisierung dessen zu suchen ist, was der Begriff des »Überzeugens« beinhaltet, wie auch in der totalen Opposition, die er zwischen »Überzeugungskraft« und »Zwang« errichtet hat.

III

Überzeugungskraft ist ein essentiell unreiner Begriff. Man kann nicht überzeugen ohne das Andere der Überzeugung – das heißt Zwang. Man kann vom Zwang der Überzeugungskraft sprechen, aber man würde nie sagen, man sei von der Korrektheit des Pythagoreischen Lehrsatzes »überzeugt« worden. Letztere wird einfach *gezeigt*, ohne jede Notwendigkeit der Überzeugung. Aber man kann genausowenig behaupten, Überzeugungskraft sei einfach auf Zwang reduzierbar. Überzeugungskraft ist das Terrain dessen, was Derrida ein »Hymen« genannt hätte. Es ist der Punkt, an dem die »Gründe« für eine Meinung und die »Ursachen« der Meinung ein untrennbares Ganzes konstituieren. Die Annahme eines neuen Paradigmas im Kuhnschen Sinn ist ein gutes Beispiel für das, was ich meine. Eine Vielzahl kleiner Gründe/Ursachen, die von theoretischen Schwierigkeiten bis zu technischen Fortschritten bei den Werkzeugen wissenschaftlicher Forschung reichen, überdeterminieren einander, wenn der Übergang von

normaler zu revolutionärer Wissenschaft bestimmt wird. Und aus Gründen, die ich vorhin erläutert habe – und die in mancher Weise auch in Kuhns Darstellung klar präsent sind –, ist dieser Übergang keine indifferente und schmerzlose Preisgabe, sondern beinhaltet die Unterdrückung anderer Möglichkeiten, er ist das Resultat eines Kampfes. Dies wird deutlicher sichtbar, wenn wir uns auf das politisch-ideologische Feld beziehen. Nun, wie ich zusammen mit Chantal Mouffe in *Hegemonie und radikale Demokratie* argumentiert habe, gibt es in unserer politischen Tradition einen Namen, der diese seltsame Operation namens Überzeugung, die nur durch den Einschluß (in sich selbst) ihres gewalttätigen Gegenteils konstituiert wird, bezeichnet: Dieser Name ist »Hegemonie«.
Ich verweise auf unser Buch für alle Aspekte, die die Genealogie des Begriffs der Hegemonie von den russischen Sozialdemokraten bis Gramsci betreffen, für ihre strukturellen Charakteristiken und die Formen ihrer theoretischen Artikulation innerhalb des Projekts einer radikalen Demokratie. Hier möchte ich nur einige Aspekte herausstreichen, die für unsere gegenwärtige Diskussion relevant sind. Der wichtigste ist, daß »Hegemonie« das diskursive Terrain ist, in dem Fundationalismus in der Geschichte des Marxismus zu desintegrieren begann. Was bis dahin als notwendige Konsequenz einer endogenen Entwicklung präsentiert wurde, determiniert vom Widerspruch zwischen der Entwicklung der Produktivkräfte und den existierenden Produktionsverhältnissen, wurde im Gang von Lenin zu Gramsci das Resultat eines kontingenten politischen Artikulationsprozesses in einem offenen Ensemble, dessen Elemente rein relationale Identitäten hatten. Das heißt, daß GESCHICHTE in Großbuchstaben kein gültiges Objekt des Diskurses war, da sie mit keinem a priori vereinheitlichten Objekt korrespondierte. Es gab nur die fortgesetzte Aufeinanderfolge hegemonialer Blöcke, die von keiner rational erfaßbaren Logik (teleologisch, dialektisch oder kausal) regiert wurde. Wie im Verhältnis zwischen dem Begehren, das ich unterdrücken will – in Davidsons Beispiel –, und der Entscheidung, es zu unterdrücken, gibt es überhaupt keine interne Verbindung. Andererseits gibt es eine wichtige Dialektik zwischen Notwendig-

keit und Kontingenz festzustellen. Wenn jedes der in einen hegemonialen Block intervenierenden Elemente eine eigene Identität besäße, wären seine Relationen mit allen anderen bloß kontingent; wenn aber im Gegenteil die Identität aller Elemente kontingent in Bezug auf ihre Relationen mit anderen ist, dann sind diese Relationen – *wenn* die Identität beibehalten werden soll – absolut notwendig.

Nun, das Problem, das diskutiert werden muß, ist die interne Logik der hegemonialen Operation, die dem Überzeugungsprozeß unterliegt. Wir nähern uns ihm, indem wir verschiedene Mittel analysieren werden, die aufgrund der Transformationen, die in der gegenwärtigen Theorie stattgefunden haben, denkbar geworden sind. Beginnen wir mit dem Wittgensteinschen Beispiel der Regel, die die Abfolge einer numerischen Serie bestimmt. Ich sage »eins, zwei, drei, vier« und bitte einen Freund fortzufahren: Die spontane Antwort wäre zu sagen »fünf, sechs, sieben«, etc. Aber ich kann sagen, daß dies nicht die Serie ist, die ich im Sinn habe, nämlich »eins, zwei, drei, vier, neun, zehn, elf, zwölf«, etc. Mein Freund denkt, er hätte nun verstanden, und schreitet entsprechend fort. Aber ich kann immer sagen, die Serie sei nicht jene, die ich im Sinn hatte, etc. Die Regel, die die Serie bestimmt, kann unendlich verändert werden. Alles hängt davon ab, wie Lewis Carrol es ausdrücken würde, wer das Kommando hat.[33] Verändern wir nun leicht das Beispiel. Nehmen wir an, wir sprechen von einem Spiel, in dem Spieler *A* eine Serie beginnt und Spieler *B* sie nach Belieben fortsetzen kann, vorausgesetzt es gibt irgendeine sichtbare Regularität. Wenn nun *A* wieder an die Reihe kommt, muß er eine neue Regel erfinden, die als Ausgangspunkt die Serie nimmt, wie sie von *B* zurückgelassen wurde, usw. Am Ende ist der Verlierer, wer die ganze Angelegenheit so kompliziert findet, daß er sich keine neue Regel mehr vorstellen kann. Die Folgen, die sich aus diesem Beispiel ergeben, sind: (a) daß es so etwas wie die ultimative Regel nicht gibt: sie kann immer subvertiert werden; (b) daß, da eine unbestimmte Anzahl von Spielern am Spiel teilnehmen kann, die Regel, die die Serien bestimmt, essentiell bedroht ist – sie ist, um Rortys Ausdruck zu verwenden, *radikal kontingent*; (c) daß die Identität jeder der einzelnen Figuren innerhalb der Serie vollständig rational ist; sie ist nur durch ihre strukturelle Position in der Regel gegeben, das heißt, im Moment, der die Serie hegemonisiert, und sie wird sich mit der Formulierung einer neuen Regel verändern. Ich denke, das ist wichtig, da der Prozeß des Überzeugens oft so beschrieben wird, als würde jemand, der die Überzeugung *A* hat, mit einer Überzeugung *B* konfrontiert, und der Vorschlag ist, sich von einer zu anderen zu bewegen. Die Dinge geschehen nie auf diese Art. Was vielmehr geschieht, ist, daß neue Elemente das Bild betreten und die alte Regel nicht in der Lage ist, sie zu hegemonisieren – wenn zum Beispiel eine scheinbar chaotische Nummernserie eingeführt wird und die Herausforderung lautet, eine kohärente Regel zu finden, die mit dem neuen Zustand kompatibel ist. Sehr oft wird eine neue Regel akzeptiert, nicht weil sie an sich gemocht wird, sondern weil sie einfach eine Regel ist, weil sie ein Prinzip der Kohärenz und Intelligibilität in ein scheinbares Chaos einführt. In der verwirrten italienischen Situation der frühen 1920er Jahre akzeptierten viele Liberale den Faschismus nicht, weil sie ihn besonders mochten, sondern weil eine explosive soziale Situation existierte, die im Rahmen des traditionellen politischen Systems sowohl undenkbar als auch unbeherrschbar war und der Faschismus als *einziger* kohärenter Diskurs erschien, der mit diesen neuen chaotischen Ereignissen umgehen konnte. Und hätte der Liberalismus sich – was er nicht tat – als ein alternativer hegemonialer Diskurs präsentieren wollen, der die neuen Elemente artikulierte, hätte er dies nur durch die Transformation seiner selbst tun können. Zwischen dem Liberalismus von 1905 und dem Liberalismus von 1922 gibt es nur »Familienähnlichkeiten«. Dies ist so, neben anderen Gründen, weil letzterer anti-faschistisch sein mußte, und das beinhaltete den Umgang mit einer neuen Serie von Problemen, die das diskursive Feld radikal transformierten. Das ist der Grund, warum ich Rortys Behauptung nicht zustimme, wir könnten *nur* Liberale sein; daß unser »wir« einen Punkt erreicht hätte, der keine weiteren Transformationen erfordere. Selbst wenn wir weiterhin Liberale sein wollten, werden wir immer auch etwas mehr sein müssen. Liberalismus kann nur als ein hegemonialer Versuch in diesem Artikulationsprozeß existieren – als Ergebnis des radikal relationalen Charakters aller Identität. Hier denke ich, war Rorty nicht historizistisch genug.

Das ist auch der Punkt, um von Wittgenstein zu Derrida zu wechseln, an dem Dekonstruktion für eine Theorie der Politik zentral wird. Derrida hat die essentielle Verletzbarkeit aller Kontexte aufgezeigt. In seinen Worten:

> »Jedes Zeichen, linguistisch oder nicht linguistisch, gesprochen oder geschrieben (im gegenwärtigen Sinn dieser Opposition), in einer kleinen oder einer großen Einheit, kann *zitiert*, zwischen Anführungszeichen gesetzt werden; dabei kann es mit jedem gegebenen Kontext brechen und eine Unendlichkeit von neuen Kontexten auf eine Weise hervorbringen, die absolut unbegrenzbar ist. Das impliziert nicht, daß das Zeichen außerhalb eines Kontexts gültig wäre, sondern impliziert im Gegenteil, daß es nur Kontexte ohne irgendein Zentrum oder Verankerung (*ancrage*) gibt. Diese Zitierbarkeit, diese Duplikation oder Duplizität, diese Iterabilität des Zeichens ist weder zufällig noch ist sie eine Anomalie, es ist das (normal/abnormal), ohne das ein Zeichen nicht einmal eine Funktion namens ›normal‹ hätte. Was wäre ein Zeichen, das nicht zitiert werden könnte? Oder eines, dessen Ursprünge nicht auf der Reise verloren gingen?«[34]

Was sonst wird dadurch gesagt, als daß jeder Kontext essentiell verletzbar und offen ist, daß die Tatsache, daß eher die eine und nicht die andere Möglichkeit gewählt wurde, ein rein *kontingentes* Faktum ist? Wenn die Wahl nicht von einer Struktur *determiniert* wird, ist sie am Ende des Tages eine hegemoniale Operation, eine essentiell *politische* Entscheidung.

Kehren wir, mit dieser Unterscheidung im Kopf, zurück zu Rortys Text. Der erste Aspekt seines liberalen Utopia, den ich kritisieren würde, ist seine scharfe Trennung zwischen dem Öffentlichen und dem Privaten. Natürlich möchte ich nicht zu irgendeiner Großtheorie zurückkehren, die beides umfassen würde. Der Grund für meine Ablehnung liegt genau im Gegenteil: Rorty sieht viele Dinge als notwendigerweise vereinheitlicht, die für mich radikal getrennt und nur durch kontingente Artikulationen zusammengehalten sind. Ist der Bereich persönlicher Selbstverwirklichung wirklich ein *privater* Bereich? Er wäre es, wenn diese Selbstverwirklichung in einem neutralen Medium stattfinden würde, in dem Individuen ungehindert die Erfüllung ihrer eigenen Ziele verfolgen könnten. Aber dieses Medium ist natürlich ein Mythos. Eine Frau, die nach ihrer Selbstverwirklichung sucht, wird Hindernisse in Form männlich orientierter Regeln finden, die ihre *persönlichen* Ziele und Möglichkeiten begrenzen. Die feministischen Kämpfe, die diese Regeln zu ändern versuchen, werden ein kollektives »wir« konstituieren, das sich vom »wir« abstrakter öffentlicher Zivilbürgerschaft unterscheidet, aber der von diesen Kämpfen erzeugte Raum – erinnern wir uns an das Motto »the personal is political« –, wird ein nicht weniger gemeinschaftlicher und öffentlicher Raum sein als jener, in den politische Parteien intervenieren und in dem Wahlen geschlagen werden. Dasselbe kann natürlich von jedem Kampf gesagt werden, der aufgrund der Erfahrung sozialer Normen, Vorurteile, Regulierungen, etc. begonnen wird, die die Selbstverwirklichung eines Individuums frustrieren. Ich sehe die *Stärke* der demokratischen Gesellschaft in der Multiplikation dieser öffentlichen Räume und ihre *Bedingung* in der Anerkennung ihrer Pluralität und Autonomie. Diese Anerkennung basiert auf der essentiellen *Diskontinuität* zwischen solchen sozialen Räumen, und der essentielle Charakter dieser Diskontinuitäten ermöglicht dessen genaues Gegenteil: Ihre kontingent-hegemoniale Artikulation von etwas, das ein allgemeiner Gemeinschaftssinn, ein bestimmter demokratischer Alltagsverstand [*common sense*] genannt werden könnte. Wir sehen hier ein zweites Paradox von Gemeinschaft: Sie muß essentiell unerreichbar sein, um pragmatisch möglich zu werden. Was heißt das also für das Private? Es ist eine Residualkategorie, begrenzt auf jene Aspekte unseres Aktivität, in denen unsere Ziele von keiner strukturellen sozialen Barriere behindert werden, in denen wir sie erreichen können, ohne daß die Herstellung irgendeiner kämpfenden Gemeinschaft, irgendeines »wir«, erforderlich wäre. Wie wir sehen, haben sich die klassischen Koordinaten des Problems verschoben: Es geht nicht länger darum, einen öffentlichen Raum daran zu hindern, den privater Individuen zu überwältigen, da diese öffentlichen Räume konstruiert werden müssen, um individuelle Ziele zu erreichen. Doch die Bedingung einer demokratischen Gesellschaft ist, daß diese öffentlichen Räume plural sein müssen: Eine demokratische Gesellschaft ist selbstverständlich unvereinbar mit der Existenz nur eines *einzigen* öffentlichen Raums. Was wir brauchen, ist ein multipler »zivilgesellschaftlicher Republikanismus«.

Wie deutlich werden sollte, unterscheidet sich meine Idee einer demokratischen Gesellschaft in wesentlichen Punkten von Rortys liberalem Utopia. Rortys Utopia besteht aus einem öffentlichen Raum, der – wie für alle guten Liberalen – auf minimale Funktionen beschränkt ist, und aus einer privaten Sphäre, in der individuelle Akteure ihre eigenen Zwecke verfolgen. Dieses System kann mit Sicherheit reformiert und verbessert werden, aber man hat den Eindruck, bei solchen Verbesserungen würde eine Maschine durch den Bau eines besseren Models optimiert, sie sind nicht das Resultat von Kämpfen. Antagonismus und Gewalt spielen weder eine positive noch eine negative Rolle, da sie einfach in diesem Bild fehlen. Für mich besteht eine radikal demokratische Gesellschaft darin, daß eine Pluralität öffentlicher Räume, die um spezifische Themen und Forderungen konstituiert sind, ihren Mitgliedern ein zivilgesellschaftliches Verständnis einflößt, das ein zentraler Bestandteil ihrer Identität als Individuen ist. Trotz der Pluralität dieser Räume, oder besser: als Konsequenz daraus, wird eine diffuse demokratische Kultur erzeugt, die der Gemeinschaft ihre spezifische Identität gibt. In dieser Gemeinschaft werden die liberalen Institutionen – Parlament, Wahlen, Gewaltentrennung – beibehalten, aber diese sind ein öffentlicher Raum, nicht *der* öffentliche Raum. Nicht nur ist Antagonismus nicht aus einer demokratischen Gesellschaft ausgeschlossen, er ist die eigentliche Bedingung ihrer Institution.

Für Rorty ergeben die drei Wörter »bürgerlich liberale Demokratie« ein unteilbares Ganzes; für mich gibt es zwischen ihnen nur eine kontingente Artikulation. Als Sozialist bin ich bereit, gegen den Kapitalismus für die Hegemonie liberaler Institutionen zu kämpfen, und als jemand, der an letztere glaubt, bin ich bereit, alles zu tun, um sie mit dem ganzen Feld demokratischer öffentlicher Räume kompatibel zu machen. Aber ich verstehe diese Kompatibilität als eine hegemoniale Konstruktion, nicht als etwas, das von Anfang an garantiert wäre. Ich denke, daß ein großer Teil der Geschichte des zwanzigsten Jahrhunderts durch Dislokationen in der Artikulation der drei Elemente erklärt werden kann, die ich gerade erwähnt habe. Liberalen Institutionen ist es in Ländern der dritten Welt schlecht ergangen, und das Ergebnis des Versuchs (wenn man es einen Versuch nennen kann), Sozialismus und Demokratie in den Ländern des Ostblocks zu artikulieren, ist schlichtweg erschreckend. Obwohl meine Präferenz eine liberal-demokratisch-sozialistische Gesellschaft ist, ist mir klar, daß ich, wenn ich unter bestimmten Umständen zwischen den dreien wählen müßte, immer der Demokratie den Vorzug geben würde. (Wenn ich zum Beispiel in einem Land der Dritten Welt wählen müßte zwischen, auf der einen Seite, einem korrupten und repressiven liberalen Regime, in dem Wahlen eine Farce sind und – ohne direkte Partizipation der Massen – von klientelistischen Gangs manipuliert werden; und auf der anderen Seite einem nationalistischen Militärregime, das zu sozialen Reformen und zur Selbstorganisation der Massen tendiert, wird meine Präferenz immer letzterem gelten. Meine ganze Erfahrung zeigt, daß – mit vielen Schwierigkeiten – der zweite Typus von Regime zu einer zunehmenden Liberalisierung seiner Institutionen führen kann, während der gegenläufige Prozeß im ersten Fall nicht stattfindet: er ist schlicht eine Sackgasse.)

IV

Zuletzt möchte ich die zwei möglichen Einwände gegen das von Rorty vorgebrachte Argument (siehe oben) ansprechen, sowie seine Antworten. Bezüglich des ersten Einwands liegt Rorty, denke ich, völlig richtig, und ich habe nichts hinzuzufügen. Aber bezüglich des zweiten Einwands spüre ich, daß Rortys Antwort unnötig defensiv ist und ein viel besseres Argument geführt werden kann. Ich würde es folgendermaßen formulieren. Die Frage ist, ob die Aufgabe des Universalismus die

Fundierung einer demokratischen Gesellschaft unterminiert. Meine Antwort ist *Ja*, ich akzeptiere das ganze Argument. Ohne Universalismus irgendeiner Art – die Idee der Menschenrechte zum Beispiel – ist eine wirklich demokratische Gesellschaft unmöglich. Aber um das behaupten zu können, ist es überhaupt nicht notwendig, sich durch den Aufklärungsrationalismus oder durch Habermas' »herrschaftsfreie Kommunikation« zu kämpfen. Es reicht aus, die Notwendigkeit von Universalismus für Demokratie anzuerkennen und *zugleich* zu betonen, daß Universalismus ein bestimmtes Vokabular, ein Sprachspiel ist, das zu einem gewissen Zeitpunkt von sozialen Akteuren konstruiert wurde und zu einem immer zentraleren Bestandteil unserer Werte und unserer Kultur wurde. Er ist ein *kontingentes* historischer Produkt. Es entsprang dem religiösen Diskurs – vor Gott sind alle Menschen gleich –, wurde durch die Aufklärung in diese Welt heruntergebracht und durch die demokratische Revolution der letzten beiden Jahrhunderte in immer breiteren sozialen Verhältnissen verallgemeinert.

Eine historizistische Neufassung von Universalismus hat, würde ich meinen, zwei große politische Vorteile gegenüber seiner metaphysischen Version, und diese schwächen ihn keineswegs. Im Gegenteil, sie tragen zu seiner Stärkung und Radikalisierung bei. Der erste Vorteil besteht in seinem befreienden Effekt: Die Menschen werden sich mehr und mehr als die ausschließlichen Autoren ihrer Welt verstehen. Die Historizität des Seins wird offensichtlicher. Wenn die Menschen glauben, Gott oder die Natur hätte die Welt erschaffen, wie sie ist, werden sie dazu tendieren, ihr Schicksal für unausweichlich zu halten. Aber wenn das Sein der Welt, die sie bewohnen, nur das Resultat kontingenter Diskurse und Vokabulare ist, die es konstituieren, werden sie ihr Schicksal mit weniger Langmut tolerieren und größere Chancen haben, »starke Dichter« zu werden. Der zweite Vorteil ist, daß die Wahrnehmung des kontingenten Charakters universalistischer Werte uns die Gefahren um so bewußter machen wird, die sie bedrohen und möglicherweise vernichten. Wenn wir an diese Werte glauben sollten, wird uns das Bewußtsein ihrer Historizität ihnen gegenüber nicht gleichgültiger machen, sondern wird uns zu verantwortungsvolleren Bürgern machen, die stärker bereit sind, sich für ihre Verteidigung zu engagieren. Historizismus hilft auf diese Weise jenen, die an solche Werte glauben. Was jene angeht, die nicht an sie glauben, wird kein rationalistisches Argument je den leisesten Effekt haben.

Das bringt mich zu meinem letzten Punkt. Dieser Doppeleffekt – zunehmende Befreiung der Menschen durch ein bestimmteres Bild ihrer Kapazitäten, zunehmende soziale Verantwortlichkeit aufgrund des Bewußtseins der Historizität des Seins – ist die wichtigste Chance, eine radikal politische Chance, die uns das gegenwärtige Denken eröffnet. Der metaphysische Diskurs des Westens kommt an ein Ende, und Philosophie hat uns in seinem Abendlicht – durch die großen Namen des Jahrhunderts – einen letzten Dienst erwiesen: Die Dekonstruktion ihres eigenen Terrains und die Erzeugung der Bedingungen ihrer eigenen Unmöglichkeit. Denken wir zum Beispiel an das Unentscheidbare bei Derrida. Sobald Unentscheidbarkeit den Grund selbst erreicht hat, sobald die Organisation eines bestimmten Felds von einer hegemonialen Entscheidung regiert wird (hegemonial, weil sie nicht objektiv determiniert ist, weil andere Entscheidungen auch möglich waren), kommt das Reich der Philosophie an ein Ende – und das Reich der Politik beginnt. Dieses Reich wird von verschiedenen Diskurstypen bewohnt werden, von Diskursen wie etwa Rortys »Narrativen«, die die Welt eher auf dem Grund einer radikalen Unentscheidbarkeit erbauen. Doch der Name »Ironiker« – der alle möglichen verspielten Bilder evoziert – scheint mir unangemessen für diesen politisch starken Dichter. Im Gegenteil, jemand der mit Auschwitz konfrontiert ist und die moralische Stärke hat, die Kontingenz seiner eigenen Überzeugungen einzugestehen, statt in religiösen oder rationalistischen Mythen Zuflucht zu suchen, ist, denke ich, eine zutiefst heroische und tragische Figur. Das wird ein Held eines neuen Typs sein, der von unserer Kultur immer noch nicht vollständig erschaffen wurde, dessen Erschaffung aber absolut notwendig ist, wenn unsere Zeit ihren radikalsten und anregendsten Möglichkeiten gerecht werden soll.

Tod und Wiederauferstehung der Ideologietheorie

I

In einem jüngeren Essay zu Ideologietheorien[35] beschreibt Slavoj Žižek gegenwärtige Zugänge, indem er sie um drei Achsen gruppiert, die Hegel von Hegel identifiziert wurden: *Doktrin, Glaube* und *Ritual*:

> »Ideologie als Komplex von Ideen (Theorien, Überzeugungen, Glaubensinhalten, argumentative Prozeduren); Ideologie in ihrer Externalität, das heißt, der Materialität von Ideologie, Ideologische Staatsapparate; und zuletzt, die ungreifbarste Domäne, die ›spontane‹ Ideologie, die im Kern der sozialen ›Realität‹ selbst am Werk ist.«[36]

Er gibt den Fall des Liberalismus als Beispiel:

> »Liberalismus ist eine Doktrin (die sich von Locke bis Hayek entwickelte), die in Ritualen und Apparaten materialisiert (freie Presse, Wahlen, Märkte, etc.) und aktiv ist in der ›spontanen‹ (Selbst-)Erfahrung des Subjekts als ›freies Individuum‹.«[37]

In den drei Fällen findet Žižek eine essentielle Symmetrie in der Entwicklung: Die Grenze, die das Ideologische vom Nicht-Ideologischen trennt, verschwimmt ab einem bestimmten Punkt und in Folge kommt es zu einer Inflation des Ideologiebegriffs, der auf diese Weise all seine analytische Präzision verliert. Im Fall von Ideologie als einem »Ideensystem« hängt die Einheit des Systems von der Möglichkeit ab, einen Punkt außerhalb seiner selbst zu finden, an dem eine Ideologiekritik ansetzen könnte – z.B. indem sie durch eine symptomatische Lektüre die wahren Interessen zeigt, auf die eine gegebene ideologische Konfiguration antwortet. Wie aber Žižek mithilfe von Beispielen zeigt, die er den Werken von Barthes, Paul de Man, Ducrot, Pêcheux und mir selbst entnimmt, ist es genau die Annahme dieser ideologischen »Nullebene« einer reinen außerdiskursiven Realität, die die ideologische Verkennung *par excellence* darstellt. Im Fall der »Ideologischen Staatsapparate« – oder, in der Foucaultschen Version, der Disziplinierungsprozeduren, die auf der Ebene der Mikro-Macht operieren – finden wir symmetrische Versionen derselben *petitio principio*: Erfordert nicht die Einheit des Staatsapparates genau das Zement der Ideologie, das er angeblich erklären soll; oder im Fall der Disziplinierungstechnologien: Erfordert deren Verstreuung selbst die konstante Neuzusammensetzung ihrer Artikulation, so daß wir uns auf ein diskursives Medium berufen müssen, das die eigentliche Unterscheidung zwischen dem Ideologischen und dem Nicht-Ideologischen kollabieren läßt? Und der Fall wird sogar noch deutlicher, wenn wir zum Bereich des Glaubens wechseln: Hier sind wir von Anfang an mit einer »außer-ideologischen« Realität konfrontiert, deren eigentliche Operation von Mechanismen abhängt, die zum ideologischen Bereich gehören.

> »[S]obald wir diese angeblich außer-ideologischen Mechanismen, die die soziale Reproduktion regulieren, genauer betrachten, finden wir uns knietief in der bereits erwähnten obskuren Domäne, in der Realität ununterscheidbar von Ideologie ist. Wir begegnen daher hier der dritten Umkehrung von Ideologie in Nicht-Ideologie: Plötzlich werden wir einem Für-sich von Ideologie gewahr, das im eigentlichen An-sich außer-ideologischer Aktualität am Werk ist.«[38]

Hier erkennt Žižek korrekterweise die Hauptursache der zunehmenden Aufgabe von »Ideologie« als analytischer Kategorie:

> »Diese Begriff wird irgendwie ›zu stark‹, er beginnt alles einzuschließen, inklusive des so neutralen, außer-ideologischen Grundes, der den Standard liefern sollte, mit dem man ideologische Verzerrung messen kann. Das heißt, ist nicht das ultimative Ergebnis der Diskursanalyse, daß die Ordnung des Diskurses als solche inhärent ›ideologisch‹ ist?«[39]

Wir sehen somit die Logik hinter der Auflösung des Terrains, das klassischerweise von der Ideologietheorie eingenommen wurde. Letztere starb aufgrund ihres eigenen imperialistischen Erfolgs. Wir sind nicht die Zeugen des Abstiegs eines theoretischen Objekts aufgrund einer Verengung seines Operationsfeldes, sondern wir sind Zeugen des Gegenteils: Seiner unbegrenzten Ausweitung, die der Explosion der Dichotomien folgte, die es – in einer bestimmten Problematik – mit anderen Objekten konfrontiert hatten. Kategorien wie »Verzerrung« und »falsche Repräsentation« machen nur solange Sinn, als etwas »Wahres« oder »Unverzerrtes« als innerhalb menschlicher Reichweite angesehen wird. Doch sobald ein außer-ideologischer Gesichtspunkt unerreichbar wird, folgen zwei Effekte mit Notwendigkeit:

(1) Diskurse, die soziale Praktiken organisieren, sind sowohl inkommensurabel als auch gleich auf mit allen anderen;

(2) Begriffe wie »Verzerrung« und »falsches Bewußtsein« verlieren alle Bedeutung.

Wo stehen wir aber damit? Sollen wir Begriffe wie »Verzerrung«, »falsches Bewußtsein« etc. gänzlich beiseite lassen? Die Schwierigkeit ist, daß wir, wenn wir dies einfach so tun, in einen Zirkel eintreten, wo die Schlußfolgerungen unserer Analyse ihre Prämissen negiert. Betrachten wir für einen Moment die Gründe für den Niedergang des »Ideologiekritik«-Ansatzes – wie er sich in seiner reinsten Form im klassischen Marxismus ausdrückte und heute von Habermas' regulativem Ideal ungestörter Kommunikation weitergeführt wird. Grundlage einer solchen Kritik ist es, Zugang zu einem Punkt zu postulieren, von dem aus Realität – zumindest tendenziell – zu uns ohne diskursive Vermittlungen sprechen würde. Die volle Positivität und Greifbarkeit eines solchen Punktes gibt der ganzen kritischen Operation ihre Rationale. Die Kritik dieses Ansatzes beginnt nun mit der Negation solch einer metalinguistischen Ebene, indem sie zeigt, daß die rhetorisch-diskursiven Mittel eines Textes irreduzibel sind und es folglich keinen extra-diskursiven Grund gibt, an dem Ideologiekritik ansetzen könnte. (Das bedeutet natürlich nicht, daß die Kritik von Ideologien unmöglich wäre – was unmöglich ist, ist Ideologiekritik *als solche*; jede Kritik wird notwendigerweise inner-ideologisch sein.)

Üblicherweise wird allerdings nicht gesehen, daß diese Kritik der »Ideologiekritik« in zwei verschiedene Richtungen voranschreiten kann, die zu widersprüchlichen Resultaten führen. Die erste führt zu etwas, das wir einen neuen Positivismus oder Objektivismus nennen könnten. Wenn wir den Begriff der »Verzerrung« vollständig aufgeben und davon ausgehen, daß es nur inkommensurable »Diskurse« gibt, übertragen wir bloß die Idee einer vollen Positivität von einem außer-diskursiven Grund auf die Pluralität des diskursiven Felds. Diese Übertragung behält die Idee einer vollen Positivität ganz und gar bei. So wie wir einen naturalistischen Positivismus haben, können wir einen semiotischen oder phänomenologischen haben. Wenn wir aber auf der anderen Seite davon ausgehen, daß genau die Idee eines außer-diskursiven Gesichtspunktes *die* ideologische Illusion *par excellence* ist, wird der Begriff der »Verzerrung« nicht aufgegeben, sondern vielmehr zum Eckstein der Demontage jeder metalinguistischen Operation. An letzterem Fall ist neu, daß es nun der eigentliche Begriff einer außer-diskursiven Schließung ist, der eine verzerrte Repräsentation darstellt. Wir werden später die Formen diskutieren, in denen das Konzept der »Verzerrung« reformuliert werden muß, damit sie diese neue Rolle erfüllt. Sagen wir vorerst nur, daß diese Reformulierung der Ausgangspunkt für ein mögliches Neuerscheinen eines Ideologiebegriffs ist, der nicht von den Stolpersteinen einer essentialistischen Theorisierung beeinträchtigt wird.

Konzentrieren wir uns für einen Moment auf die Althussersche Ideologietheorie. Ideologie ist für Althusser *ewig*. Die Mechanismen, die das Subjekt durch Verkennen produzieren, sind der eigentlichen Essenz sozialer Reproduktion eingeschrieben. Es besteht keine Hoffnung für uns, daß wir dem Spiegelspiel der ideologischen Anrufung entkommen könnten. Für ihn wird Ideologie allerdings als Objekt durch ihre Opposition zu Wissenschaft konstituiert: Die Bestimmung der von der ideologischen Repräsentation hervorgebrachten Verzerrung, des entfremdeten Charakter des Subjekts, hängt davon ab, daß der Analytiker weiß, was soziale Reproduktion tatsächlich ist – ein Wissen, das ein Verständnis des Spiegelmechanismus einschließt. Wir wissen, daß Geschichte ein Prozeß ohne Subjekt ist, gerade weil wir in der Lage sind, die subjektive Entfremdung wissenschaftlich zu überschreiten.

Das hinterläßt uns aber ein scheinbar schwer zu handhabendes Problem. Alles hängt davon ab, was verkannt wird, oder besser: es hängt von der Natur und dem Ausmaß der Verkennung ab. Wenn das, was verkannt wird, ein partikularer Typus von Sozialrelationen ist, könnten wir uns ohne Schwierigkeiten einen anderen vorstellen, in dem überhaupt keine Verkennung auftritt. Genau davon ging der klassische Emanzipationsbegriff aus. Aber Althusser behauptet etwas anderes, nämlich daß wir es mit einer notwendigen Verkennung zu tun haben, die unabhängig von jedem Typ sozialer Konfiguration ist. Was in diesem Fall aber verkannt wird, ist das Prinzip sozialer Strukturierung als solcher, die in allen symbolischen Systemen operierende Schließung. Das führt uns aber in ein neues Problem: Wenn Schließung *als solche* Verkennung erfordert (i.e. ihr Gegenteil), dann ist es die eigentliche Idee der Schließung, die die höchste Form der Verkennung darstellt. Entweder kann Verkennung von einem neutralen Beobachter auf eine objektive Funktion reduziert werden, oder dieser Beobachter ist nicht neutral, sondern Teil der universalen Verkennung – wobei das, was sich als Gegenteil von Verkennung darstellt, zu deren Essenz gehört. Ich kann eine starke Grenze zwischen Schließung (der Autoreproduktion sozialer Verhältnisse) und den notwendigen Formen von Verkennung, die sie begleiten, nur beibehalten, wenn es einen metalinguistischen Gesichtspunkt gibt, von dem aus sich Schließung ohne irgendeine subjektive Passage durch Verkennung zeigt. Aber wenn sich dieser Gesichtspunkt als illusorisch herausstellt, wird Schließung von Verkennung kontaminiert; und wenn aufgrund der Verkennung die Verzerrung universal ist, wird ihr anderes (Schließung, Selbst-Transparenz) zur Hauptform von Verkennung. In diesem Fall ist Verzerrung konstitutiv für soziale Objektivität. Was kann aber eine Form von Verzerrung sein, die als solche bestehen bleibt, obwohl die Unterscheidung zwischen der Verzerrung und dem Verzerrten ausgelöscht wurde? Das ist das nächste Problem, das wir ansprechen müssen.

II

Der Begriff einer konstitutiven Verzerrung ist scheinbar eine *contradictio in adjecto*. Eine Verzerrung, so scheint es, kann nicht konstitutiv sein; nur wenn es eine vorgelagerte Bedeutung gibt, die nicht selbst verzerrt ist, kann ein Verzerrungseffekt überhaupt sichtbar werden. Werden durch diese Schlußfolgerung allerdings all die logischen Möglichkeiten ausgeschöpft, die eine Relation von Verzerrung eröffnet? Betrachten wir die Angelegenheit sorgfältig. Es ist mit Sicherheit jeder Verzerrung eigentümlich, daß eine »primäre« Bedeutung in »falschem« Licht präsentiert wird. Die Frage, welche Operation diese Präsentation beinhaltet – Verschleiern, Deformation, etc. –, können wir für den Augenblick beiseite lassen. Für Verzerrung ist es essentiell,

(1) daß eine Primärbedeutung anders präsentiert wird als in der Weise, wie sie ist;

(2) daß die verzerrende Operation und nicht nur ihre Resultate irgendwie sichtbar sein müssen.

Der zweite Punkt ist entscheidend: Wenn die verzerrende Operation keinerlei Spuren in ihrem Resultat hinterläßt, würde ihr die Konstitution einer neuen Bedeutung vollständig gelingen. Womit wir es aber zu tun haben, ist eine konstitutive Verzerrung. Wir setzen eine originäre Bedeutung (denn dies erfordert jede Verzerrung) *und* ziehen sie zurück (denn die Verzerrung ist konstitutiv). In diesem Fall liegt die einzige logische Möglichkeit, um diese beiden offenbar antinomischen Dimensionen zusammenzubringen, darin, daß die ursprüngliche Bedeutung illusorisch ist und die verzerrende Operation genau in der Erzeugung diese Illusion besteht – das heißt, in der Projektion von Fülle und Selbsttransparenz auf etwas, das essentiell gespalten ist und dem diese Dimension abgeht. Sagen wir etwas über das, was projiziert wird, und über die Sichtbarkeit der Projektion als solcher.

In unserer vorangegangenen Diskussion haben wir drei notwendig miteinander verbundene Begriffe verwendet – »ursprüngliche Bedeutung«, »Selbsttransparenz« und »Schliessung«. Es ist an der Zeit, etwas mehr über die Natur dieser Verknüpfung zu sagen. Etwas ist insofern ursprünglich, als es

nicht aus sich selbst herausgehen muß, um zu konstituieren, was es ist; es ist insofern selbsttransparent, als seine internen Dimensionen untereinander in einem Verhältnis strikter Solidarität stehen; und es ist insofern in sich geschlossen, als das Ensemble seiner »Effekte« bestimmt werden kann, ohne über seine ursprüngliche Bedeutung hinauszugehen. Wie wir sehen, erfordert jede dieser Dimensionen die Gegenwart der anderen (ohne exakt mit den beiden anderen synonym zu sein), um die eigene Bedeutung zu aktualisieren. Und es ist genau diese volle Bedeutung, die vom Postulat einer konstitutiven Verzerrung disloziert wird: Im ersten und dritten Fall werden sowohl die »Ursprünglichkeit« und die Internalität der »Effekte« von der diskursiven Vermittlung durcheinandergebracht, und die Opazität der internen Dimensionen der in sich geschlossenen Entität unterbricht ihre Selbsttransparenz.
Das würde allerdings nur zeigen, daß *Dislokation* konstitutiv ist, daß der eigentliche Begriff einer metaphysischen Schliessung in Frage gestellt werden muß.[40] Aber der Begriff von *Verzerrung* beinhaltet mehr als bloße Dislokation: daß nämlich ein Verbergen irgendeiner Art in ihm stattfindet. Nun, was verborgen wird, ist, wie wir bereits gesehen haben, die ultimative Dislokation dessen, was sich als geschlossene Identität präsentiert, und der Akt des Verbergens besteht in der Projektion einer Dimension der Schließung auf diese Identität, die ihr in letzter Instanz abgeht. Das hat zwei entscheidende Konsequenzen:
(1) Die erste ist, daß die Dimension der Schließung etwas ist, das tatsächlich abwesend ist – wäre sie in letzter Instanz anwesend, gäbe es eher *Verkündigung* als *Projektion*, und kein Verbergen wäre involviert. Womit wir es in diesem Fall zu tun haben, ist die Anwesenheit einer Abwesenheit, und die ideologische Operation *par excellence* besteht darin, einem partikularen Inhalt diese unmögliche Rolle der Schließung zuzuschreiben, die radikal unvereinbar mit ihm ist. Mit anderen Worten: Die Operation der Schließung ist unmöglich und doch zugleich notwendig; unmöglich aufgrund der konstitutiven Dislokation, die im Kern jedes strukturellen Arrangements liegt, und notwendig, da es ohne diese fiktive Bedeutungsfixie-

rung überhaupt keine Bedeutung gäbe.[41] Langsam können wir sehen, auf welche Weise Ideologie als »Fehlrepräsentation« ewig sein könnte: Nicht, wie Althusser dachte, weil die Entfremdung des Subjekts das notwendige Komplement einer objektiven Geschichte wäre, deren Bedeutung an anderer Stelle lokalisiert werden kann, sondern weil die Idee dieser »objektiven Bedeutung« selbst die eigentliche Form der Fehlrepräsentation ist, durch die jede Identität ihre fiktive Kohärenz erreicht. Der entscheidende Punkt liegt in der Erkenntnis, daß es diese Dialektik zwischen Notwendigkeit und Unmöglichkeit ist, die das Terrain für die Entstehung von Ideologie abgibt.

(2) Diese Dialektik erzeugt in jeder ideologischen Repräsentation – und zu diesem Zeitpunkt sollte klar sein, daß Ideologie eine der Dimensionen jeder Repräsentation ist – einen unüberwindbaren Spalt, der strikt konstitutiv ist. Auf der einen Seite kann Schließung als solche (als unmögliche Operation) keinen eigenen Inhalt haben und sich nur über ihre Projektion auf ein von ihr unterschiedenes Objekt zeigen. Auf der anderen Seite wird dieses partikulare Objekt – das zu einem bestimmten Punkt die Rolle übernimmt, die Schließung des ideologischen Horizonts zu inkarnieren – aufgrund dieser Inkarnationsfunktion deformiert werden. Zwischen der Partikularität des Objekts, das die Operation der Schließung auszufüllen versucht, und dieser Operation gibt es ein Verhältnis wechselseitiger Abhängigkeit, in dem jeder der beiden Pole notwendig ist und zugleich die Effekte des anderen teilweise begrenzt. Nehmen wir an, daß in einem Land der Dritten Welt die Nationalisierung der wichtigsten Industriezweige als ein ökonomisches Allheilmittel vorgeschlagen wird. Das ist nun bloß ein technischer Weg, um die Wirtschaft zu organisieren, und solange es das bleibt, wird nie eine Ideologie daraus. Wie findet die Transformation in letztere statt? Nur wenn die Partikularität der ökonomischen Maßnahme etwas zu inkarnieren beginnt, was über die Maßnahme selbst hinausreicht; zum Beispiel die Emanzipation von Fremdherrschaft, die Elimination kapitalistischen Mülls, die Möglichkeit sozialer Gerechtigkeit für ausgeschlossene Sektoren der Bevölkerung, etc. Insgesamt: die Möglichkeit der Konstitution von Gemeinschaft als

einem kohärenten Ganzen. Das unmögliche Objekt – die Fülle der Gemeinschaft – erscheint hier als abhängig von einem partikularen Set von Transformationen auf der ökonomischen Ebene. Das ist der ideologische Effekt *strictu sensu*: der Glaube, es würde ein bestimmtes soziales Arrangement geben, das die Schließung und Transparenz der Gemeinschaft herbeiführen kann.[42] Ideologie gibt es immer dort, wo ein partikularer Inhalt sich als etwas zeigt, das mehr als er selbst ist. Ohne dieser Dimension des Horizonts hätten wir Ideen oder Ideensysteme, aber nie Ideologie.

Damit haben wir unsere erste Frage beantwortet: Was eine ideologische Verzerrung auf ein partikulares Objekt projiziert, ist die unmögliche Fülle der Gemeinschaft.[43] Um die zweite zu beantworten – wie die Verzerrungsoperation sichtbar wird – müssen wir die Dialektik Inkarnation/Deformation, auf die wir gerade angespielt haben, weiter ausleuchten. Beginnen wir mit Deformation. Wenn das, was wir oben angesprochen haben, korrekt ist, besteht die der ideologischen (V-)Erkennung inhärente Deformation darin, daß ein partikularer Inhalt zu einer Reihe anderer Inhalte äquivalent gemacht wird. In unserem Beispiel: eine ökonomische Maßnahme wird äquivalent zu anderen historischen Transformationen, was zu einem Prozeß globaler menschlicher Emanzipation führt. Wir sollten uns darüber im klaren sein, daß Äquivalenz nicht Identität bedeutet; jede dieser Transformationen behält etwas von ihrer eigenen Identität bei und dennoch wird der rein »private« Charakter der Identität aufgrund ihrer Partizipation in der Äquivalenzkette geschwächt. Dem ist so, weil in Bezug auf die Äquivalenzkette jede dieser Transformationen ein äqiuvalenter Name für die abwesende Fülle der Gemeinschaft ist – ohne seine eigene Partikularität ganz fallen zu lassen. Das einzige, was wir sagen können, ist, daß das Verhältnis zwischen der partikularen und äquivalentiellen Identität instabil ist; alles hängt davon ab, welche Funktion – die Repräsentation eines Inhalts in der Gemeinschaft oder dessen Repräsentation als abwesende Fülle – die Oberhand gewinnen wird. Und das gleiche gilt für die Dimension der Inkarnation: Die Repräsentation der Fülle der Gemeinschaft kann sich nicht gänzlich von der

Partikularität des Inhalts lösen, über den die Inkarnation sttattfindet, denn im Fall der vollständigen Ablösung würden wir in einer Situation anlangen, in der inkarnierte Bedeutung und inkarnierter Körper miteinander vollständig vereinbar wären – was genau jene Möglichkeit ist, die wir *ex hypothesi* verneinen. Wir sehen hier das, was die Sichtbarkeit der verzerrenden Operation ermöglicht: Die Tatsache, daß keine der beiden Bewegungen, auf denen sie basiert, ihren *ad quem* Term logisch erreichen kann.

Bis jetzt haben wir – hauptsächlich aus analytischen Gründen – von zwei Dimensionen gesprochen, die wir »Inkarnation« und »Deformation« genannt haben. Die Unterscheidung ist aus analytischer Sicht mit Sicherheit gültig, denn »Inkarnation« bezieht sich auf eine abwesende Fülle, die als ihr Repräsentationsmittel ein von ihre selbst unterschiedenes Objekt verwendet, während »Deformation« sich auf eine Äquivalenzrelation zwischen partikularen Objekten bezieht. Die Relevanz dieser Unterscheidung wird jedoch durch das Faktum eingeschränkt, daß eine Inkarnation im Sinne, in dem wir sie beschrieben haben, nur über eine äquivalentielle Deformation vorankommen kann. Das Gegenteil anzunehmen – das heißt, die Inkarnation eines unmöglichen Objekts in einem partikularen Körper, der keine Äquivalenzrelation von Partikularitäten durchliefe –, würde einem alten Begriff auf arbiträre Weise eine neue Bedeutung zuschreiben – mit dem Ergebnis, daß deren Bedeutungen einfach äquivok im aristotelischen Sinn wären. Aber in diesem Fall würde, da die neue Bedeutung vollständig von der alten konstituiert und von ihr unabhängig wäre, die abwesende Fülle eine direkte Form der Repräsentation, eine eigene Präsenz gefunden haben, und im Ergebnis schließlich gar nicht abwesend sein, sondern sehr wohl anwesend. Das würde jedes Inkarnationsverhältnis unmöglich machen.[44] Wenn das Inkarnationsverhältnis aber dennoch möglich *ist*, und wenn das zu Inkarnierende ein unmögliches Objekt ist, kann der inkarnierende Körper kein transparentes Medium sein, durch den eine vollständig konstituierte Bedeutung ihren Ausdruck erfährt. Das Dilemma ist klar: der inkarnierende Körper muß etwas ausdrücken, das sich von ihm unterscheidet, da jedoch diesem »etwas« eine eigene Identität fehlt, bestehen seine einzigen Konstitutionsmittel in den Inhalten, die zum inkarnierenden Körper gehören. Es ist klar, daß diese beiden Erfordernisse nur zur Übereinstimmung gebracht werden können, wenn irgendeine Deformation dieser Inhalte stattfindet. Das ist nun genau das, was in einer äquivalentiellen Relation passiert. Die Spezifik der Äquivalenz besteht in der Destruktion von Bedeutung genau durch deren Ausweitung. Nehmen wir an, daß ich die Bedeutung eines Begriffs durch äquivalentielle Aufzählung zu definieren versuche – z. B. »Wohlfahrt des Volkes«. Ich kann sagen, daß Gesundheit, Unterkunft, Erziehung, etc. eine Äquivalenzkette konstituieren, die uns eine Idee davon gibt, was die Wohlfahrt des Volkes ist. Es ist klar, daß solch eine Liste unendlich ausgeweitet werden kann. Die Ausweitung besteht offenbar in einer Anreicherung an Bedeutung, aber was durch diese Anreicherung erzielt wird, ist genau das Gegenteil: Wenn ich spezifizieren muß, was allen Verknüpfungen der Äquivalenzkette gemeinsam ist, werden wir, je weiter sich die Kette ausdehnt, immer mehr differentielle Merkmale jeder einzelnen Verknüpfung fallen lassen müssen, um das am Leben zu erhalten, was die Äquivalenzkette auszudrücken versucht.

Wir könnten das etwas anders ausdrücken, wenn wir sagen, daß jede der Verknüpfungen der Äquivalenzkette etwas benennt, das sich von ihr unterscheidet, aber daß diese Benennung nur insofern stattfinden kann, als die Verknüpfung zur Kette gehört. Und aus den gerade erwähnten Gründen wird mit zunehmender Ausweitung der Kette die Benennung die partikularistischen Referenzen der einzelnen Verknüpfungen zurückdrängen. Aus diesem Grund haben wir von der Zerstörung von Bedeutung durch ihre Ausweitung gesprochen. Das erlaubt es uns, das genaue Verhältnis zwischen »leeren« und »gleitendenden« Signifikanten zu verstehen, zwei Begriffe, die in der gegenwärtigen semiotischen und post-strukturalistischen Literatur in breiter Verwendung sind. Im Fall eines gleitendenden Signifikanten hätten wir scheinbar einen Überfluß an Bedeutung, während auf der anderen Seite ein leerer Signifikant letztlich ein Signifikant ohne Signifikat wäre. Wenn wir die Angelegenheit aber sorgfältiger analysieren, stellen wir fest, daß der gleitende Charakter des Signifikanten nur die phänomenische Form seiner Leere ist. Ein Signifikant wie »Demokratie« zum Beispiel ist mit Sicherheit gleitend; seine Bedeutung wird in liberalen, radikalen, anti-faschistischen und konservativ anti-kommunistischen Diskursen jeweils unterschiedlich sein. Wie aber ist dieses Gleiten strukturiert? Um als Gleiten überhaupt möglich zu sein, muß das Verhältnis zwischen Signifikant und Signifikat erst mal lose sein – wäre der Signifikant strikt an ein und dasselbe Signifikat gebunden, könnte kein Gleiten stattfinden. Das Gleiten erfordert also eine tendenzielle Leere. Aber zweitens erfordert das Muster des Gleitens,

(1) daß der gleitende Term differentiell gegenüber entgegenstehenden Diskursketten artikuliert ist (ansonsten gäbe es überhaupt kein Gleiten);

(2) daß in diesen Diskursketten die gleitende Term nicht nur als eine differentielle Komponente funktioniert, sondern als eine äquivalentielle gegenüber all den anderen Komponenten der Kette.

Wenn »Demokratie« als eine essentielle Komponente der »freien Welt« präsentiert wird, wird die Fixierung der Bedeutung des Begriffs nicht allein durch die Konstruktion seiner differentiellen Position stattfinden, sondern dadurch, daß er zu einem der Namen der Fülle der Gesellschaft gemacht wird, die die »freie Welt« erreichen will, und das beinhaltet die Etablierung einer Äquivalenzrelation mit all den anderen Begriffen in diesem Diskurs. »Demokratie« ist nicht synonym mit »Freiheit der Presse«, »Verteidigung des Privatgeigentums« oder »Affirmation der Familienwerte«. Aber was einem Diskurs der »freien Welt« seine spezifisch ideologische Dimension gibt, ist, daß keine dieser Komponenten in ihrer eigenen differentiellen Identität geschlossen ist, sondern auch als alternativer Name für die äquivalentielle Totalität fungiert, die ihre Relationen herstellt. Einen Term zum Gleiten zu bringen und ihn zu entleeren, das sind zwei Seiten derselben diskursiven Operation.

All das führt zu einer unvermeidlichen Konklusion: Die Funktionsweise des Ideologischen im Feld kollektiver Repräsentationen zu verstehen, kommt dem Verstehen dieser Logik der Simplifikation des sozialen Felds gleich, die wir »Äquivalenz« genannt haben, sowie ihrer beiden zentralen Operationen: »Gleiten« und »Entleeren«. Wir werden diese Behauptung mit zwei historischen Beispielen zur Konfiguration ideologischer Räume illustrieren und dann mit allgemeineren Überlegungen zu den widersprüchlichen Bewegungen, die die Operation ideologischer Schließung regulieren, abschließen.

III

Mein erstes Beispiel stammt aus Michael Walzers *Thick and Thin.*[45] Er beginnt das Buch mit der Erinnerung an eine Demonstration in Prag, die er 1989 in den TV-Nachrichten gesehen hatte.

> »Es ist das Bild von Leuten, die in den Straßen Prags marschieren; sie tragen Transparente, von denen manche einfach sagen: ›Wahrheit‹, und andere: ›Gerechtigkeit‹. Als ich die Bilder sah, wußte ich sofort, was die Zeichen bedeuteten – und jeder andere wußte es, der die gleichen Bilder sah. Nicht nur das, ich erkannte und anerkannte die Werte, die die Marschierer verteidigten – und (fast) jeder andere tat dies ebenso. Gibt es irgendeinen rezenten Ansatz, irgendeinen postmodernen Zugang zu politischer Sprache, der dieses Verstehen und Anerkennen erklären kann? Wie konnte ich so schnell das Sprach- oder Machtspiel einer entfernten Demonstration durchdringen und ihr so vorbehaltlos beitreten? Die Marschierer teilten eine Kultur, mit der ich größtenteils nicht vertraut war; sie antworteten auf eine Erfahrung, die ich nie gemacht hatte. Und doch hätte ich problemlos in ihrer Mitte marschieren können. Ich hätte dieselben Transparent tragen können.«[46]

Auf der Basis dieser Erfahrung unterscheidet Walzer zwischen dichter[47] und dünner Moral. Erstere repräsentiert das komplette Set der moralischen Prinzipien einer Gruppe und ist der Totalität ihrer kulturellen Praktiken eingebettet. Sie variiert von Zeit zu Zeit und von Ort zu Ort. Dünne Moral konstituiert im Unterschied dazu einen harten Kern moralischer Prinzipien, der transkulturelle Bewertungen und Verständigung möglich macht – wie im Fall der Prager Demonstration. Walzers Problem ist: Wie läßt sich dieser transkulturelle Kern verstehen?

Walzers Behandlung des Problems ist hochgradig erhellend. Er weist alle einfachen Lösungen zurück, die dünne Moral in einen *apriorischen* Kern vernwandeln, der unabhängig von umfassenderen moralischen Rahmenbedingungen spezifiziert werden könnte. Somit weist er die habermasianische Sicht zurück, der zufolge »minimale Moral in den Regeln des Handelns besteht, die alle Sprecher binden; Maximalismus ist das nie zu beendende Ergebnis ihrer Argumente«[48]. Wie er zeigt, setzt diese Sicht Regeln des Handelns voraus, die überhaupt nicht minimal sind, und geht ebenfalls davon aus, daß Minimalismus ein anfänglicher Kern sei, aus dem später Maximalismus wachsen würde. Aber diese Sicht ist für Walzer falsch: Moral beginnt immer dort, wo sie dicht ist. »Moral ist von Anfang an dicht, kulturell integriert, und sie zeigt sich nur zu bestimmten Gelegenheiten als dünn, wenn moralische Sprache sich speziellen Zielen zuwendet«[49]. Wenn dem so ist, folgt daraus, daß Minimalismus kein Esperanto ist, das in Maximalismus verwurzelt ist. Daß er Maximalismus nicht ersetzen kann; und daß er nie gründend wirken kann, da dünne Moral kein *a priori* spezifizierbarer Inhalt ist: »es ist nicht der Fall, daß verschiedene Gruppen von Menschen entdecken, daß sie sich alle dem gleichen Set letzter Wert verschrieben haben«[50]. Das bedeutet allerdings nicht, daß dünne Moral seicht wäre: Im Gegenteil, ihrer Prinzipien konstituieren eine Moral, die »nah am Herzen« ist. »Im moralischen Diskurs treten Dünne und Intensität zusammen auf, während mit Dichte auch Qualifikation, Kompromiß, Komplexität und Meinungsverschiedenheiten kommen«.[51]

Was ist in diesem Fall der tatsächlich Inhalt dünner Moral? Walzer denkt, er kann eine Antwort auf diese Frage geben. Ich zitiere seine Antwort vollständig:

> »Es ist dennoch möglich, eine substantielle Beschreibung des moralischen Minimums zu geben. Ich kann nichts Falsches darin erkennen, dies zu tun, solange wir verstehen, daß es notwendiger-

> weise ein Ausdruck unserer eigenen dichten Moral ist. Es gibt keine neutrale moralische Sprache. Wir können immer noch aus unseren Werten und Überzeugungen jene herausziehen, die es uns ermöglichen, stellvertretend für die Leute in Prag zu marschieren. Wir können eine Liste ähnlicher Gelegenheiten (auch zu Hause) erstellen und unsere Reaktionen katalogisieren und herauszufinden versuchen, was die Gelegenheiten und Reaktionen gemeinsam haben. Vielleicht wird das Endprodukt dieser Bemühung ein Set von Standards sein, an denen alle Gesellschaften gemessen werden können – höchstwahrscheinlich negative Regeln gegen Mord, Täuschung, Folter, Unterdrückung und Tyrannei.«[52]

Nun, ich finde diese Antwort enttäuschend. Es sieht so aus, als hätte Walzer trotz seiner einsichtsreichen Argumentation letztlich nicht der Versuchung widerstehen können, dünner Moral einen positiven Inhalt zu geben – etwas, wogegen seine ganze Denkbewegung revoltiert. Denn das Problem, das unbeantwortet bleibt, ist das folgende: Wenn die ganze Operation davon abhängt, daß wir aus unseren Überzeugungen und Werten jene herausziehen, die zum Inhalt unserer dünnen Moral werden sollen, dann hängt die Bedeutung der Operation von dem ab, der die Auswahl trifft. Wenn Walzers Argument korrekt ist – was es, wie ich denke, ist – und es keine neutrale Auswahl gibt, kann die Unterscheidung zwischen dünner und dichter Moral nur innerhalb einer bestimmten dichten Kultur stattfinden und wird in anderen Kulturen wahrscheinlich anders getroffen werden. Das Problem wird jedoch teilweise durch die täuschende Offensichtlichkeit solcher Begriffe wie »Täuschung«, »Folter«, »Unterdrückung« und »Tyrannei« verdeckt – denen wir »Wahrheit« und »Gerechtigkeit« hinzufügen könnten. Es scheint evident, daß sich niemand für »Tyrannei«, »Täuschung« und »Ungerechtigkeit« aussprechen würde. *Ergo* macht die Universalität der Übereinkunft sie zum idealen Kandidaten, um dünner Moral einen Inhalt zu geben. Hier liegt das Mißverständnis. Ich werde zu zeigen versuchen, daß wir, wenn wir darin übereinstimmen, uns gegen »Ungerechtigkeit«, »Täuschung« oder »Tyrannei« zu stellen, in gar nichts Übereinstimmung gefunden haben. An diesem Punkt schließt das Argument an vorhergehende Bemerkungen zu gleitenden und leeren Signifikanten an.

Gehen wir zurück zur Prager Demonstration. Die Leute tragen Transparente mit der Aufschrift »Wahrheit« oder »Gerechtigkeit«. Bevor wir uns die Frage nach einem ultimativen dünnen Kern stellen, müssen wir eine vorangehende Frage beantworten: Unterscheiden sich die beiden Begriffe überhaupt in ihrer Bedeutung? Zwei Begriffe können in einer diskursiven Struktur in zwei einander entgegengesetzten Relationstypen bestehen: in einem Verhältnis der *Kombination*, wenn sie durch Verknüpfung miteinander konstituiert sind, und in einem Verhältnis der *Substitution*, wenn sie einander im selben Signifikationskontext ersetzen können. Wie wir gesehen haben, ist letzteres ein Fall einer Äquivalenzrelation. Obwohl in einer Äquivalenz die differentielle Bedeutung ihrer Komponenten nicht vollständig kollabiert, deuten alle Terme der Äquivalenz – durch ihre differentiellen Körper – auf etwas anderes als sie selbst – auf das, was wir eine abwesende Fülle genannt haben. Was wir entscheiden müssen, ist die Bedeutung von »Wahrheit« und »Gerechtigkeit« auf den Plakaten der Demonstranten: Waren die hauptsächlich daran interessiert, »Wahrheit« von »Gerechtigkeit« zu unterscheiden, oder verwendeten sie diese als äquivalente Begriffe, um das Gut der Gemeinschaft auszudrücken, das von einem korrupten Regime verneint wurde? Ich denke, es kann keinen Zweifel geben: sie taten zweiteres. Wenn in diesem Fall aber der einzige Inhalt des Diskurses der Demonstranten »Wahrheit« und »Gerechtigkeit« war – da diese leere Signifikanten waren, die auf die abwesende Fülle der Gemeinschaft deuteten –, dann bedeutet die Übereinstimmung über den positiven Wert dieser Signifikanten eine Übereinstimmung über nichts. Die chinesische Invasion Tibets wurde von den Invasoren die »friedliche Befreiung« genannt, und es ist klar, daß man deren Aktion noch lange nicht unterstützt, wenn man mit ihnen übereinstimmt, daß »Befreiung« und »Friedlichkeit« gute Sachen sind.

Aber natürlich drehte sich der Diskurs der Demonstranten nicht nur um »Wahrheit« und »Gerechtigkeit«. Die Kette der Äquivalenzen, durch die der leere Signifikant »Gerechtigkeit«

zirkulierte, war weit komplexer und beinhaltete, wie Walzer richtig herausstreicht, solche Dinge wie »ein Ende der willkürlichen Festnahmen, gleiche und unvoreingenommene Durchsetzung der Gesetze, Abschaffung der Privilegien und Vorrechte der Parteielite – gewöhnliche, mannigfaltige Gerechtigkeit«[53]. Die zentrale Frage aber ist, ob wir zu all diesen Spezifikationen schreiten können, ohne das Terrain dünner Moral aufzugeben, oder ob wir uns, wenn wir dieses Terrain betreten, in Richtung kontextueller, dichter Moral bewegen. Mit anderen Worten: Was ist zum Beispiel das Verhältnis zwischen »willkürlichen Festnahmen« und »Ungerechtigkeit«? Können wir die Ungerechtigkeit willkürlicher Festnahmen aus einer bloßen Analyse der Kategorie der »Ungerechtigkeit« ableiten? Oder erfordert die Konstruktion von »willkürlichen Festnahmen« als ungerecht weitergehende kontextuelle Spezifikationen? Ich denke, letzteres ist der Fall. So sehr wir auch wollen, daß willkürliche Festnahmen als ungerecht gesehen werden, müssen historische und kontextuelle Bedingungen ineinander spielen, damit die Artikulation zwischen den beiden Begriffen hergestellt werden kann; und diese Bedingungen kommen nicht einfach durch die bloße Zirkulation des leeren Signifikanten »Gerechtigkeit« in einem diskursiven Inhalte zustande. Wenn dem so ist und dünne Moral einen reicheren Inhalt haben muß als die bloße Übereinstimmung bezüglich des positiven Charakters manch leerer Begriffe, dann ist dünne Moral so kontextuell wie dichte (obwohl sich natürlich die Kontexte unterscheiden). Diese Moral ist kein Kern, der sich analytisch isolieren ließe, sondern ist das Ergebnis einer historischen Konstruktion. Sie erfordert die Ausweitung der Äquivalenzlogik über die Grenzen gegebener kommunitärer Kontexte hinaus. Das bedeutet natürlich, daß die Inhalte dünner Moral – weit davon entfernt, permanent zu sein – dauernd neu verhandelt werden.

Der entscheidende Punkt ist, daß wir, wenn unser Argument akzeptiert wird, es nicht mit einem stabilen und minimalen Inhalt zu tun haben – mit irgendeinem »Urzustand« à la Rawls –, sondern mit der Zuschreibung der Funktion der Repräsentation (oder Inkarnation) der abwesenden Fülle der Gemeinschaft (die unter anderem den Namen »Gerechtigkeit« trägt) zu einem partikularen Inhalt. Wie wir aber wissen, ist diese Inkarnation – die beinhaltet, daß diese Partikularität zum Ausdruck von etwas gemacht wird, das sich von ihr unterscheidet – nur in dem Ausmaß möglich, als ein partikularer Inhalt in eine Äquivalenzrelation mit anderen Partikularitäten eintritt. Wie wir wissen, besteht der Effekt der Äquivalenzlogik in der Reduktion von Bedeutung: das erklärt, warum Dünne aus Dichte entstehen kann. In einer Welt, in der Globalisierungsprozesse konstant die Grenzen partikularer Gemeinschaften überschreiten, sind die historischen Bedingungen für die Entwicklung immer breiterer Äquivalenzketten gegeben und damit für die Ausweitung von Dünne. Die Produktion sozialer Identitäten ist in der heutigen Welt das Ergebnis sich überkreuzender widersprüchlicher Logiken von Kontextualisierung und Dekontextualisierung: Wenn die Krise stabiler universaler Werte den Weg für zunehmende soziale Diversität (Kontextualisierung) öffnet, dann wird auch dünne Moralität (Dekontextualisierung) zunehmend wichtiger.

Aber diese Operation, einer Kette partikularer Inhalte die Funktion der Repräsentation der abwesenden Fülle der Gemeinschaft zuzuschreiben, ist ideologisch im strikten Sinn des Wortes (und es sollte aus allem, was wir bisher gesagt haben, hervorgehen, daß diese Behauptung keinerlei pejorative Konnotation besitzt). Eine Kette partikularer Inhalte repräsentiert ein unmögliches Objekt – das ist die erste Verzerrung, die wir Inkarnation genannt haben; aber diese Inkarnation ist nur möglich (zweite Verzerrung), insofern eine Äquivalenzrelation den differentiellen Charakter jedes Gliedes der Kette schwächt. Wir können also deutlich sehen, warum die Verzerrung konstitutiv sein muß: weil das zu repräsentierende Objekt zugleich unmöglich und notwendig ist. Die Illusion der Schließung ist etwas, mit dem wir umgehen können, das wir aber nie eliminieren können. Ideologie ist eine Dimension, die zur Struktur jeder möglichen Erfahrung gehört.

IV

Die These, die ich hier zu verteidigen versuche, ist, daß die Doppelbewegung von Inkarnation und Deformation eines bestimmten Inhalts durch die Ausweitung der Äquivalenzlogik im Herzen jedes ideologischen Prozesses zu finden ist – politische Ideologien eingeschlossen. Um das zu zeigen, werde ich mich darauf beziehen, wie Georges Sorels Konzeption des Mythos strukturiert ist.

Sorels Werk entsteht in der Periode der sogenannten »Krise des Marxismus« um die Jahrhundertwende – das heißt, in einem historischen Klima, in dem die Überzeugung, daß die Operation der unausweichlichen Gesetze des Kapitalismus zu einer proletarischen Revolution führen wird, ernsthaft erodiert war. Croces Zurückweisung des historischen Positivismus zum Beispiel führte ihn zur Annahme der Nichtigkeit jeder vereinheitlichenden Interpretation des historischen Prozesses und folglich der Unmöglichkeit der Gründung sozialen Handelns in irgendeiner Form wissenschaftlicher Sicherheit. Jede Handlung war für ihn folglich der Effekt subjektiver Überzeugung.

Diese beiden Themen – die Unmöglichkeit der Vereinheitlichung historischer Ereignisse durch konzeptuelle Mittel, der Gründung historischen Handelns in Überzeugung und Wille – sind sicherlich in Sorel präsent, aber er gibt ihnen eine neue Wendung und erfüllt sie mit neuer Bedeutung, indem er sie in Begriffen einer weit radikaleren historischen Möglichkeit wahrnimmt. Hier finden wir den Eckstein von Sorels Denken in seinem Reifestadium: Soziale Prozesse beinhalten nicht nur Verschiebungen in den Kräfterelationen zwischen Klassen, denn eine viel radikalere und konstitutive Möglichkeit sucht Gesellschaft immer heim – die Auflösung der sozialen Struktur und die Implosion von Gesellschaft als einer Totalität. Gesellschaft erleidet nicht nur Herrschaft und Ausbeutung: sie wird auch von Dekadenz bedroht, von der nur zu realen Möglichkeit ihres radikalen Nicht-Seins. Diese distinkte Möglichkeit öffnet den Weg für eine neue und eigentümliche Logik im Verhältnis zwischen Gruppen. Es gibt drei wesentliche Momente in dieser Logik:

1. Das erste ist, daß die Opposition, die Sorels Sicht des Sozialen dominiert, nicht primär die zwischen Bourgeoisie und Proletariat ist, sondern eher die zwischen Dekadenz und der vollen Realisierung von Gesellschaft. Wenn das Proletariat als eine soziale Kraft historische Priorität erhält, dann deshalb, weil es als das wichtigste Instrument im Kampf gegen Dekadenz gesehen wird. Aber es ist nicht – und das ist der entscheidende Punkt – der tatsächliche Sieg des Proleteriats über die Bourgeoisie, der zu »Grandeur« führen und Dekadenz stoppen wird, sondern die eigentliche Tatsache der offenen Konfrontation zwischen den beiden Gruppen. Ohne Konfrontation gibt es keine Identität; soziale Identitäten erfordern Konflikt zu ihrer Konstitution. Sorel sieht daher im Marxismus keine wissenschaftliche Doktrin, die die objektiven Gesetze des Kapitalismus erklärt, sondern eine finalistische Ideologie des Proletariats, die im Klassenkampf gründet. Soziale Relationen sind, wenn man sie sich selbst überläßt, einfach eine »*mélange*«. Nur der Wille der entschlossenen sozialen Kräfte gibt den sozialen Verhältnissen eine konsistente Form, und die Entschlossenheit dieses Willens hängt von der gewalttätigen Konfrontation zwischen den Gruppen ab.

2. Aber wenn die historische Rechtfertigung der Handlungen des Proletariats sich dadurch herstellt, daß es die einzige Kraft ist, die sich der Dekadenz der Zivilisation entgegenstellen kann, dann ist diese Rechtfertigung indifferent gegenüber den Inhalten des proletarischen Programms und hängt ganz von der kontingenten Fähigkeit dieser Inhalte ab, einen Effekt, der ihnen äußerlich ist, zustande zu bringen. Es gibt keine dem Sozialismus inhärente ethische Rechtfertigung. Das hat zwei zentrale Konsequenzen. Die erste ist, daß jede soziale Identität oder soziale Forderung konstitutiv gespalten ist. Sie ist auf der einen Seite eine partikulare Forderung; auf der anderen Seite kann sie auch der Träger, die Inkarnation sozialer »Größe« sein – im Unterschied zu Dekadenz. Zwischen partikularen Inhalten und der abwesenden Fülle der Gesellschaft wird das gleiche Verhältnis etabliert, das dieses Kapitel hindurch diskutiert wurde. »Größe« und »Dekadenz« haben keine eigenen intrinsischen Inhalte, sondern sind leere Signifikanten einer Fülle der

Gesellschaft (oder ihres Gegenteils, ihrer Korruption und ihres Nicht-Seins), die von den unterschiedlichsten sozialen Kräften aktualisiert werden könnten. Daher reicht es aus, und das ist die zweite Konsequenz, daß die Arbeiterklasse sich als ein begrenzter sozialer Akteur darstellt, der sich in seinen korporatistischen Forderungen einschließt und unfähig ist, den Willen zur Fülle der Gesellschaft zu inkarnieren, damit ihre Forderungen alle Legitimität verlieren. Die politische Laufbahn Sorels ist ein lebendes Beispiel der Kontingenz des Verhältnisses zwischen »Größe« und den Forderungen der Arbeiterklasse: Von einem Theoretiker des revolutionären Syndikalismus ging er dazu über, sich einer Fraktion der monarchistischen Bewegung anzuschließen, und er beendete seine Karriere, indem er die Dritte Internationale unterstützte. Die Verstreuung sorelianischer Themen über antagonistische soziale Bewegungen hinweg, vom Bolschewismus zum Faschismus, ist ein noch sprechenderes Beispiel der ambivalenten Möglichkeiten, die diese Haltung eröffnet hat.

3. Aber in der Logik von Sorels Kritik der bürgerlichen Gesellschaft steckt noch etwas, das weitergehender und bedeutender ist. Wenn es das Moment der Gewalt als solcher und nicht des Siegs eines der beiden Pole der Konfrontation ist, das die Prävention sozialer Dekadenz ermöglicht, dann ist es die Reproduktion von Gewalt als Selbstzweck, die das wahre Ziel konstituiert. Das bedeutet andererseits, daß proletarische Gewalt zum Instrument der Regeneration der Bourgeoisie selbst werden kann, insofern letztere ihre eigene Gewalt entwickeln wird, um jener des Proletariats zu antworten. Aber andererseits wird die proletarische Gewalt eine nicht-gewalttätige Gewalt sein, die sich auf nichts besonderes richtet und zu ihrem eigenen Zweck wurde. Aristoteles unterscheidet zwischen Handlungen, die bloße Instrumente zur Erreichung eines Zwecks sind (i. e. an die Ecke gehen, um eine Zeitung zu kaufen), und solchen, die ihren eigenen Zweck konstituieren (i.e. gehen, um einen Spaziergang zu machen). Nun kann diese Unterscheidung leicht dekonstruiert werden – selbst die instrumentellste aller Handlungen entwickelt im Akteur Fähigkeiten, die Teil seiner Identität werden und deren Reproduk-

tion teilweise zu einem Selbstzweck wird. Bei Sorel wird diese Logik zu ihrer ultimativen Schlußfolgerung gebracht: Die Handlung (Gewalt) wird zunehmend von ihren eigenen Inhalten getrennt und an den Effekten gemessen, die sie auf die Identität der Akteure hat.

Wie diese Spaltung in der Signifikation jeder historischen Handlung am Werk ist, kann in den drei grundlegenden Gegenüberstellungen gesehen werden, die Sorels Denken strukturieren: Zwang/Gewalt; Utopie/Mythos; allgemeiner politischer Streik/allgemeiner proletarischer Streik. Der wichtige Punkt ist, daß der zweite Begriff jeder diese Gegenüberstellung sich vom ersten aufgrund des Äquivalenzverhältnisses unterscheidet, das jeder seiner internen Komponenten mit den anderen etabliert. Untersuchen wir zuerst Zwang/Gewalt. Zwang ist immer konkret; es ist ein *bestimmter* Zwang, wie er sich zum Beispiel in Gesellschaften mit Klassenherrschaft entwickelt hat. Und die dominierten Gruppen verwenden ebenfalls Zwang, wenn sie versuchen, entweder Konzessionen zu erreichen oder Macht von den herrschenden Eliten zu verschieben, um ein neues Herrschaftssystem einzurichten. Zwang ist immer konkret, er wird immer von seiner eigenen differenzierten Partikularität völlig absorbiert. Gewalt richtet sich dagegen nicht gegen dieses oder jenes Herrschaftssystem, sondern gegen die Form von Herrschaft als solche. Sie ist das (unmögliche) Ereignis der Herstellung einer mit sich selbst versöhnten Gesellschaft. Jede Instanz von Gewalt gegen Herrschaft *als solche* ist äquivalent zu allen anderen; die Partikularität jedes Kampfes drückt durch diese Partikularität einen Inhalt aus, der strikt von jeder partikularen Instanz unterschieden ist.

Utopie/Mythos: Während eine Utopie eine intellektuelle Konstruktion ist, der Bauplan einer vollständig erreichten (und prinzipiell erreichbaren) Gesellschaft, ist Mythos ein Ensemble äquivalentieller Bilder, die in der Lage sind, die Vorstellungskraft der Massen zu galvanisieren und sie damit zu kollektiver Aktion zu veranlassen.

> »Menschen, die in einer großen sozialen Bewegung teilnehmen, stellen sich ihr kommendes Handeln als einen Kampf vor, in dem

> ihre Sache mit Sicherheit triumphieren wird. Ich schlage vor, diese Konstruktionen, deren Erkenntnis so wichtig für Historiker ist, Mythen zu nennen; der syndikalistische ›Generalstreik‹ und Marx' katastrophische Revolution sind solche Mythen .... Ich möchte nun zeigen, daß wir nicht versuchen sollten, solche Gruppen von Bildern auf jene Weise zu analysieren, in der wir ein Ding in seine Elemente gliedern, sondern sie müssen vielmehr als ein Ganzes genommen werden, als historische Kräfte, und wir sollten besonders sorgfältig darin sein, keinerlei Vergleich zwischen erreichter Tatsache und dem Bild anzustellen, das die Menschen vor ihrer Handlung für sich geformt hatten.«[54]

Das heißt, die Gegenüberstellung von Utopie und Mythos gründet nicht nur in der unterschiedlichen Natur ihrer partikularen Inhalte – genauer und intellektualistischer in einem Fall, ungenauer und diffuser im anderen -, sondern in ihren gänzlich verschiedenen Funktionen: Die Inhalte der Mythen sind untereinander austauschbar (deshalb müssen sie als ein Ganzes genommen werden), da sie alle eine abwesende Fülle symbolisieren, und ihre Effektivität muß an ihren äquivalentiellen Mobilisierungseffekten gemessen werden, nicht am Erfolg ihrer differenzierten buchstäblichen Inhalte. Für Croce bedeutete die Unmöglichkeit einer vollständig rationalen Handlung, daß eine ungegründete Entscheidung an der Wurzel der Konstitution eines historischen Willens liegen muß. Die abwesende Rationalität mußte durch eine emotionale Identifikation ersetzt werden, was die kreative Rolle der Leidenschaften in der Geschichte erklärt. Das ist genau die Funktion des Mythos bei Sorel, für den Leidenschaft eine zentrale Rolle in der Konstitution des Willens spielte.

Zuletzt die beiden Typen des Streiks. Hier wiederholt sich dieselbe Dualität. Während der politische Streik auf partikulare Ziele in einem Herrschaftssystem zielt, ist das Ziel des proletarischen Streiks die Abschaffung von Herrschaft an sich. Doch wiederum, da der proletarische Streik ein Mythos ist, ist er kein wirkliches Ereignis, das von wirklichen politischen Streiks getrennt wäre, sondern eine Dimension, die auf äquivalentielle Weise eine Vielzahl von Kämpfen und Aktionen über eine ganze historische Periode hinweg vereinheitlicht. Ob ein konkretes Ereignis eher zum politischen oder zum proletarischen Streik gehört, ist etwas, das in letzter Instanz unentscheidbar und immer offen für eine Pluralität von Lesarten und strategisch-diskursiven Interventionen ist.

Wie wir sehen können, ist dieselbe Dualität, die aus der in der Prager Demonstration operierenden Äquivalenzlogik resultiert, an der Wurzel dieser Sorelschen Unterscheidungen zu finden. Während im Fall von Zwang die Partikularität des Ziels dem Kampf seine ganze Bedeutung gibt, ist in der Gewalt der konkrete Kampf nur die Gelegenheit für eine allgemeinere Konfrontation, die sich in der Äquivalenz des konkreten Kampfes mit anderen zeigt, die von unterschiedlichen Zielen getrieben werden. Während im Fall der Utopie jede ihrer Funktionen durch ihre partikulare Funktion im Ganzen analytisch unterschieden werden kann, wird im Mythos jedes seiner distinkten Merkmale zum äquivalenten Symbol all der anderen. Und schließlich, während im Fall des politischen Streiks der Kampf gänzlich erschöpft ist, sobald sein Ziel erreicht wird, ist im proletarischen Streik jede der partiellen Konfrontationen ein Vorwand, um das Proletariat zum revolutionären Akteur auszubilden und am Leben zu erhalten. Im Falle des zweiten Terms jeder dieser Unterscheidungen ist die Partikularität das Repräsentationsmittel für etwas, das es transzendiert.

V

Wollen wir nun diese Schlußfolgerungen verallgemeinern und sie für eine Ideologietheorie nutzbar machen. Die Krise des Begriffs der »Ideologie« war an zwei zusammenhängende Prozesse gebunden: Den Niedergang des sozialen Objektivismus und der Verneinung der Möglichkeit eines metalinguistischen Gesichtspunktes, der es erlauben würde, die ideologische Verzerrung zu demaskieren. Aus der ersten Sicht wurde Ideologie als eine Ebene des sozialen Ganzen verstanden – wie in der marxistischen Dreieinigkeit des Ökonomischen, Politischen und Ideologischen. Diese Konzeption erfuhr allerdings ihren Niedergang, nachdem verstanden worden war, daß ideologische Mechanismen für die Strukturierung auch der politischen und der ökonomischen Ebene essentiell sind. Dies führte zu einer Inflation des Ideologiebegriffs, die zu Beginn dieses Kapitels angesprochen wurde, und schließlich zu seiner Aufgabe, nachdem festgestellt worden war, daß er allen analytischen Wert verloren hatte. Andere Begriffe wie »Diskurs« waren weniger zweideutig und besser in der Lage, die Konzeption eines sozialen Bandes auszudrücken, die sowohl Objektivismus als auch Naturalismus überstieg.

Die Geschichte der zweiten Konzeption von Ideologie, die an Begriffe wie falsches oder gestörtes Bewußtsein geknüpft war, verlief anders, denn obwohl die metalinguistische Operation der Demaskierung für nicht länger möglich erachtet wurde, wurde Verzerrungsmechanismen, wie wir gesehen haben, zunehmende Aufmerksamkeit geschenkt, insofern sie mit der Erzeugung einer Illusion der Schließung verknüpft waren, die für die Konstitution des sozialen Bandes unabdingbar ist. Es ist das Studium der Mechanismen, die diese Illusion ermöglichen, das das spezifische Feld gegenwärtiger Ideologietheorie konstituiert.

Wir haben vorhin gesagt, daß sich diese Mechanismen um die Formen der Repräsentation eines Objekts drehen, das zugleich notwendig und unmöglich ist. Das liegt an der Wurzel der konstitutiven Verzerrung, welche die ideologische Operation erklärt. Sie besteht, wie wir gesehen haben, in einem doppelten Prozess, in dem es eine wechselseitige Abhängigkeit zwischen Schließung als unmöglicher Operation und der Partikularität des Objekts, das sie inkarniert, gibt, wobei jeder der Pole teilweise die Effekte des anderen einschränkt. Wir haben genug über die Weise gesagt, in der Äquivalenz die Partikularität jeder dieser Verknüpfungen deformiert und schwächt. Nun müssen wir hinzufügen, was aus der anderen Perspektive geschieht: die Auswirkungen, die das, was von diesen Partikularitäten übrigbleibt, auf die Strukturierung der Kette hat. Diese Reste sind absolut essentiell für jede Äquivalenz, denn lösten sie sich auf, würde die Kette in einfache Identität kollabieren.

Nehmen wir als Beispiel die partikularen Forderungen, die Walzer zufolge für die Prager Demonstranten »Gerechtigkeit« mit Inhalt versehen: das Ende willkürlicher Verhaftungen, gleiche und unvoreingenommene Durchsetzung der Gesetze, etc. Wie wir gesehen haben, ist »Gerechtigkeit« als leerer Signifikant nicht notwendigerweise mit irgendeiner diese Forderungen assoziiert. Aber da sie keine eigene Repräsentationsform besitzt, wird sie, sobald sie von bestimmten Forderungen inkarniert wird, von diesen in gewisser Weise eingekerkert und ist nicht länger fähig, frei zu zirkulieren. Darüber hinaus: Eine Äquivalenzkette kann im Prinzip endlos expandieren, doch sobald ein Set von Kernverknüpfungen etabliert wurde, ist diese Expansion eingeschränkt. Manche neuen Verknüpfungen wären einfach unvereinbar mit den Resten der Partikularität, die bereits Teil der Kette sind. Sobald das »Ende der willkürlichen Festnahmen« zu einem der Namen für »Gerechtigkeit« geworden ist, kann der »Vorrang des Volkswillens vor allen rechtlichen Einschränkungen« nicht ohne Schwierigkeiten in dasselbe System von Äquivalenzen eintreten. Das bedeutet nicht, daß der partikularistische Rest des »Endes der willkürlichen Festnahmen« immer derselbe bleiben wird – im Gegenteil, neue äquivalentielle Verknüpfungen können die Bedeutung des »Willkürlichen« oder von »Festnahmen« modifizieren –, aber der wichtige Punkt ist, daß Deformation nicht uneingeschränkt operiert. Es gibt widerstehende Bedeutungen, die in die entgegengesetzte Richtung operieren.

Durch die Operation dieser doppelten und widersprüchlichen Bewegung wird die Illusion der Schließung diskursiv konstruiert. Das zeigt uns die theoretischen (und unmöglichen) Bedingungen, unter denen das Ende des Ideologischen eintreten könnte. Es könnte nur eintreten, wenn eine der beiden Bewegungen, die wir spezifiziert haben, ihr ultimatives Extrem erreichen und die Operativität der anderen vollständig eliminieren könnte. Es würde stattfinden, wenn die Verzerrung zu einer tatsächlichen Auflösung würde und die Äquivalenz zu Identität: in diesem Fall würde alles zu einem undifferenzierten Einen werden. Aber es könnte auch eintreten, würde äquivalentielle Logik eliminiert werden und der Rest der Partikularität so anwachsen, daß er die Totalität des Objekts dominiert. Das ist der Traum der verschiedenen Versionen des »Endes der Ideologie«, die allgemein mit dem Ideal rein nicht-politischer administrativer Praktiken assoziiert werden. In beiden Fällen wäre Schließung keine Illusion, sondern eine wirkliche Realität. Aber beides sind unmögliche Träume, die sicherstellen, daß wir auch weiterhin in einem ideologischen Universum leben werden.

Von den Namen Gottes

I

Eckhart sagt: »Gott ist namenlos, denn weder kann man von ihm sprechen noch ihn kennen (....). Daher ist es nicht wahr, wenn ich sage, daß ›Gott gut ist‹. Ich bin gut, doch Gott ist nicht gut! Tatsächlich würde ich sogar sagen, daß ich besser als Gott bin, denn was gut ist, kann besser werden und was besser werden kann, kann das Beste werden! Wenn Gott nun nicht gut ist, kann er nicht besser werden, er kann nicht der Beste werden. Diese drei sind weit von Gott entfernt: ›gut‹, ›besser‹, ›das Beste‹, denn er ist völlig transzendent (...) Auch solltest du nicht wünschen, irgend etwas von Gott zu verstehen, denn er ist jenseits alles Verstehens (...) Wenn du etwas von ihm verstehst, dann ist er nicht darin, und wenn du etwas von ihm verstehst, fällst du in Unwissenheit, du wirst wie ein Tier, denn der tierische Teil in Geschöpfen ist das, was Unwissen ist.«[55]

Wenn Gott namenlos ist, wie von Meister Eckhart im obigen Zitat behauptet, dann aufgrund Seiner absoluten Einfachheit, die von sich selbst jede Differenzierung oder jedes repräsentationale Bild ausschließt: »Du solltest Gott nicht-geistig lieben, das heißt, die Seele sollte nicht-geistig werden und von ihrer geistigen Natur losgelöst. Denn solange die Seele geistig ist, wird sie Bilder besitzen. Solange sie Bilder besitzt, wird sie Verbindungsglieder besitzen und solange sie diese besitzt, wird sie keine Einheit oder Einfachheit besitzen. Solange sie der Einfachheit ermangelt, liebt sie Gott nicht wirklich, denn wahre Liebe hängt von Einfachheit ab«[56].

Das einzige wahre Attribut Gottes ist Einssein, denn es ist das einzige Attribut, das nicht bestimmt ist. Wenn ich sage, daß Gott gut ist, dann ist »Gutsein« eine Bestimmung, die die Negation dessen impliziert, was sich von ihr unterscheidet, während Gott die Negation der Negation ist. Einssein als solches, als ein Nicht-Attribut, das keine Differenz und daher keine Negation mit sich bringt, ist die einzige Sache, die wir Ihm zuschreiben können. »Einssein ist reiner als Gutsein oder

Wahrheit. Obwohl Gutsein und Wahrheit nichts hinzufügen, fügen sie dennoch etwas dem Geist hinzu: Wenn sie gedacht werden, wird etwas hinzugefügt. Aber Einssein fügt nichts hinzu, wo Gott in sich selbst existiert, bevor er in den Sohn und den Heiligen Geist ausfließt (...) Wenn ich sage, daß Gott gut ist, dann füge ich ihm nichts hinzu. Einssein ist andererseits eine Negation der Negation und eine Verneinung der Verneinung. Was heißt ›eins‹? Eins ist das, zu dem nichts hinzugefügt wurde«[57].

Wenn wir Gott »Herr« rufen oder »Vater«, entehren wir Ihn, denn diese Namen sind mit Einheit inkompatibel – ein Herr erfordert einen Knecht und ein Vater einen Sohn. Daher »sollten wir lernen, daß es keinen Namen gibt, den wir Gott geben können, so daß es scheinen könnte, wir hätten ihn genug gepriesen und geehrt, denn Gott ist ›über Namen‹ und ist unaussprechbar«[58].

Daraus scheint offensichtlich notwendig mit Dionysius Areopagite zu folgen, daß

»der Grund alles Verständlichen selbst nichts Verständliches ist«. Das ebnet den Weg für den mystischen Weg, die *via negativa.* Gott ist

> »nicht Seele, nicht Intellekt,
> nicht Vorstellung, Meinung, Vernunft und nicht Einsicht,
> nicht Logos, nicht Verstand,
> nicht Gesprochenes, nicht Denken,
> nicht Nummer, nicht Ordnung,
> nicht Größe, nicht Kleinheit,
> nicht Gleichheit, nicht Ungleichheit,
> nicht Ähnlichkeit, nicht Unähnlichkeit«[59]

Etc. Was wir hier durch all diese Negationen vorgestellt bekommen, ist eine bestimmte Manipulation der Sprache, durch die etwas Unaussprechliches ausgedrückt wird. Das ist eine generalisierte Tendenz im Mystizismus: Eine Verzerrung der Sprache, die sie aller ihrer repräsentativen Funktionen beraubt, zeigt auf etwas, das jenseits aller Repräsentation liegt. In manchen Texten, wie etwa jenen, die mit dem Merkabah-Mystizismus in Verbindung stehen, wird dieser Effekt erreicht, indem jedem Körperorgan des Schöpfers – in deren Beschreibungen – solch eine enorme Größe gegeben wird, daß eine visuelle Repräsentation unmöglich wird. Wie G. Scholem hervorhebt: »Die enormen Figuren haben keine verständliche Bedeutung oder keinen Sinnen-Inhalt, und es ist wirklich unmöglich, den ›Körper des Shekinah‹ zu visualisieren, den sie zu beschreiben suchen; sie werden im Gegenteil dazu herangezogen, jeden Versuch einer solchen Vision auf eine Absurdität zu reduzieren«[60]. In einem hochintellektualisierten Diskurs wie dem Eckharts sind die Kunstgriffe natürlich viel sophistizierter – sie bauen auf die erlösende Natur der Sprache, derzufolge »die Worte vom Wort kommen«. Doch in jedem Fall geht es um eine Verzerrung des normalen Sprachgebrauchs. Woraus besteht eine solche Verzerrung? Wir wollen uns für einen Augenblick auf die Serie der Negationen konzentrieren, über die Dionysius sich der (Nicht-)Essenz der Gottheit anzunähern versucht. Ersteinmal sind alle Inhalte, die negiert werden, Teil einer Enumeration, die keine interne Hierarchie oder Struktur besitzt. Sie stehen in einer rein parataktischen Beziehung zueinander. Zweitens ist die Enumeration offen: Weit mehr Inhalte – tatsächlich jeder repräsentationale Inhalt – hätten Teil derselben Enumeration sein können. Nun ist diese enumerative Operation zentral, um den Bedeutungseffekt zu produzieren, um den es Dionysius geht. Hätte er nur gesagt, daß Gott z. B. nicht »Imagination« sei, hätte immer die Möglichkeit bestanden, daß Er etwas anderes ist und mit positivem Inhalt ausgestattet. Nur die Plazierung von »Imagination« in einer enumerativen Kette zusammen mit »Meinung«, »Logos«, »Nummer«, »Verstand«, etc., zusammen mit dem offenen Charakter der Enumeration, garantieren, daß Gott mit dem »Unaussprechbaren« identifiziert werden kann. Doch in diesem Fall ist die Enumeration nicht bloß eine Enumeration, in der jeder ihrer Terme die Fülle seiner eigenen isolierten Bedeutung ausdrücken würde (wie wenn wir etwa sagten, die USA sei letztes Jahr von vielen Briten, Franzosen und Italienern besucht worden). Im Fall des Textes von Dionysius ist jeder Term der Enumeration Teil einer Kette, die – nur wenn sie als eine Totalität genommen wird – die Nicht-Essenz von Ihm ausdrückt, der die Ursache aller Dinge ist. Das bedeutet, daß wir es mit einem eigentümlichen Enumerationstypus zu tun haben, dessen Terme nicht einfach nebeneinander koexistieren, sondern statt dessen einander ersetzen können, da sie alle innerhalb des enumerativen Arrangements dasselbe ausdrücken. Das ist der Relationstyp, den ich Äquivalenz nenne. Es könnte vielleicht eingewandt werde, diese Möglichkeit einer äquivalentiellen Substitution sei einfach Resultat des negativen Charakters jedes Terms der dionysischen Enumeration. Doch ich denke nicht, daß dies der Fall ist. Wenn die einzige Sache, die aus der Aufeinanderfolge der negativen Terme entstünde, die Negation dessen wäre, was sie transportieren sollen, würde die Möglichkeit verloren gehen, das »Unaussprechbare« auszudrücken. Denn wenn wir nur sagen, Gott sei nicht A, nicht B und nicht C, dann schließt das von alleine noch nicht die Möglichkeit aus, daß Er D, E oder F ist. Das heißt, wenn wir uns ausschließlich auf das »nicht« der Negation fokussieren, gibt es keinen Weg, die Dimension des offenen Endes der Enumeration sinnvoll zu konstruieren (von der die Möglichkeit abhängt, das »Unaussprechbare« auszudrucken). Wir haben es hier offenbar mit zwei sich widersprechenden Bedingungen zu tun: Wir wollen den unaussprechlichen Charakter der Erfahrung der Gottheit bewahren, und wir wollen gleichzeitig durch Sprache solch eine unaussprechliche Präsenz zeigen. Wie wir sagten, wird keine reine Konzentration auf das »nicht« diese zwei Bedingungen erfüllen. Dennoch hat Dionysius' Enumeration eine weitere Dimension, denn er sagt nicht, Gott wäre »nicht Imagination« – Absatz – »nicht Logos« – Absatz, etc. Was er tatsächlich sagt, ist: 1) daß Gott etwas ist, das die spezifische Bedeutung solcher Terme wie »Imagination«, »Logos«, »Verstand«, etc. überschreitet; und daß 2) diese Transzendenz, dieses Überschreiten der spezifischen Bedeutungen dieser Terme durch die Äquivalenz gezeigt wird, welche die Terme zueinander herstellen. Denn es ist klar, daß eine äquivalentielle Enumeration – im Unterschied zu einer rein additiven – die partikularisierten Bedeutungen ihrer Terme genauso zerstört wie eine Abfolge von Negationen. Ich kann ohne weiteres »nicht Imagination«, »nicht Logos« und »nicht Verstand« durch die äquivalentielle Abfolge

»Imagination«, »Logos« und »Verstand« ersetzen. In beiden Fällen würde ich exakt dasselbe sagen, denn wenn ich mich – um eine Äquivalenzkette zu etablieren – darauf konzentrieren müßte, was »Imagination«, »Logos« und »Verstand« gemeinsam haben, müßte ich die meisten der partikularisierten Bedeutungen jedes dieser Terme fallen lassen, und wenn die Äquivalenzkette ausgedehnt genug ist, kann sie zur Ausdrucksweise von etwas werden, das über den repräsentationalen Charakter aller ihrer Verbindungsglieder hinausschießt – d. h. zur Ausdrucksweise des »Unaussprechbaren«. Der Vorteil, das »nicht« aus der Enumeration zu eliminieren, liegt darin, daß auf diese Weise ihr äquivalentieller Charakter ansichtiger und ihre Unendlichkeit – die Natur ihres offenen Endes – vollständig sichtbar wird. Wenn ich »nicht-A«, »nicht-B«, »nicht-C« aufzähle, kann ich D in der Fülle seiner positiven Bedeutung ohne weitere Erfordernisse dieser Kette eingliedern. Aber wenn ich Äquivalenz zwischen den positiven Termen A, B und C habe, kann ich D dieser Kette nicht ohne die zusätzliche Erfordernis eingliedern, D auf das zu reduzieren, was es mit den drei vorhergehenden Termen gemeinsam hat.

So können wir aus der bisherigen Analyse schließen, daß die Behauptung, Gott unterscheide sich von jedem partikularen Attribut, das wir Ihm zuschreiben können, genau auf dasselbe hinausläuft wie die Behauptung, Er drücke Sich durch die *Totalität* all dessen aus, was existiert[61]. Ist Gleichheit (=Äquivalenz) zwischen den Dingen die Art, in der Gott Sich aktualisiert, Sich ausdrückt? Befragen wir Eckhart:

> »Gott gibt allen Dingen gleichermaßen, und so sind alle Dinge, so sie von Gott fließen, gleich. Engel, Männer und Frauen und alle Geschöpfe sind gleich, wo sie aus Gott erstmals hervorkommen. Wer immer Dinge in ihrem ersten Auftreten von Gott nimmt, nimmt alle Dinge als gleich (…) Wenn wir eine Fliege als etwas nehmen, das in Gott existiert, dann ist sie nobler in Gott als der höchste Engel es ist in sich selbst. Nun sind alle Dinge gleich in Gott und sie sind Gott. Und diese Gleichheit entzückt Gott dermaßen, daß seine ganze Natur und sein ganzes Sein durch ihn selbst in dieser Gleichheit fließt (…) Es ist ihm ein Vergnügen, seine Natur und sein Sein in diese Gleichheit auszuschütten, denn Gleichheit ist, was er selbst ist.«[62]

Soweit die Erfahrung der »Unaussprechbarkeit« Gottes durch die Äquivalenz der Inhalte hindurchgeht, die weniger als Er sind, ist Er sowohl jenseits dieser Inhalte, als auch zur selben Zeit bezüglich seiner Aktualisierung vollständig abhängig von ihnen. Je größer sogar Sein »Jenseits«, desto ausgedehnter die Äquivalenzkette, von der Seine Aktualisierung abhängt. Seine Transzendenz selbst ist kontingent gegenüber einer zunehmenden Immanenz. Zitieren wir noch einmal Eckhart:

> »Gott ist in allen Dingen. Je mehr er in Dingen ist, desto mehr ist er außerhalb von ihnen: je mehr innerhalb, desto mehr außerhalb, und je mehr außerhalb, desto mehr innerhalb.«[63]

Wie David in Brownings »Saul« sagt:

> »Do I task any faculty highest, to imagine success?
> I but open my eyes, – and perfection, no more and no less,
> In the kind I imagined, full-fronts me, and God is seen God
> In the star, in the stone, in the flesh, in the soul and the clod.«'[64]

Wenn Gott nun präsent ist »in the star, in the stone, in the flesh, in the soul and the clod«, ist klar, daß mystische Erfahrung nicht zu einer tatsächlichen Trennung von Dingen und täglichen Verrichtungen führt, sondern im Gegenteil zu einer besonderen Weise, an diesen teilzunehmen, so daß wir in jedem von ihnen eine Manifestation von Gottes Präsenz sehen. Nach Eckhart:

> »Die Rechtgesinnten tragen Gott wahrhaft mit sich. Und wer immer Gott auf die rechte Weise wahrhaft besitzt, besitzt ihn in allen Orten: auf der Straße, in jeglicher Begleitung, wie in einer Kirche oder einem entlegenen Platz oder in ihrer Zelle. Niemand kann diese Personen behindern, denn sie wollen und suchen nichts anderes als Gott und beziehen ihre Freude nur aus ihm, der mit ihnen in allen ihren Zielen vereint ist. Und so wie keine Vielheit Gott teilen kann, kann nichts diese Personen erschüttern oder teilen, denn sie sind Eins in dem Einen, in dem alle Vielheit Eins ist und Nicht-Vielheit ist.«[65]

Diese Erfahrung täglicher Involviertheit als eine, in der Vielheit nicht verneint, sondern als der bunte Ausdruck einer transzendenten Einheit gelebt wird, ist das distinktive Merkmal eines »einheitlichen Lebens«, wie es vom mystischen Bewußtsein verlangt wird. Eckhart gibt zwei metaphorische Beispiele dafür, was es bedeutet, Vielheit in Einheit zu leben. Das erste ist der Fall jemandes, der durstig ist: Sein Durst wird alle seine Aktivitäten begleiten, denen er nachgeht – unabhängig von ihrer Varietät. Das andere bezieht sich auf jemanden, der verliebt ist: Sein oder ihr Gefühl wird die mannigfaltigen Unternehmungen des täglichen Lebens dieser Person anstecken. Ein letzter wichtiger Aspekt, der noch betrachtet werden muß, ist die mystische Loslösung, deren innere Struktur für unsere Zwecke äußerst aufschlußreich ist. Die fragliche Loslösung kann keine eines Einsiedlers sein, der eine abgesonderte Existenz führt, denn der Mystiker lehnt die Teilnahme am täglichen Leben nicht ab. Der Mystiker sollte völlig an der Welt anteilnehmend und gleichzeitig völlig losgelöst von ihr sein. Wie ist das möglich? Wie wir wissen, können tatsächlich existierende weltliche Dinge – Brownings »star, stone, flesh, soul and clod«, Julians Haselnuß – von zwei Perspektiven aus betrachtet werden: entweder in ihrer isolierten Partikularität, in der jedes von ihnen eine separate Existenz führt, oder in ihrer äquivalentiellen Verbindung, in der jedes von ihnen die Göttliche Existenz anzeigt. So muß der Mystiker jede Instanz seiner weltlichen Erfahrung als etwas lieben, durch das sich die Gottheit selbst zeigt; da allerdings nicht die partikulare Erfahrung in ihrer nackten Partikularität Gott zeigt, sondern vielmehr ihre äquivalentielle Verbindung mit allem anderen, nähert mich nur diese Verbindung Gott an, die Kontingenz der Tatsache, daß es diese Erfahrung ist und weniger irgendeine andere, die ich im Moment habe. Essentielle Losgelöstheit und tatsächliche Teilnahme sind zwei Seiten derselben Medaille. Es verhält sich wie in der Formation des revolutionären Willens einer untergeordneten Klasse: Jede Teilnahme an einem Streik, einer Wahl, einer Demonstration zählt nicht so sehr als das betreffende partikulare Ereignis, sondern als eine kontingente Instanz in einem Prozeß, der jedes partikulare Engagement überschreitet: die Erziehung der Klasse, die Konstitution ihres revolutionären Willens. Einerseits überschreitet letzterer jedes partikulare Engagement und verlangt in diesem Sinne, daß sich die Klasse von solchem loslöst; andererseits gibt es ohne ernsthaftes Engagement am partikularen Ereignis keine Konstitution des revolutionären Willens. Paradoxerweise ist es die losgelöste Natur dessen, was in die partikulare Aktion investiert wird, ihre rein kontingente Verbindung mit ihr, die garantiert, daß die Teilnahme an dieser Aktion ernsthaft sein wird. Lassen wir Eckhart zum letzten Mal zu Wort kommen:

> »Wir müssen uns darin üben, in nichts unsere eigenen Interessen zu verfolgen, sondern vielmehr Gott in allen Dingen zu finden und zu fassen. All die Gaben, die er uns im Himmel oder auf Erden geschenkt hat, wurden ausschließlich gegeben, um uns auf jene Gabe vorzubereiten, die er selbst ist (...) und so sage ich euch, wir sollten Gott in allen Gaben und Werken sehen, weder mit irgend etwas zufrieden bleibend noch an etwas gebunden werdend. Für uns kann es keine Bindung an eine bestimmte Verhaltensweise in diesem Leben geben, noch war das jemals richtig, wie erfolgreich wir auch immer gewesen sein mögen. Vor allem sollten wir uns immer und immer wieder aufs Neue auf die Gaben Gottes konzentrieren"[66].

Ziehen wir zwei wichtige Schlußfolgerungen aus unserer kurzen Erkundung des Mystizismus. Die erste betrifft die spezifischen Probleme, welche die Benennung Gottes mit sich bringt. Insofern Gott der Unaussprechbare ist, könnten wir jeden Namen benutzen, den wir möchten, um uns auf Ihn zu beziehen, solange diesem Namen kein bestimmter Inhalt zugeschrieben wird. Eckhart sagt, daß es genau aus diesem Grund das beste ist, einfach »Gott« zu sagen, ohne Ihm irgendetwas zuzuschreiben. So muß der Name Gottes, wenn wir Seine erhabene Realität (und unsere Erfahrung von dieser) nicht beschmutzen wollen, ein leerer Signifikant sein, ein Signifikant, dem kein Signifikat angeheftet werden kann. Und das stellt uns vor ein Problem. Ist »Gott« solch ein leerer Signifikant oder ist dieser Name bereits eine Interpretation des Erhabenen, der absoluten Fülle? Wenn zweites der Fall ist, dann wäre es die schlimmste Respektlosigkeit, das Erhabene »Gott« zu nennen. Mit anderen Worten: Während die mystische Erfahrung einer unaussprechlichen Fülle unterliegt, die wir »Gott« nennen, ist dieser Name – Gott – Teil eines diskursiven Netzwerks, das nicht auf diese Erfahrung reduziert werden kann. Und tatsächlich hat die Geschichte des Mystizismus eine Fülle an alternativen Namen bereitgestellt, um auf diese Erhabenheit zu verweisen: das Absolute, Realität, der Grund, etc. Es gab sogar einige mystische Schulen – wie bestimmte Zweige des Buddhismus –, die konsequent atheistisch waren. Wenn die mystische Erfahrung wirklich die Erfahrung eines absoluten Tranzendierenden sein soll, muß sie unbestimmt bleiben. Nur Stille wäre angemessen. Es »Gott« zu nennen, hieße bereits, es zu verraten, und das gleiche würde auf jeden anderen gewählten Namen zutreffen. »Gott« einen Namen zu geben, ist eine viel schwierigere Operation als erwartet.

Kommen wir nun zu unserer zweiten Schlußfolgerung. Wie wir gesehen haben, gibt es einen alternativen Weg, Gott zu benennen, und zwar durch die Selbstzerstörung der partikularisierten Inhalte einer Äquivalenzkette. Wir können auf Gott durch die Namen »star, stone, flesh, soul and clod« verweisen, da – soweit sie Teil einer universellen Äquivalenzkette sind – jeder dieser Namen durch jeden beliebigen anderen substituiert werden kann. Ergo wären sie alle austauschbare Begriffe, um die Totalität alles Existenten zu benennen – i.e., das Absolute. Hier sind wir jedoch mit einem von der direkten Namensgebung Gottes unterschiedenen Problem konfrontiert – oder vielleicht mit dem gleichen Problem aus einem anderen Blickwinkel –, denn wenn diese Operation gelingen würde, hätten wir mehr zustande gebracht als nur eine universelle Äquivalenz. Wir hätten die äquivalentielle Relation zerstört und in eine einfache Identität zusammenbrechen lassen. Betrachten wir die Sache mit Sorgfalt. In einem Äquivalenzverhältnis verschwinden die partikularen Bedeutungen eines Terms nicht einfach; sie werden teilweise beibehalten, und die Substitution eines Terms durch die anderen operiert nur in bestimmter Hinsicht. So gibt es einige Stränge des Hindu-Mystizismus, die einen totalen Zusammenbruch der Differenzen in undifferenzierte Identität befürwortet haben, aber westlicher Mystizismus spielte immer um ein aristotelisch-tomistisches Konzept von Analogie, das in einer Äquivalenz gründet, die weniger als Identität ist. Ein Mystiker wie Eckhart versuchte, die »Einheit in der Differenz« zu denken, und aus diesem Grund war das analoge Äquivalenzverhältnis zentral in seinem Diskurs. Das Universum der Differenzen mußte in eine Einheit gebracht werden, ohne daß das differentielle Moment verloren ging. Aber genau hier finden wir ein Problem, denn wenn die Äquivalenz absolut universal wird, bricht der differentielle Partikularismus ihrer Verknüpfungen zusammen. Wir hätten eine undifferenzierte Identität, in der jeder beliebige Term auf die Totalität verweisen würde, aber in diesem Fall könnte die Totalität – das Absolute – auf eine unmittelbare, direkte Weise benannt werden, und ihre transzendente Dimension, die für die mystische Erfahrung (und den Diskurs) essentiell ist, würde verlorengehen. Wenn andererseits die Äquivalenz eine Äquivalenz bleibt und nicht in Identität kollabiert, wird sie weniger als universell sein. In diesem Fall, insofern sie eine Äquivalenz bleibt, wird sie in der Lage sein, zum Repräsentationsmittel von etwas zu werden, das sie transzendiert; doch insofern die Kette weniger als universell sein wird, werden »clod«, »flesh« und »stone« nicht einfach das transparente Ausdrucksmedium des Absoluten sein, sondern auch dessen Kerkermeister: Der Rest der Partikularität würde sich ganz gehörig zurückmelden – da er nicht eliminiert werden kann, wird er die mystische Intervention von einem freien Spaziergang ins Absolute transformieren in einen absoluten Wert, der einer Partikularität zugeschrieben wird, die mit ihm völlig inkommensurabel ist.

Wenn wir unsere zwei Schlußfolgerungen zusammenziehen, erhalten wir ein einziges Resultat: Gott kann nicht benannt werden. Die Operation Seiner Benennung – entweder direkt oder indirekt durch die Äquivalenz der Inhalte, die weniger als Er sind – führt uns in einen Prozeß, in dem der Überrest an Partikularität, den die mystische Intervention zu eliminieren versucht, sich als irreduzibel erweist. Allerdings zeigt in diesem Fall der mystische Diskurs in Richtung einer Dialektik zwischen dem Partikularen und dem Absoluten, welche komplexer ist als sie vorgibt. Diese müssen wir nun untersuchen.

II

Wollen wir uns für einen Moment auf diese doppelte Unmöglichkeit konzentrieren, um die der mystische Diskurs organisiert ist, und untersuchen, in welchem Ausmaß er ausschließlich dem Feld der mystischen Erfahrung zugehört – oder ob er eher als der Ausdruck von etwas verstanden werden sollte (in mystischem Gewand), das der generellen Struktur aller möglichen Erfahrung angehört. Die Benennung Gottes ist unmöglich, sagten wir, weil er das absolut Transzendierende ist. Er ist jenseits aller positiven Bestimmung. Wenn wir die logischen Implikationen dieser Unmöglichkeit radikalisieren, sehen wir, daß selbst die Annahme, Gott sei eine Entität, daß selbst die Annahme von Einheit – wenn Einheit verstanden wird als die Ungeteiltheit einer Entität – eine bereits unangemessene Interpretation darstellt, weil es etwas einen Inhalt zuschreibt, das jenseits jedes möglichen Inhalts ist. Wenn wir innerhalb des Gebiets des Diskurses bleiben, des Repräsentierbaren, ist das Erhabene – das Numinose, wie Rudolf Otto es nennt – etwas, das radikal unrepräsentierbar ist. Wenn wir nicht von der rationalistischen Annahme ausgehen, daß es nichts in der Erfahrung gibt, das nicht in einen positiven repräsentationalen Inhalt übersetzt werden könnte, wird diese Unmöglichkeit – als Grenze aller Repräsentation – nicht einfach eine logische Unmöglichkeit sein, sondern eine der Erfahrung. Eine lange Tradition hat dem einen Namen gegeben: die Erfahrung der Endlichkeit. Endlichkeit beinhaltet die Erfahrung der Fülle, des Erhabenen, in Form eines radikalen Mangels – und ist in diesem Sinn ein notwendiges Jenseits. Erinnern wir uns, wie Lacan die imaginäre Identifikation beschreibt, die im Spiegelstadium stattfindet: Sie setzt einen konstitutiven Mangel voraus; es ist die Primäridentifikation, die als Matrix für all die folgenden sekundären dient – so daß das Leben des Individuums die vergebliche Suche nach einer Fülle sein wird, der es systematisch beraubt werden wird. Das Objekt, das ultimative Fülle erzeugen könnte, ist das Jenseits, von dem der Mystiker eine direkte Erfahrung zu haben behauptet. Als solches ist es etwas, das jede mögliche Erfahrung begleitet. Die historische Bedeutung des mystischen Diskurses besteht darin, daß er – durch die Radikalisierung des »Jenseits« – die essentielle Endlichkeit gezeigt hat, die für jede Erfahrung konstitutiv ist. Seine historische Begrenzung bestand darin, daß er der Versuchung nachgab, dem »Jenseits« einen positiven Inhalt zu geben. Der positive Inhalt wurde nicht durch die mystische Erfahrung selbst diktiert, sondern durch die religiöse Überzeugung des Mystikers. Das kann am deutlichsten an dem Argument gesehen werden, Gott zeige Sich in allem Existierenden. Würde das Argument in all seinen Implikationen genommen, dann sollten wir schließen, daß Aktionen, die wir unmoralisch nennen würden, Gott genauso ausdrücken wie alle anderen. Diese Schlußfolgerung wurde von manchen extremen mystischen Sekten akzeptiert: Soweit ich in Gott lebe, bin ich jenseits aller moralischen Grenzen. Doch in den meisten Fällen akzeptiert der Mystiker konventionelle religiöse Moral. Es ist dennoch klar, daß letztere nicht durch die mystische Erfahrung diktiert ist, sondern durch die positive Religion, der der Mystiker angehört.

Gehen wir nun zur anderen Seite dessen, was wir die doppelte Unmöglichkeit, den mystischen Diskurs zu strukturieren, genannt haben: die Repräsentation des »Jenseits« durch eine Äquivalenzkette. Wie wir bereits gesagt haben, ist Bedingung dieser Repräsentationsform des Absoluten, daß die Äquivalenz nicht in Einheit kollabiert (denn in diesem Fall handelte es sich um eine direkte Repräsentation, und die Dimension des »Jenseits« ginge verloren). Damit es zu einer wahren Äquivalenz kommt, muß die differentielle Partikularität ihrer Terme geschwächt werden, darf aber nicht vollständig verlorengehen. Was sind die Effekte der zurückbleibenden Partikularität? Der Haupteffekt ist, jenen Verbindungen, die Teil der Äquivalenzkette werden können, Grenzen zu setzen. Nehmen wir zum Beispiel an, in einem Äquivalenzverhältnis befänden sich »Keuschheit«, »tägliches Gebet« und »Nächstenliebe«. Wenn die Differenzkette in Identität zusammengebrochen wäre – d. h. wenn jede differentielle Bedeutung getilgt worden wäre –, würde dem Eintritt von »freier Liebe« in die Kette nichts entgegenstehen. Aber wenn die Kette eine Kette von Äquivalenzen ist, dann wurden die partikularen Bedeutungen nicht vollständig eliminiert, und in diesem Sinne widersteht »Keuschheit« der Eingliederung von »freier Liebe« in die Kette. Die differentiellen Bedeutungen sind eine Begrenzung aber gleichzeitig die Bedingung der Möglichkeit von Äquivalenz. Allerdings ist die Äquivalenz, wie wir gesehen haben, eine Bedingung der Repräsentation des »Jenseits«. Wenn die Äquivalenz teilweise Beibehaltung der differentiellen Bedeutungen ihrer Terme erfordert (was impliziert, daß ihrer Ausdehnung Grenzen gesetzt werden), ist die einzige mögliche Schlußfolgerung, daß genau die Konstitution des »Jenseits« den differentiellen Inhalten gegenüber, deren Äquivalenz die Bedingung ihrer Repräsentation ist, nicht indifferent ist. Wir könnten das Argument in einer syllogistischen Manier präsentieren:

Begrenzung und Beibehaltung von Partikularität ist die Bedingung für Äquivalenz..

Äquivalenz ist die Bedingung für jedes »Jenseits«.

Also ist die Begrenzung und Beibehaltung von Partikularität die Bedingung für jedes »Jenseits«.

Die Konsequenzen dieser Folgerung sind von Bedeutung für die Strukturierung der mystischen Erfahrung (i.e. für die Möglichkeit eines absolut leeren Signifikanten, der das Jenseits aller Partikularismen und Differenzen signifizieren würde). Denn die einzige mögliche Schlußfolgerung ist, daß es keine Möglichkeit eines Jenseits von Differenzen gibt, die nicht einer Operation der Wiedereinführung von Differenzen untergeordnet wäre. Dieser Rückstand von Differenz und Partikularismus kann nicht eliminiert werden und kontaminiert in Folge notwendigerweise genau den Inhalt des »Jenseits«. Hier haben wir einen Prozeß, der auf zwei Weisen beschrieben werden kann: Entweder als eine »Materialisierung« Gottes, indem Ihm ein differentieller Inhalt gegeben wird, der Seine eigentliche Möglichkeitsbedingung ist, oder als die Deifikation eines partikularen Sets an Determinationen, die mit der Funktion ausgestattet sind, das Absolute zu inkarnieren. Doch beide Wege führen in dieselbe Sackgasse: Ein direkter Ausdruck der Göttlichen Essenz, der durch direkte Benennung sich als unmöglich erwiesen hat, ist nicht weniger unmöglich, wenn wir auf indirekte Weise eine Äquivalenzkette einsetzen.

Wir sehen, warum ein Mystiker wie Eckhart sich auf die Inhalte einer positiven Religion stützen muß: Weil die mystische Erfahrung – sich selbst überlassen – unfähig ist, jene differentiellen Überreste zu Verfügung zu stellen, die trotz allem die Bedingung ihrer Möglichkeit sind.

Mystischer Diskurs enthüllt auf diese Weise etwas, das zur generellen Struktur von Erfahrung gehört. Nicht nur die Trennung der beiden Extreme der radikalen Endlichkeit und der absoluten Fülle, sondern auch die komplexen Sprachspiele, die sich auf Basis ihrer gegenseitigen Kontamination spielen lassen. Ich werde mich nun auf die Strategien beziehen, die durch diese unvermeidliche Kontamination ermöglicht werden. Ich werde zwei Beispiele geben, eines aus dem Feld der Politik und das andere aus der Ethik.

Wie ich in den vorangegangenen Kapiteln argumentiert habe, ist »Hegemonie« das Schlüsselkonzept, um Politik zu denken[67]. Ich verstehe unter »Hegemonie« ein Verhältnis, in dem ein partikularer Inhalt in einem bestimmten Kontext die Funktion übernimmt, eine abwesende Fülle zu inkarnieren. In einer Gesellschaft zum Beispiel, die unter einer tiefen sozialen Disorganisation leidet, kann »Ordnung« als die positive Kehrseite einer Situation generalisierter Anomie gesehen werden. Die Initialsituation, der »Ordnung« entgegengesetzt wird, ist die Erfahrung von Deprivation, Endlichkeit und Faktizität. Wenn diese Erfahrung einmal an verschiedenen Punkten des Sozialen auftritt, werden alle diese als einander äquivalent gelebt werden, denn – jenseits ihrer Differenzen – werden alle auf eine gemeinsame Situation der Dislokation und Unvollständigkeit deuten. So ist Fülle als positive Kehrseite dieser Situation des konstitutiven Mangels das, was die Gemeinschaft vervollständigen soll. Hier allerdings tritt eine zweite Dimension in den Vordergrund. Wir wissen, daß eine Äquivalenzrelation differentielle Bedeutung schwächt. Wenn wir uns darauf konzentrieren müssen, was alle Differenzen gemeinsam haben (worauf die Äquivalenz zeigt), müssen wir uns in Richtung eines »Jenseits« aller Differenzen bewegen, das tendenziell leer sein wird. »Ordnung« kann keinen partikularen Inhalt haben, wenn sie die einfache Kehrseite aller als ungeordnet gelebter Situationen ist. Wie im Fall der mystischen Fülle, muß die mystische Fülle von Begriffen benannt werden, die – soweit möglich – von jedem positiven Inhalt entleert sind. Die beiden beginnen sich an jenem Punkt zu trennen, an dem Mystizismus alle möglichen Strategien einsetzen wird, um die ultimativ unvermeidliche Positivität von Inhalt auf ein Minimum zu reduzieren, während eine hegemoniale Praktik aus dieser ultimativen Unmöglichkeit ihre *raison d'être* machen wird. Weit davon entfernt, den Spalt zwischen Fülle und differentiellem Inhalt zu vergrößern, wird sie aus einem bestimmten partikularen Inhalt den eigentlichen Namen dieser Fülle machen. An diesem Punkt tritt jedoch eine dritte Dimension in Operation. Wir haben bereits herausgestrichen, daß es Bedingung einer Äquivalenzrelation ist, daß die differentiellen Bedeutungen – obwohl geschwächt – nicht verschwinden, sondern daß sie der Möglichkeit einer unendlichen Ausdehnung der Äquivalenzkette Grenzen setzen. Nun sind die Grenzen offensichtlich in einem politischen Diskurs wichtiger als in einem mystischen, da ersterer eine stabile Artikulation zwischen Fülle und Differenz zu etablieren versucht. Sobald »Marktökonomie« in einem Diskurs einmal zum Namen der Fülle der Gemeinschaft geworden ist, werden einige Äquivalenzen möglich, während manche andere mehr oder weniger permanent ausgeschlossen sein werden. Diese Situation ist mit Sicherheit nicht fixiert, da diskursive Figurationen unter einem sie deformierenden Druck stehen (manche Äquivalenzen können etwa die Bedeutung von »Markt« verändern). Der entscheidende Punkt ist aber der folgende: Wenn die Repräsentationsfunktion der Fülle den partikularen Inhalt, der diese Funktion einnimmt, deformiert, dann reagiert dieser partikulare Inhalt, indem er seinerseits die Unbestimmtheit der Äquivalenzkette begrenzt.

Meine zweite Schlußfolgerung betrifft Ethik. Es gab in den letzten Jahren eine breite Diskussion um die Konsequenzen, die »Postmoderne« – und, in einem weiteren Sinn, die Kritik am philosophischen Essentialismus – für moralisches Engagement hat. Beraubt nicht die Infragestellung eines absoluten Grundes moralische Verpflichtungen jeder Fundierung? Wenn alles kontingent ist, wenn es keinen »kategorischen Imperativ« gibt, der eine Grundlage der Moral schaffen würde, sind wir dann nicht einer Situation überantwortet, in der »alles möglich ist«, und in Konsequenz moralischer Indifferenz und der Unmöglichkeit, zwischen ethischen und unethischen Handlungen zu unterscheiden? Untersuchen wir, was die theoretischen Voraussetzungen dieser Schlußfolgerung sind. Ich denke, daß wir hier zwischen zwei Aspekten unterscheiden müssen. Der erste betrifft die Möglichkeit eines ernsthaften moralischen Engagements qua irgendwelcher Handlungen (wenn wir einmal deren tatsächlichen Inhalt beiseite lassen). Die Kritik des Essentialismus impliziert, daß es keinen Weg gibt, um *a priori* zwischen partikularen Handlungsweisen moralisch zu unterscheiden – nicht einmal im Sinne der Etablierung eines minimalen Inhalts für einen kategorischen Imperativ. Daß impliziert aber logisch nicht, daß nicht ernsthafte moralische Verpflichtungen Engagements zugeordnet werden könnten, wenn sie von weniger als apriorisch diktierten Handlungsweisen eingegangen werden. Auf das Gegenteil zu schließen, käme der Behauptung gleich, nur die Partikularität einer Handlungsweise, die als Partikularität verstanden wird, könne die Quelle eines ernsthaften moralischen Engagements sein. Aber genau das verneint die Gesamtheit der mystischen Erfahrung. Erinnern wir uns, was vorhin über die Dialektik zwischen Loslösung und Engagement in Eckhart gesagt wurde. Nur insofern ich meinen Kontakt mit der Gottheit als einer absoluten (jenseits jedes partikularisierten Inhalts) erfahre, kann ich meinen moralischen Handlungsweisen ihre moralische Ernsthaftigkeit geben. Und wenn wir in die Richtung generalisieren, die bereits angedeutet wurde: Nur wenn ich das Absolute als einen ausgesprochen leeren Platz erfahre, kann ich in kontingente Handlungsweisen eine moralische Tiefe projizieren, die sie – auf sich allein gestellt – nicht haben. Wie wir sehen können, ist die »postmoderne« Erfahrung der radikalen Kontingenz jedes partikularen Inhalts, der moralisch gültig zu sein behauptet, die eigentliche Voraussetzung jener ethischen Überinvestition, die ein höheres moralisches Bewußtsein ermöglicht. Wie im Fall der »Hegemonie« haben wir hier eine bestimmte »Deifikation« des Konkreten, deren Grund paradoxerweise genau ihre Kontingenz ist. Ernsthaftes moralisches Engagement erfordert eine radikale Trennung zwischen moralischem Bewußtsein und seinen Inhalten, so daß kein Inhalt a priori einen Anspruch darauf erheben kann, der exklusive Nutznießer des Engagements zu sein.

Gehen wir nun zu unserem zweiten Aspekt. Selbst wenn wir zugeben, daß dieser Spalt zwischen der Erfahrung des Absoluten als einem leeren Platz und dem Engagement für die partikularen Inhalte, die es inkarnieren wollen, permanent wird, sind wir dann nicht vollständig führungslos, was die richtigen inkarnierenden Inhalte betrifft? Mit Sicherheit sind wir das. Diesen Mangel an Führung nannten wir vorher Faktizität, Endlichkeit. Würde eine Logik existieren, die *a priori* die Erfahrung des Absoluten mit partikularen Inhalten verknüpfte, dann erhielte die Verbindung zwischen dem inkarnierten Absoluten und seinem inkarnierenden Inhalt Notwendigkeit – und das Absolute hätte seine Jenseits-Dimension verloren. In diesem Fall wären wir in der Lage, Gott auf direkte Weise einen Namen zu geben oder wenigstens zu behaupten, Seine Essenz diskursiv meistern zu können, wie es Hegel in seiner Logik tat. Das Gegenteil zu behaupten, bedeutet nicht, daß jeder Inhalt zu jedem Zeitpunkt ein gleichberechtigter Kandidat für die Inkarnation des Absoluten sein könne. Das trifft nur *sub specie aeternitatis* zu. Doch historisches Leben findet auf einem Terrain statt, das geringer als die Ewigkeit ist. Aber wenn die Erfahrung dessen, was wir in der Doppelbewegung von »Materialisierung Gottes«/»Deifizierung des Konkreten« beschrieben haben, ihren beiden Seiten gerecht werden will, können weder das Absolute noch das Partikulare endgültig miteinander Frieden schließen. Das bedeutet, daß die Konstruktion eines ethischen Lebens davon abhängen wird, daß die zwei Seiten dieses Paradoxons offengehalten werden: Ein Absolutes, das nur durch etwas aktualisiert werden kann, das weniger als es selbst ist, und eine Partikularität, deren einzige Bestimmung es ist, eine »Erhabenheit« zu inkarnieren, die ihren eigenen Körper transzendiert.

[1] Karl Marx: Zur Kritik der politischen Ökonomie, in Werke Bd.13, Berlin (Dietz Verlag) 1978, S.9.
[2] Seit der Erstpublikation dieses Essays im Jahre 1992 sind eine beträchtliche Reihe von Mißverständnissen aus diesem letzten Satz entstanden. Beinhaltet die Annahme, wir würden am Beginn der Freiheit stehen, die Negation von allem, was der Essay behauptet? Wenn Freiheit Selbstbestimmung ist, in welchem Sinn würde sich diese Freiheit von jener unterscheiden, die vom klassischen Emanzipationsbegriff postuliert wird? Es ist notwendig, dieses Mißverständnis auszuräumen. Unter Freiheit verstehe ich keine positive und un-nuancierte Fülle, sondern etwas essentiell Zwiespältiges. Um diesen Punkt so deutlich wie möglich zu machen, möchte ich die letzte Frage (zusammen mit meiner Antwort) reproduzieren, die David Howarth und Aletta Norval mir in einem rezenten Interview für die Zeitschrift *Angelaki* gestellt haben (»Negotiating the Paradoxes of Contemporary Politics. An Interview with Ernesto Laclau«, *Angelaki,* Oxford, Angelaki 1994, 1:3, S.43-50).
d. h. und A.N.: In Ihrer Arbeit hat die Kategorie der Dislokation eine immer zentralere Rolle eingenommen. Im besonderen ist das so in Bezug auf Ihre These, Dislokation sei »die Quelle von Freiheit«. Hier stellen sich eine Reihe von Fragen bezüglich des Verhältnisses von Dislokation und Freiheit und der Natur von Freiheit selbst. Uns interessiert hauptsächlich die Natur der Bewegung von Dislokation zu »Freiheit«. Wie müssen wir die Natur dieser Freiheit verstehen? Sie distanzieren sich sehr deutlich von Theorien, die die »Freiheit eines Subjekts mit positiver Identität« betonen (*New Reflections on the Revolution of Our Time,* Verso 1990, S.60), indem sie argumentieren, daß die Freiheit die eines »strukturellen Mißlingens« ist. Freiheit hat daher keinen positiven Inhalt, sondern ist »reine Möglichkeit«. Aus der Sicht der Dislokation betrachtet gibt hier es allerdings keine Freiheit. Das Mißlingen einer vollen Konstitution des Subjekts durch die Struktur zwingt das Subjekt, Subjekt zu sein, eine Entscheidung zu treffen, zu agieren, von neuem zu identifizieren. Wir müssen antworten, wir sind nicht frei. Es scheint deshalb, daß das Verhältnis von Dislokation/Freiheit produktiver gedacht werden könnte, indem man die Dimension von Möglichkeit und ihrer Unmöglichkeit betont. Das heißt, statt einfach in meinem Handeln frei zu sein, zu wählen in einem Sartre'schen Sinn, ist der Moment von Freiheit und Möglichkeit gleichzeitig der Moment meiner größten Einschränkung, von Unfreiheit. Berücksichtigt man diese zweite Dimension, könnte das helfen – um auf unsere gegenwär-

tige Situation zurückzukommen –, die Erfahrung von Dislokation als etwas zu verstehen, das nicht *ipso facto* positiv und begrüßenswert ist. Mit anderen Worten, würden Sie zustimmen, daß die Betonung des Terrors und der Gewalt im Herzen der Freiheit Teil genau unserer Theorie der Möglichkeiten sein muß, die starker Dislokation entspringen?

E.L.: Ich könnte Ihrer Schlußfolgerung nicht mehr zustimmen. Wie sie triftig herausgestellt haben, ist die Erfahrung von Dislokation nicht *ipso facto* »positiv und begrüßenswert«. Aber das bedeutet auch, daß, wenn Freiheit und Dislokation in der Weise verbunden sind, wie ich es vorgeschlagen habe – und die Sie zu akzeptieren scheinen –, die eigentliche Erfahrung von Freiheit zwiespältig ist. Aus diesem Grund – und obwohl ich, wie ich sagte, Ihrer Schlußfolgerung zustimme – kann ich Ihnen in einem der Zwischenschritte Ihres Arguments nicht folgen, wenn Sie annehmen, daß wir in unserer Antwort unfrei wären, wenn das Mißlingen der Struktur das Subjekt zwingt, Subjekt zu sein. Wenn dem so wäre, würden wir sicherlich in der besten aller möglichen Welten leben: Der Schurke des Stückes wäre die Dislokation, während »Freiheit«, als völlige Abwesenheit von Beschränkung, als ein unkontaminierter positiver Wert beibehalten würde. Aber wie Sie selbst anerkennen, ist diese untadelige Lösung unmöglich: Freiheit und Dislokation können nicht in dieser Weise voneinander getrennt werden. Einerseits wäre eine Freiheit, die von Dislokation nicht zur Wahl gezwungen würde, nicht meine Freiheit, sondern die Freiheit der Struktur, die mich als Subjekt konstruiert hat. Andererseits kann eine Freiheit, die meine Freiheit ist, die sowohl die Sackgasse der spinozistischen Freiheit, reduziert auf das Bewußtsein der Notwendigkeit, als auch die der Sartre'schen Freiheit eines Wesens, das wählt, ohne noch irgendwelche Gründe seiner Wahl zu haben, nur die Freiheit eines strukturellen Mißlingens sein – i. e. Dislokation. Aber in diesem Fall kontaminiert die Ambivalenz der Dislokation (was Sie den »Terror und die Gewalt im Herzen der Freiheit« nennen) Freiheit selbst. Freiheit ist zugleich befreiend und versklavend, erregend und traumatisch, befähigend und destruktiv. In einer fragmentierten und heterogenen Gesellschaft weiten sich die Räume der Freiheit sicherlich aus, aber das ist kein Phänomen, das durchgängig positiv wäre, denn es installiert in diesen Räumen auch die Ambivalenz von Freiheit. Im Ergebnis tritt die Möglichkeit radikalerer Versuche auf, Freiheit zurückzuweisen, als wir sie aus der Vergangenheit kennen. Wenn Freiheit und Dislokation zusammengehen, dann werden Erfahrungen wie jene des gegenwärtigen Totalitarismus im Terrain einer generalisierten Freiheit möglich. Wenn dem so ist, bedeutet es, daß die Suche nach einer absoluten Freiheit für das Subjekt auf eine Suche nach einer unbehinderten Dislokation und nach der totalen Desintegration der sozialen Struktur hinausläuft. Es bedeutet auch, daß eine demokratische Gesellschaft, die zu einer tragfähigen sozialen Ordnung geworden ist, keine völlig freie Gesellschaft sein wird, sondern eine, die auf spezifische Weise die Dualität Freiheit/Unfreiheit ausgehandelt hat.

[3] Dt. im Original.

[4] Gilles Deleuze, *Differenz und Wiederholung,* München 1992, S.12

[5] An diesem Punkt habe ich versucht, in meinen letzten Arbeiten die Idee des radikalen Antagonismus – die immer noch die Möglichkeit einer radikalen Repräsentierbarkeit beinhaltet – mit dem jeder Art antagonistischer Repräsentation vorgelagerten Begriff der Dislokation zu ergänzen. Einige der Dimensionen dieser Dualität wurden von Bobby Sayyid und Lilian Zac in einer kurzen schriftlichen Präsentation vor dem PhD Seminar in *Ideoiogy* and *Discourse Analysis,* Universitv of Essex, Dezember 1990, ausgeführt.

[6] Aletta J. Norval, »Letter 10 Ernesto«, in: E. Laclau: New Reflections on the Revolution of Our Time, London 1990, S.157.

[7] Walter Benjamin, Zur Kritik der Gewalt, in *Gesammelte Schriften,* hrsg. v. R. Tiedemann u. H. Schweppenhauser, Frankfurt/M. 1977, S.179. Sh. einen Kommentar zu Benjamins Text in: Werner Hamacher: *Afformative Strike,* in: *Cardozo Law Review,* Vol. 13, Nr.4, Dez. 1991.

[8] Dt. im Original

[9] Alle Seitenangaben beziehen sich auf die deutsche Fassung: Jacques Derrida: *Marx' Gespenster,* Frankfurt am Main (Fischer) 1995.

[10] Simon Critchley: Dekonstruktion – Marxismus – Hegemonie. Zu Derrida und Laclau, in Oliver Marchart (Hrsg.), *Das Undarstellbare der Politik. Zur Hegemonietheorie Ernesto Laclaus,* Wien (Turia + Kant) 1998, S.199.

[11] Jacques Derrida: *Gesetzeskraft. Der »mystische Grund der Autorität«,* Frankfurt am Main (Suhrkamp) 1991.

[12] Dt. im Original.

[13] S.R. Clegg: *Frameworks of Power,* London (Sage) 1989, Kap.2

[14] Jacques Derrida: *Die Stimme und das Phänomen,* Frankfurt am Main: Suhrkamp, 1979, S. 157

[15] Das scheint in gewissem Ausmaß die Richtung zu sein, in die sich Derrida bewegt in seinem Essay »Kraft und Bedeutung« in *Die Schrift und die Differenz,* Frankfurt am Main (Suhrkamp) 1976.

[16] Im ersten Essay von *New Reflections on the Revolution of Our Time,* London/New York: Verso, 1990.

[17] Auf Basis dieses Arguments habe ich Platon und Hobbes gegenübergestellt, ibid., S. 68-72.

[18] Sh. Kap. VII

[19] Quentin Skinner: Language and Social Change, in James Tully (Hrsg.): *Meaning and Context: Quentin Skinner and His Critics*, London (Polity Press) 1988, S. 125-6.
[20] Stuart Hampshire: *Thought and Action*, London (Chatto and Windus) 1959, S.97.
[21] Skinner: Language and Social Change, S.126
[22] Ernesto Laclau und Chantal Mouffe: *Hegemonie und radikale Demokratie. Zur Dekonstruktion des Marxismus*, Wien (Passagen) 1991.
[23] Richard Rorty: Kontingenz, Ironie und Solidarität, Frankfurt am Main (Suhrkamp) 1992, S.14
[24] ibid., S.30
[25] ibid., S.61-2
[26] ibid., S.64
[27] ibid., S.72, die deutsche Fassung wurde hier von mir (O.M.) korrigiert, zum Vergleich sh. das Original: Richard Rorty: *Contingency, Irony and Solidarity*, Cambridge (Cambridge University Press), 1989, S.35.
[28] ibid., S.87
[29] ibid.
[30] Ibid., S.96
[31] ibid. S.109-10
[32] ibid., S.161
[33] A.d.Ü.: Laclau bezieht sich hier auf die folgende Stelle bei Lewis Carrol:
»When *I* use a word,« Humpty Dumpty said, in a rather scornful tone, »It means just what I choose it to mean. Neither more nor less.«
»The question is,« said Alice, »whether you can make words mean so many different things.«
»The question is,« said Humpty Dumpty, »who is to be the master. That is all.«
(Lewis Carrol: *Through the Looking Glass, and What Alice Found There*, London: Treasure Press, 1987, S. 124)
[34] Jacques Derrida: Signature Event Context, in *Limited Inc.*, Evanston (Northwestern University Press) 1988, S.12
[35] Slavoj Žižek: The Spectre of Ideology, Einführung zu S. Žižek (Hrsg.), *Mapping Ideology*, London und New York (Verso) 1994, S. 1-33
[36] Ibid., S.9
[37] Ibid., S.9
[38] Ibid., S.14-15
[39] Ibid., S.16
[40] Das wurde von vielen Strömungen des Denkens der Gegenwart gezeigt, von Wittgensteins Spätphilosophie bis zur Dekonstruktion. Mein eigener Beitrag zu dieser Aufgabe kann gefunden werden in *New*

Reflections on the Revolution of Our Time, London und New York (Verso) 1990, wie auch in einigen der in diesem Band gesammelten Essays.

[41] Schließung ist insofern die Bedingung von Bedeutung, als alle Identitäten (als rein differentielle) das System brauchen, um sich als Identitäten zu konstituieren.

[42] Aber erinnern wir uns daran, daß diese Illusion notwendig ist. Das Argument sollte im Sinne einer Darstellung von Ideologie als Dimension verstanden werden, die nicht unterdrückt werden kann, und nicht als Ideologiekritik.

[43] Dieser Gemeinschaftsbezug gilt natürlich nur für soziale und politische Ideologien, die jene sind, die uns am meisten interessieren. Doch in anderen Ideologietypen ist das Muster ähnlich. Ein wissenschaftliches Paradigma kann sich zum Beispiel als Inkarnation der Fülle des reinen Prinzips von Wissenschaftlichkeit präsentieren. Eine wissenschaftliche Theorie wird dann zur Ideologie, wenn sie zum Horizont wird. Darwinismus wäre ein gutes Beispiel.

[44] Wenn dies in der christlichen Konzeption von Inkarnation dennoch möglich ist, dann deshalb, weil das Inkarnierte keine abwesende Fülle ist, sondern ein Objekt, das bereits vor dem Inkarnationsakt vollständig konstituiert war, was es von einem unterscheidet, das für seine Inkarnation von diesem Akt abhängt.

[45] Michael Walzer: *Thick and Thin. Moral argument at home and abroad* (Notre Dame/London: University of Notre Dame Press, 1994).

[46] Ibid., S.1

[47] Walzer übernimmt den Begriff der »dichten« Beschreibung von Clifford Geertz: *Dichte Beschreibung. Beiträge zum Verstehen kultureller Systeme*, Frankfurt am Main (Suhrkamp) 1983.

[48] Walzer, *op. cit.*, S.12

[49] Ibid., S.4

[50] Ibid., S.18

[51] Ibid., S.6

[52] Ibid., 9-10

[53] Ibid., S.2

[54] Georges Sorel: *Reflections on Violence*, London (Allen & Unwin) 1925, S.22

[55] Meister Eckhart: *Selected Writings*, London (Penguin Books) 1994, Sermon 28 (DW 83, W 96), S. 236-7

[56] Ibid., S. 238

[57] Ibid., Sermon 17 (DW 2I, W 97), S. 182

[58] Ibid., Sermon 5 (DW 53, W 22), S. 129

[59] Pseudo-Dionysius Areopagite, »Mystical Theology«, in The Divine Names and Mystical Theology, Milwaukee, Wisconsin, Marguette University Press, 1980, S.221

[60] Gershom Scholem, Major Trends in Jewish Mysticism, New York, Schoken Books, 1995, S.64

[61] Hier beginnen natürlich verschiedene mystische Linien auseinanderzulaufen. Ist die Erfahrung der Einheit Gottes Er Selbst oder die eines Ausdrucks Gottes? Für unser Argument in diesem Kapitel ist die Debatte um Dualismus, Monismus und Pantheismus nicht wirklich relevant. Ich möchte im Vorübergehen nur anmerken, daß vom Gesichtspunkt der Logik des mystischen Diskurses Pantheismus die einzige letztlich kohärente Position ist.

[62] Eckhart, op. cit., Sermon 16 (DW 12, W 57), S.177-178

[63] Op. cit., Sermon 4, (DW 30, W 18), S.123

[64] Jacob Korg (ed), *The Poetry of Robert Browning*, Indianapolis and New York (The Bobbs-Merril Company) 1971, S.286. Im folgenden gebe ich einige andere Beispiele eines in mystischer Literatur ziemlich häufigen Themas. Julian of Norwich bezieht sich auf ein kleines Ding in der Größe einer Haselnuß, das sie besitzt. Und sie sagt: »In diesem kleinen Ding sah ich drei Eigenschaften. Die erste ist, daß Gott es schuf: die zweite, daß Gott es liebte: die dritte, daß Gott es hütete. Und was erblicke ich darin? Wahrlich, den Schöpfer, den Liebenden und den Hüter«. (*The Revelation of Divine Love of Julian of Norwich*, translated by James Walsh, SJ, London (Burns and Oates) 1961, S.60) George Fox sieht in seinem Tagebuch in allem Existierenden die »versteckte Einheit im Ewigen Sein«. Die Passage kommentierend sagt Evelyn Underhill: »Die versteckte Einheit im Ewigen Sein zu wissen – sie mit unverwundbarer Sicherheit zu wissen, im allumfassenden Bewußtseinsakt, mit dem wir der Persönlichkeit jener gewahr werden, die wir wahrhaft lieben – das bedeutet, bis zu seinem Vollsten das erleuchtete Leben zu führen, sich an ›allen Geschöpfen in Gott und Gott in allen Geschöpfen‹ zu erfreuen.« (Evelyn Underhill: *Mysticism. A Study in the Nature and Development of Man's Spiritual Consciousness*, New York (E P Dutton and Co) sd, S.309)

[65] Eckhart, op. cit, »The Talks of Instruction«, S.9

[66] Ibid., »The Talks of Instruction«, S.40

[67] Die ursprüngliche Formulierung dieses Arguments ist zu finden in E. Laclau und Ch. Mouffe: *Hegemonie und radikale Demokratie*, Wien (Passagen) 1991.